高等学校"十二五"规划教材

现代房地产管理丛书

房地产估价理论与方法

FANGDICHAN
GUJIA LILUN
YU FANGFA

U0359712

赵 雷　袁彩云　主编

刘 雷　王元华　张振勇　副主编

化学工业出版社

·北京·

丛书编委会

主　　任： 盛承懋

副 主 任： 何　芳　胡　昊

编委会成员（按姓氏汉语拼音排序）：

陈基纯　刘　雷　阮　可　徐　捷

袁彩云　赵　雷

内 容 提 要

　　全书共分为十章，内容主要包括：房地产和房地产价格理论，房地产估价及估价原则，市场比较法，成本法，收益法，假设开发法，路线价法，基准地价修正法，房地产估价实务和估价报告，房地产估价案例。

　　本书可供从事房地产开发与评估的技术人员、管理人员及业主阅读使用，也可供高等院校相关专业师生参考。

图书在版编目（CIP）数据

　　房地产估价理论与方法/赵雷，袁彩云主编. —北京：
化学工业出版社，2013.1（2021.9重印）
　　高等学校"十二五"规划教材
　　（现代房地产管理丛书）
　　ISBN 978-7-122-16222-9

　　Ⅰ.①房… Ⅱ.①赵…②袁… Ⅲ.①房地产价格-
估价　Ⅳ.①F293.35

　　中国版本图书馆 CIP 数据核字（2012）第 311923 号

责任编辑：徐　娟　　　　　　　　　文字编辑：荣世芳
责任校对：洪雅姝　　　　　　　　　装帧设计：史利平

出版发行：化学工业出版社（北京市东城区青年湖南街13号　邮政编码100011）
印　　装：天津盛通数码科技有限公司
787mm×1092mm　1/16　印张14　字数356千字　2021年9月北京第1版第6次印刷

购书咨询：010-64518888　　　　　　售后服务：010-64518899
网　　址：http://www.cip.com.cn
凡购买本书，如有缺损质量问题，本社销售中心负责调换。

定　　价：58.00元

丛书序

　　我国经济多年持续、稳定增长，使国家的综合国力得到很大增强，房地产市场也在经济的快速发展过程中得到迅猛发展。近年来，国家针对房地产行业出台了一系列政策，适用于中低收入人群的经济适用房、限价房、两限房、廉租房等如雨后春笋般出现在各地。为了符合国家房地产行业的发展导向，针对我国高等院校房地产方向课程设置的特点和发展趋势，培养和提高学生综合运用各门课程基本理论、基本方法来分析解决实际问题的能力，化学工业出版社特组织各地从事房地产教学的一线教师编写了本套丛书。

　　本套丛书力求客观反映"十一五"、"十二五"期间房地产行业的新成果、新进展、新政策，为房地产方向应用型系列规划教材，包括房地产开发与经营、房地产市场营销理论与实务、房地产估价理论与方法、房地产经济学、房地产基本制度和政策共5本。本套丛书内容实用性很强，希望能对我国各高校的房地产专业培养人才做出积极的贡献。

2013 年 1 月于苏州

前言
Preface

房地产估价是科学与艺术的有机结合，是把客观存在的房地产价格揭示、表达的过程。随着城镇化进程的加快和房地产市场的发展，与房地产权益相关的交易、投融资、管理等活动日益频繁，房地产估价已广泛服务于房地产交易、房地产抵押贷款、城市房屋拆迁补偿、土地有偿使用、房地产转让、不良资产处理、司法鉴定、房地产保险、房地产课税、投资咨询等方面。另外，房地产市场分析、房地产投资项目可行性研究、房地产开发项目策划等均需应用到房地产估价的理论和方法。

目前，全国约有 250 所以上的高等院校开设了房地产经营管理专业，《房地产估价理论与方法》是高等院校房地产经营管理专业开设的一门主要专业课，是系统介绍房地产估价理论与估价方法的高校课程，也是房地产经营管理的相关专业工程管理、工程造价开设的一门必修课，在建筑类院校，许多专业也将该门课程作为选修课开设。

本书主要由六所院校长期从事房地产估价理论与方法教学的具有教学经验的一线教师联合编写。本书的编写遵循教学规律，编写上力求深入浅出，兼顾理论性与实践性，从学生掌握理论知识和培养专业技能的角度，结合"房地产估价师"执业资格考试的内容和要求，在体现房地产估价领域的最新研究成果的同时，力求将最新的规范和标准融入本书内容。本书可作为房地产经营管理专业及相关专业的本科教材，同时也可作为房地产领域的有关人员学习房地产估价知识和参加执业资格考试的参考资料。

本书由赵雷（山东建筑大学）、袁彩云（湖南财政经济学院）担任主编，由刘雷（河南城建学院）、王元华（山东建筑大学）、张振勇（山东财经大学）担任副主编，全书由盛承懋教授（苏州科技学院）担任主审。

本书具体编写分工如下：第一章由王元华、赵雷（山东建筑大学）、潘学庆（济南市住房维修资金管理中心）编写，第二章由陶研艳（武昌理工学院）编写，第三章由王柏春（辽宁建筑职业学院）编写，第四章由徐召红（山东财经大学）、李璐璐（山东建筑大学）编写，第五章、第六章由刘雷（河南城建学院）编写，第七章由张振勇（山东财经大学）编写，第八章由张迪、赵雷（山东建筑大学）、王继刚（山东恒诚信工程项目管理有限公司）编写，第九章由刘绍涛（河南城建学院）编写，第十章由袁彩云（湖南财政经济学院）编写。

本书在编写过程中，各位编者虽竭尽全力，但由于编者时间和水平有限，疏漏之处在所难免，在此敬请读者不吝指正，以便再版时修改。

编者

2013 年 2 月

目录

Contents

第一章

房地产和房地产价格理论

第一节　房　地　产

一、房地产的概念

对房地产内涵的界定在各国各地区都有所差异。在英语中，与房地产名称相对应的词汇通常有 land，real estate 和 real property，其中英国多用 real property，而在美国则多用 real estate。虽然这三个词是联系十分紧密的概念，但各自的具体涵义是不完全相同的。land（土地）是指地球的表面及下达地心、上至无限天空的空间，包括永久定着在地球表面之中、之上、之下的自然物，如树木、水等；real estate 是指 land 上永久定着在其中、其上、其下的人工改良物，如构筑物和房屋；real property 是指 real estate 加上与其有关的各种权益，包括权利、利益和收益。英语中 real estate 和 real property 两个词尽管有上述不同的区分，但在一般情况下，经常是相互通用、不加明确限制的，在多数场合人们使用 real estate 一词来表示房地产。中国香港地区通常使用"物业"这个词，把房地产估价称为物业估值或物业估价，这里的物业实质上是房地产。

目前中国学术界对房地产的定义有各种表述，主要有房和地有机整体论，认为房地产是房屋建筑和建筑地块的有机组成整体；房产和地产统称论，认为房地产从字面上看是房产和地产的统称，即房产和土地两种财产的合称；还有狭义和广义之分，狭义房地产论认为房地产是指土地和土地上永久性建筑物及其衍生的权利；广义房地产论认为广义的房地产除上述（狭义房地产）内容外，还包括诸如水、矿藏和森林等自然资源。

现代社会中，土地定着物中的建筑物越来越普遍，体量越来越大，也越来越重要。城市房地产甚至是因使用建筑物而使用土地，以建筑物为主、土地为辅，而且在房地产交易活动中一般是"地随房走"。因此，通常需要把建筑物从土地定着物中单列出来，将房地产定义为"土地以及建筑物等土地定着物"。

另外，同一房地产实物上往往同时存在着所有权、抵押权、地役权、租赁权等多种权利，房地产因不可移动使原本为外在因素的区位成了它的重要组成部分，因此，为了说明房地产既与家具、机器设备等动产有本质不同，又与商标、专利、著作权、特许经营权等无形资产有本质区别，通常强调房地产是实物、权益和区位三者的结合体。如果综合以上方面给房地产下个完整的定义，那么它是指土地以及建筑物等土地定着物，是实物、权益和区位三者的结合体。

房地产实物是指房地产中看得见、摸得着的部分，例如，土地的形状、地形、地势、土壤、地基、平整程度等，建筑物的外观、建筑结构、设施设备、装饰装修等。房地产实物可进一步分为有形的实体、该实体的质量、该实体组合完成的功能等方面。房地产权益是指房地产中无形的、不可触摸的部分，是基于房地产实物而衍生出来的权利（rights）、利益（interests）和好处（benefits）。

房地产权益以房地产权利为基础，包括：①房地产的各种权利；②受到其他房地产权利限制的房地产权利；③受到房地产权利以外的各种因素限制的房地产权利；④房地产的额外利益或收益。

中国目前的房地产权利主要有所有权、建设用地使用权、宅基地使用权、土地承包经营权、地役权、抵押权和租赁权。

区位通常是指某一事物与其他事物在方位和距离上的关系，具体可标示为一定的空间坐标，区位还强调自然界的各种地理要素和人类经济活动之间的相互联系和相互作用在空间位置上的反映。区位可以分为自然区位和社会区位，自然区位又分为天文区位和自然地理区位，社会区位又分为经济区位、文化区位、政府区位等。房地产区位是指一宗房地产与其他房地产或者事物在空间方位和距离上的关系，包括位置、交通、周围环境和景观、外部配套设施等方面。

图 1-1 可以用来说明房地产的内涵。

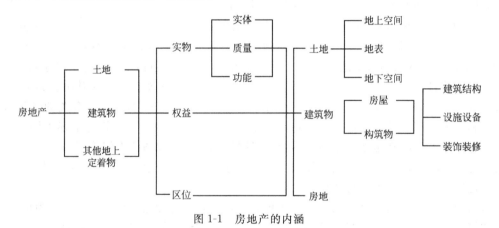

图 1-1　房地产的内涵

房地产是不动产，对于房地产与不动产的关系，有一种观点认为：房地产即不动产，这实际上是房地产与不动产的关系问题。不动产与动产是相对的，是不能移动或移动后会改变其原来性质、形状和失去原价值的产物。不动产一般由"土地及附着于土地上的改良物"构成，具体如：①土地，包括农用地、建设用地和未利用地；②房屋建筑物，包括住宅房屋建筑、非住宅房屋建筑以及与房屋建筑有关的城市基础设施建筑；③非房屋建筑物，如桥梁、道路、水库大坝等；④与土地尚未分离的农作物、林木种子等；⑤一定情况下，车辆、船舶、飞机等少数虽然能移动，但价值比较昂贵的财产也算在不动产之列；⑥财产综合体，所谓财产综合体，是指相互关联的为了统一目的而使用的动产与不动产集合物，如企业和不动产综合体。显然，房地产即不动产，或房地产属于不动产这一判断没有错；同样，相对来说不动产是个大概念，房地产是个小概念，后者只是前者的一部分，二者的关系见图 1-2。

二、房地产的属性

房地产的属性主要表现在自然属性、经济属性、法律属性和社会属性等方面。

（1）自然属性　自然属性是对自然界事物面貌、规律、现象以及特征的本质的描述说

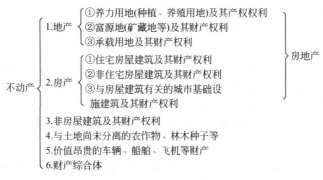

图 1-2　房地产与不动产的关系

明，房地产的自然属性主要表现在以下方面。

① 位置固定性。由于土地不可移动，因而定着于其上的建筑物也无法移动，故房地产不可能像一般商品那样，借助于运输工具将其由供过于求的地方移到供不应求的地方来达到市场的平衡，因此房地产是不可移动的，在房地产的市场交易中没有物质的移动而只有权利的转移。

位置的固定性，决定了房地产的自然、经济条件不同，从而造成它在质量上的差异性，即一般不可能找到两个完全相同的房地产实体，即使它在建筑设计、结构及内外装饰上完全相同，也会由于位置的差异价格差别很大。由于房地产具有位置固定性的特征，决定了房地产商品只能就地开发和使用，导致房地产市场的非完全竞争性，它是一个典型的区域性市场，不同区域的房地产价格差别很大。不同的住宅小区价格不同，即使同一个住宅小区内，由于楼的位置不同，价格也可能不相同，甚至差别比较大。

因此，要求在进行房地产估价时，必须充分考虑房地产商品所处的地理位置和周边的环境。

② 异质性。房地产产品不同，面向对象不同，建筑式样、规模、结构、朝向、设备、装饰的自然、经济、社会条件等方面存在很大的差异，使得房地产是完全差别的产品，因此房地产是个体差异性非常大的特殊商品，一套房子的价值，不仅取决于其直接包含的面积大小、房型结构、建筑材料等内部因素，更在于其所处地段位置、小区环境、配套设施等外部因素。同样面积和结构的房子，仅仅因为地段的不同，价值可能会相差数倍。从这一点来说，异质性也是位置固定性所派生出来的，除了区位外，异质性还包括诸如建筑材料、建筑结构的差异。因此，正确分析房地产的异质性是准确认识房价变化的关键所在。房地产异质性特征因素主要分为两类：一类是软指标，如繁华程度、通风采光、朝向、装修、物业管理等；另一类是硬指标，如楼层、建筑物层高、区域内经过的公交车数量、建筑物面积等。异质性特征因素是造成房地产价格差别的重要因素，准确、完整地描述、判断和计量这些特征要素是进行估价所必不可少的。

③ 耐用性。我国的土地制度规定，出让的土地具有年限性，不同类型的土地具有不同的年限，且年限达几十年。我国《民用建筑设计通则》（GB 50352—2005）规定，重要建筑和高层建筑主体结构确定的耐久年限为 100 年，一般建筑为 50～100 年。因此，房地产具有寿命周期长的特点，能够在市场中多次流通和进行产权交易。

房地产的寿命分为经济寿命和自然寿命。经济寿命是指在正常市场和运营状态下，房地产的经营收益大于其运营成本，即净收益大于零的持续时间；自然寿命则是指房地产从地上建筑物建成投入使用开始，直至建筑物由于主要结构构件和设备的自然老化或损坏，不能继续保证安全使用的持续时间。

房地产由于区位的变化、设备的老化、规划的改变等都可能影响到经济寿命，由于区位变好、维护到位等能延长经济寿命，房地产的价值下降较慢，甚至还在上升，所体现的价格也会较高。相反，由于环境区位变差、维护不到位等可能缩短经济寿命，导致提前报废或是停业，相应的价格下降较快。

房地产的经济寿命与其使用性质相关。一般来说，公寓、酒店、剧院建筑的经济寿命是40年，工业厂房、普通住宅、写字楼的经济寿命是45年，银行、零售商业用房的经济寿命是50年，仓储用房的经济寿命是60年，乡村建筑的经济寿命是25年。虽然房地产具有耐用性，使用寿命长，但我国城市建筑寿命低于50年的情况相当普遍，许多房地产的寿命仅30年，存在许多"短命建筑"，其主要原因包括规划质量低、滞后以及规划改变、土地升值等，造成许多房地产没有达到使用年限即被拆除。准确估计建筑物的寿命、分清建筑物的实际年龄和有效年龄能有效地提高估价的正确性。

④ 效用的多层次性。房地产是人们居住、学习、娱乐及社交的场所。房地产在效用上，同时具备生存资料、享受资料和发展资料三个不同层次的性质。房地产作为生存资料，给人以安身之处；随着经济的发展和人们生活水平的提高，人们越来越要求得到精神上的享受，房地产的价值在满足人们需要的同时使用价值随之提高，显示出了作为享受资料的特性；除此之外，房地产还是人们娱乐、学习和社交的场所，为个人的发展提供必要的环境，具有发展资料的特性。

(2) 经济属性　房地产的经济特征主要表现在以下方面。

① 稀缺性。土地是不可再生资源，其数量是有限的和缺乏弹性的，另外，人口数却是不断增长的，社会经济也在不断发展，对土地的需求呈不断膨胀的趋势，其结果必然产生土地供求的不平衡，使得房地产的稀缺性成为必然，稀缺性又可能导致供给的相对不足，其不能有效满足日益增长的市场需求，结果是房地产不断增值。土地稀缺性是土地有价值的原因之一，也是土地资源优化配置的原因之一。由于土地的稀缺性及其不可替代性，当有限的土地供给无法再满足所有人日益膨胀的需求，就需要借助权力来明确有限土地的归属，所以Hume就曾说过："财产权建立在物质稀有的特性上"；"正因为物质的稀有性，物质的占有便处于一种不安的状态，其解决之道，只有赋予每个个体财产的合法性，以确保每个个体得以享用通过一己之劳动、能力或机运而获取的财物"。

② 投资与消费的双重性。房地产不只是一种供人们居住的实物资产，还是一种重要的投资产品。从全球来看，任何国家的房地产市场中都存在着两种需求——消费性需求与投资性需求。一个健康的房地产市场一定是以满足消费性需求为主、投资性需求为辅。房地产的投资性主要来源于预期房价上涨，买房可以增值以及高通胀预期始终存在，买房实现保值等方面。很多人认为，国内房地产价格的上涨主要是由于投资性需求引起的。

③ 价值昂贵性和迅速变现性差。房地产一般规模大、价格高。特别是近几年，随着土地成本和人工费的上涨，房地产的成本也在上涨，同时房价也经历了大幅上涨，以上海市为例，2011年上海市区房价已达到2.5万元/m²，一套100平方米的房子价格就要250万元，远远超过了很多人的支付能力。繁荣的房地产市场中，房地产出手相对容易；但萧条的房地产市场中，房地产的变现性就很差。

④ 价值的难以衡量性。房地产的不可移动性、完全差别性等特征使得房地产的价格受到诸多因素的综合影响，特别是在市场偏离正常轨道，房地产市场存在泡沫时，价格不能反映价值，与价值相脱离，对某一房地产进行估价存在较大的困难，这就要求估价人员对估价时点的房地产价值有一个清醒的认识。

(3) 法律属性　房地产的法律属性主要表现在产权的分割性、易受限制性和权力的法律保障性。

　　① 产权的分割性和易受限制性。房地产的法律属性集中反映在物权的关系上。房地产物权，在我国是指房地产权利人对特定房地产享有的直接支配及排除他人干涉的权利，我国现在的房地产物权主要由房地产所有权和房地产他物权组成。房地产的所有权不仅是一项单项权利，而且是一个权利束，拥有多项权能，如租售、抵押，形成一个完整的、抽象的权利体系。在这一权利体系中，各种权利可以以不同形式组合，也可以相互分离，单独行使、享有。如所有权与使用权、占有权相分离，所有权与抵押权相分离，甚至使用权与占有权相分离等。因此，房地产交易实际上是产权的交易，即各种权利的流转，可以是全部产权的转移，也可以是部分产权的转移。政府可以通过产权的限制从而达到对房地产的调控，政府对房地产的限制一般是通过下列 4 种特权来实现的。

　　a. 管制权。政府为增进公众安全、健康、道德和一般福利，可以直接限制某些房地产的使用，如通过城市规划对土地用途、建筑高度、容积率、建筑密度和绿地率等做出规定。

　　b. 征收权。政府为了社会公共利益的需要，如修公路、建学校等，可以强行取得单位和个人的房地产，即使违反这些被征用人的意愿，但要给予补偿。

　　c. 征税权。政府为提高财政收入，可以对房地产征税或提高房地产税收，只要这些税收是公平课征的。

　　d. 充公权。政府可以在房地产业主死亡或消失而无继承人或亲属的情况下，无偿收回房地产。

　　房地产易受限制性还表现在逃避不了未来制度、政策变化的影响。因此，房地产是具有一组权利束的财产，权利的价值决定了物品的价值，房地产权利束中权利的多少影响到房地产价格的高低。当一个人购买房屋时，他之所以支付一笔价格，是为了获得某些规定的权利，并通过这些权利的实施，获得收益。因此，在交易过程中，作为产权外在表现形式的财产实体并不重要，真正具有决定意义的是内含于财产实体的产权束。

　　② 权利的法律保障性。房地产权利的法律保障性主要是通过登记公示的形式保障权利。房地产登记是登记机构依法将房地产权利和其他应当记载的事项在登记簿上予以记载的行为，分为总登记、初始登记、变更登记、预告登记、更正登记等形式，主要是明确房地产权利发生变动时登记簿应当记载的相关事项，为增强登记的公信力、维护房地产交易安全提供制度保障。

　　(4) 社会属性　房地产易受大众心理的影响，特别是房地产市场具有泡沫时，大家的从众心理容易导致非理性的投资，致使房地产市场出现非理性繁荣。房地产的社会属性还体现在公平性、福利性和社会保障性，即"居者有其屋"，低收入者，无力购、租商品房的人们，通过国家的基本职能——社会保障体系来实现，他们的住房具有社会保障性质，享受国家给予的优惠，体现着社会公平。房地产业在城市化进程中以及对经济发展都具有巨大的推动作用，是先导性和基础性产业，也正因为如此，就必须摆正房地产业在整个宏观经济发展中的位置。如果把房地产业放到一个不适当的位置上，就会催生经济泡沫，给宏观经济埋下隐患，造成巨大的损失或导致经济的衰退，日本经济泡沫破灭的后果，已经给人们提示了深刻的教训。

三、房地产的类型

　　按照不同的分类标准，房地产有不同的形式。

1. 按建筑结构和建筑的耐久年限划分

根据建筑结构分为以下几类。

　　(1) 砖木结构　这类建筑物的主要承重构件用砖、木做成。

　　(2) 砖混结构　这类建筑物的竖向承重构件采用砖墙或砖柱，水平承重构件采用钢筋混凝土楼板、屋顶板。

（3）钢筋混凝土结构　承重构件如梁、板、柱、墙（剪力墙）、屋架等，是由钢筋和混凝土两大材料构成。其围护构件如外墙、隔墙等，是由轻质砖或其他砌体做成。

（4）钢结构　主要承重构件均是用钢材制成。该结构建造成本较高，多用于高层公共建筑和跨度大的工业建筑，如体育馆、影剧院、跨度大的工业厂房等。

（5）其他结构　凡不属于上述结构的房屋都归此类，如竹结构、砖拱结构、窑洞等。

2. 根据建筑物的耐久等级划分

根据建筑物的耐久等级划分为以下几类。

（1）一级耐久年限　耐久年限 100 年以上，具有历史性、纪念性、代表性的重要建筑物（如纪念馆、博物馆、国家大会堂等）。

（2）二级耐久年限　耐久年限 50～100 年，重要的公共建筑（如一级行政机关办公楼、大城市火车站、国际宾馆、大体育馆、大剧院等）。

（3）三级耐久年限　耐久年限 25～50 年，比较重要的公共建筑（如医院、高等院校以及主要工业厂房等）和居住建筑（居住建筑的耐久年限为 40～50 年）。

（4）四级耐久年限　耐久年限 15 年以下，简易建筑和使用年限在 5 年以下的临时建筑。

3. 按建筑物高度层数分类

根据相关设计规范，对于公共建筑：按高度区分，高度超过 24m 的为高层建筑，低于 24m 的为单层或多层建筑。对于居住建筑：1～3 层为低层；4～6 层为多层；7～9 层为中高层；10 层及以上为高层。另外人们把 10～12 层的高层住宅称为小高层，通常采取一梯 2～3 户的多层住宅布局形式，其安全疏散要求较高层略低，也更有利于套型的布置。无论是居住建筑还是公共建筑其高度超过 100m 时均为超高层建筑，其安全设备、设施配置要求要严格得多。现实中，人们通常也将 7 层以上 11 层以下的建筑称为小高层。

4. 按房地产的权属关系分类

按房地产的权属关系可分为以下几类。

（1）国有房产　是指归国家所有的房产。进一步划分，国有房产可以分为直管产、自管产和军产。直管房产是指由政府接管、国家经租、收购、新建、扩建的房产（房屋所有权已正式划拨给单位的除外），大多数由政府房地产管理部门直接管理、出租、维修，少部分免租拨借给单位使用。自管房产是指国家划拨给全民所有制单位所有以及全民所有制单位自筹资金购建的房产。军队房产是指中国人民解放军部队所有的房产，包括由国家划拨的房产、利用军费开支或军队自筹资金购建的房产。

（2）集体所有房产　是指城市集体所有制单位所有的房产。

（3）私有房产　是指私人所有的房产。包括中国公民（包括港澳台同胞和大陆公民）、海外侨胞、在华外国侨民、外国人所投资建造、购买的房产，以及中国公民投资的私营企业（私营独资企业、私营合伙企业和私营有限责任公司）所投资建造、购买的房屋。

（4）联营企业房产　是指不同所有制性质的单位之间共同组成新的法人型经济实体所投资建造、购买的房产。

（5）股份制企业房产，是指股份制企业所投资建造或购买的房产。

（6）涉外房产　是指中外合资经营企业、中外合作经营企业和外资企业、外国政府、社会团体、国际性机构所投资建造或购买的房产等。

（7）其他房产　是指凡不属于以上各类别的房屋，都归在这一类，包括因所有权人不明，由政府房地产管理部门、全民所有制单位、军队代为管理的房屋以及宗教、寺庙等房屋。

5. 按房地产是否产生收益划分

按房地产是否产生收益可以分为收益性房地产（如商店、写字楼、餐馆、旅馆、影剧院、厂房、农地等）和非收益性房地产（如政府办公楼、寺庙、学校等）两类。不是看它们目前是否正在直接产生经济收益，而是看这种类型的房地产在本质上是否具有直接产生经济收益的能力。例如，某座商务办公楼，目前闲置尚未出租出去，没有直接产生经济收益，但仍然属于收益性房地产。

6. 按房地产经营使用方式划分

按房地产经营使用方式可以分为销售的房地产、出租的房地产、营业的房地产和自用的房地产四类。

第二节　房地产价格

一、房地产价格的概念和形成条件

房地产作为商品同任何商品一样，是使用价值和价值的统一体。根据马克思主义经济学的劳动价值理论和价格理论，从总体上看，房地产价格的基础仍然是价值，基本上也是房地产价值的货币表现，但又有其特殊性。

在这里之所以说是"基本上"，是因为房地产价格的形成与其他一般商品的价格形成相比，有着不同的特点。房地产价格是一个复杂的经济范畴，既包括土地的价格，又包括房屋建筑物的价格，房与地是不可分割的统一体，房地产价格是这个统一物的价格。房屋建筑物是人类劳动的结晶，具有价值，这与一般商品价值的形成是相同的。但是土地是一种特殊商品，却不完全是劳动产品，一方面，原始土地是自然界的产物，并不包含人类劳动在里面，其所以具有价格是因为土地垄断，所谓地租实质上就是土地使用者为使用土地而向土地所有人支付的费用，反映了土地的自然资源价值。从这个角度看原始土地的价格并不是劳动价值的货币表现。但另一方面，现实生活中的土地已经过了劳动加工，又凝结了大量的人类劳动。为了使土地符合人类经营性的运用，人们在开发利用土地过程中，对原始土地进行改造，又投入了大量的物化劳动和活劳动，特别是作为建筑地块的土地投入的基础设施等费用更多，而且越往后投入的劳动积累越多，这些投入的劳动凝结而成的价值与一般商品一样具有同等性质的劳动价值，从这个角度看土地价格绝大部分又是劳动价值的货币表现，它的价值量是由投入的劳动量来衡量的。所以，房地产价值是房屋建筑物价值和土地自然资源价值及土地中投入劳动所形成的价值的统一，房地产价格就是这种综合性特殊价值的货币表现，由于房屋建筑物价值和土地中投入的劳动形成的价值占了主要部分，因此可以说房地产价格基本上是房地产价值的货币表现。

在市场经济条件下，任何商品的价格都是由市场形成的。所谓市场形成价格，就是由市场经济客观存在的规律即价值规律、供求规律和竞争规律调节价格。其中，商品的价值是价格的基础，价格则是价值的货币表现，而供求关系的变动和竞争的展开又影响价格围绕价值上下波动，商品的市场价格正是由这三大规律交互作用所形成的。

二、房地产价格的特征

1. 房地产价格的地域性

房地产具有位置固定性和位置的差异性，土地和房屋都具有这种特点。土地位置的差异，影响到土地的级差地租从而影响到土地的级差地价，这种级差地价之间的差别可能是十分巨大的。房屋所处土地位置的差异不仅影响到土地价格，而且还会因此影响到房屋价格，即设计、规格、质量等相同的房屋，若位于不同的地点，其价格会有所不同，或者悬殊甚大。因为除了土地的级差价格外，房价还随着房地产的供求状况而变化。其他条件基本相同但位置不同的房产，必然会因供求状况的差异而形成差别价格。在位置好、需求旺盛、供应相对不足的地区，房价必然走俏，反之则疲软，甚至因无人问津而无法脱手。由于房地产在区域间不能流动，故房地产交易是权益的交易，而不是实物的移动，又由于实物的无法移动，产生稀缺性和垄断性，而导致不同的价格。

以无锡、温州、北京、上海、广州、深圳六个城市为例，2001～2011年房地产价格变化不尽相同，深圳最高，无锡最低，说明了不同区域的房地产具有不同的价格（图1-3）。

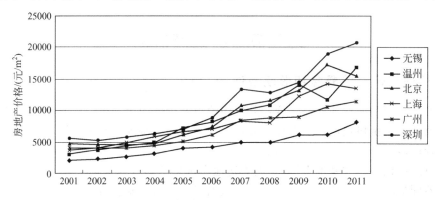

图1-3　无锡等六城市不同的价格变化

2. 房地产价格的个别性

由于房地产位置的差异和影响房地产价格的其他因素各异，出现了房地产价格的个别性。每块土地的位置、地形、环境等因素千差万别，甚至可以说，世界上没有完全相同的两宗地块。即使其他条件完全相同的房屋，当它们位于不同的地块时，价格也会相应地出现差异，这就使房地产价格具有个别性。这种个别性使得房地产价格与其他标准化产品价格之间存在着相当大的差别，因而需要个别定价。例如，一个按同一建筑设计方案所建筑的住宅小区，其中每一幢楼都有不同的具体位置，因而在出入方便程度、景观条件、受噪声影响程度等方面都互不相同，房价也必然有所差别；再如，同一幢楼中还有不同楼层、不同朝向、位置的区别，房价也会有差别。正是由于每一套住宅都有自身独特的内在价值，因而表现出不同的市场价格。当然，在同一个城市中不同位置的房地产，尽管其地点可能相差很大，由于房地产价格受多种因素影响，如果各项影响价格的因素优劣互相抵消之后，也可能出现价格相同或大体相同的两宗房地产，但并不意味着房地产价格不具有个别性。这说明房地产价格的个别性是可以在房地产的相似性和相异性比较中确定的。

3. 房地产价格的趋升性

一个城市或地区的房地产价格总水平，虽然受供求关系影响会出现周期性上下起伏，但从一个较长时期来看却呈现出上升趋势。主要是因为土地的稀缺性和供应量的有限性，需求拉动地价上升，同时，城市基础设施建设的开展，加上在土地上的劳动积累也使土地不断增值，地价上涨必然引起房地产不断升值。此外，一个城市或地区房价还同经济发展水平密切相关，随经济发展和收入水平提高，房屋的内在品质和外部环境不断改善，也使房价相应上升。综合上述因素，从长期发展趋势看房地产价格总水平趋于上升，这是同一般商品价格所不同之处。

图1-4为美国1970～2010年新房价格，新房价格呈总体上升趋势。

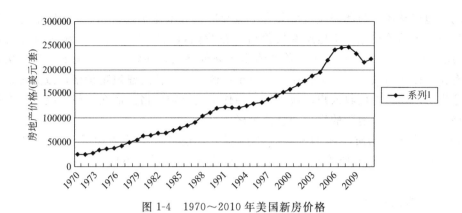

图 1-4 1970～2010 年美国新房价格

4. 房地产价格具有明显的权利价格特征

由于房地产本身空间的固定性和不可移动性，不像其他商品一样通过买卖可以转移到任何地点使用，而是一种权利关系的转移，因而房地产价格实质上是权利价格。房地产权利包括房地产所有权和他项权利，这种权利体系称为"权利束"，即房地产权利是由一束权利组成的，房地产所有权是最完全、最充分的权利，由此派生出租赁权、抵押权、典当权。同时，又由于房地产使用价值的多样性，对于同一种房地产不同的人所需要的用途是不一样的，相应所需要的权利也就不一定相同，因而可以分享同一房地产的不同权利，这就形成不同权利价格，例如所有权价格、租赁权价格等。

三、房地产价值和价格的种类

房地产价值和价格的种类繁多，名称也不完全一致，有的还是特定房地产制度下的产物。不同的房地产价值和价格，所起的作用不尽相同，评估时采用的依据和考虑的因素也不尽相同。所以进行房地产估价必须弄清楚房地产价值和价格的种类及每种房地产价值和价格的确切含义，以正确理解和把握所评估的房地产价值和价格的内涵。

1. 按产权类型划分

房地产价格可以根据产权类型划分为房地产所有权价格和房地产他项权利价格两大类。房地产所有权价格，是房地产所有者向房地产需求者让渡房地产所有权时所取得的货币额。平时所说的"产权价格"就是通过商品房买卖所有权由卖方转移到买方的价格，体现了房地产产权关系的变化。这类价格在目前商品房市场上占主导地位。房地产他项权利价格可细分为使用权价格（通常称为租金）、抵押权价格、地上权价格、地役权价格和典权价格等，它们都是从房地产所有权价格派生出来并与之有密切联系的价格。目前在我国内地流行的主要是使用权价格和抵押权价格，房地产使用权价格是为了获得一定期限内房地产使用权而支付的代价，抵押权价格则通常由经济评估机构对用于抵押的房地产所评估的价格。地上权、地役权、典权等他项权利主要在我国港、澳、台地区实行。

举例来说，2004 年以前，土地"征收"和"征用"统称为"征收"，2004 年宪法修正后出现了土地"征收"和"征用"，土地征收是指土地所有权由农民集体所有变为国家所有，产权发生了变化，土地征收价格就是土地的产权价格；土地征用的法律后果只是使用权的改变，土地所有权仍然属于农民集体，征用条件结束需将土地交还给农民集体，因此，征用价格就是使用权价格。

2. 按物质实体形态划分

从房地产总体的物质实体形态划分，可以分为三种：土地、单独的房屋建筑物、"连房带地"的房地产整体。与此相应也可分为土地价格、房屋建筑物价格、"连房带地"的房地产整体价格。土地价格包括土地所有权价格（在我国特指对农村集体土地征收时的补偿价格）、土地使用权出让和转让价格。单独的建筑物价格只是在特定的情况下存在，例如，国家将公有住房按优惠政策出售给原租户，属于房改政策性住房建筑物价格；减免土地出让金的经济适用房出售给中低收入户，属于保障性住房建筑物价格。而在一般情况下，商品房的出售价格都是"连房带地"的房地产整体价格。

此外，按房地产物质实体的种类或用途划分，还可以细分为商品住宅价格、工业厂房价格、商铺价格、办公楼价格等。由于其建造成本和用途不同，也存在着不同的房地产价格。

3. 按形成方式划分

根据价格形成的方式不同，房地产价格可以划分为理论价格、评估价格和实际成交价格、市场价格四种类型。这里所说的理论价格是指房地产内在价值的货币表现，也可称之为基础价格。评估价格是指专业的房地产评估人员根据科学的方法对房地产的市场价值进行估算而得出的价格，也可称之为参照价格。市场价格是根据市场中的供求关系所形成的价格，实际成交价格是指房地产交易双方实际达成交易的价格，它受到供求关系、竞争烈度等因素的深刻影响，由于交易情况的不同，实际成交价格可能是正常的，也可能是不正常的，可能高于也可能低于市场价格。例如，哥哥卖给弟弟一套住房，市场价格假设为 8000 元/m²，考虑到亲属关系，每平方米优惠 1000 元，则市场价格为 8000 元/m²，成交价格为 7000 元/m²。房地产价格形成方式还可从价格形式的角度进行划分，可分为自由市场价、政府指导价、政府定价三种类型。自由市场价是完全由市场自发调节并由企业自主确定的房地产价格，这是市场经济下的主体价格，商品房市场价格属于这种类型。政府指导价是由政府物价部门规定基准价并允许在一定幅度内上下浮动的房地产价格，目前具有社会保障性质的专门供应给中低收入户的经济适用房价格属于这种类型，实际上是准商品房价格。政府定价指供应给低收入户的廉租住房的租赁价格，由于其是社会保障性住房，含有政府的房租补贴，所以租金较低。房改中出售公有住房的标准价、成本价也属于政府定价。

对于市场自由价来说，估价应根据市场供求状况来进行；实行政府指导价的估价结果不应超过政府指导价规定的幅度；对于政府定价的，估价结果应以政府定价为准。

4. 按计价单位划分

按计价单位不同，房地产价格可以分为总价和单价两种。总价是指一套房地产总价格，即每套价格；单价是指一套房地产总价分摊到该套房地产面积上所得到的单位面积价格。房地产每套总价在其他因素不变的前提下，主要取决于该套面积的大小，如一套住宅建筑面积为 150m²，每平方米为 6000 元，套总价为 90 万元，如为 100m²，则套总价为 60 万元，如为 70m²，则套总价为 42 万元。使用套总价的意义在于能更好地根据居民家庭的收入状况和支付能力，确定房型和套内面积，提供适销对路的住房，促进销售，满足不同层次消费者的需求。我们常说的"房价收入比"，房价就是一套住房的总价。而对于土地，可以有两种单价形式，一种是一宗土地的总面积分摊的单价，称为"土地单价"。另一种是按城市规划所规定的该宗土地可建筑的最大建筑面积来分摊的单价，称为"楼面地价"。楼面地价与土地单价的换算关系是：土地单价＝楼面地价×容积率。如某地块容积率为 4，每亩 400 万元（1 亩＝666.67m²，下同），则土地单价是 6000 元/m²，楼面地价为 1500 元/m²。土地单价中的平方米是每平方米土地，而楼面地价里的单位平方米是指每平方米建筑面积。可见商品房单位产品成本构成中的地价是楼面地价。

5. 按销售中价格作用的不同划分

在商品房销售中的价格可以分为起价、标价、均价和成交价。

起价也叫起步价，是指某物业各楼层销售价格中的最低价格，一般是指户型格局、朝向不好的楼房价格，通常不能反映所售商品房的真实价格。

标价是商品房出售者在其价目表上标注的不同楼层、朝向、户型的商品房的出售价格。一般情况下，买卖双方会在这个价格的基础上讨价还价，最后出售者可能做出某种程度的让步，按照一个比这个价格低的价格成交。

均价是平均价格，是所售金额与所售量的比值。可以反映商品房总体价格水平。

成交价是买卖双方实际交易价格。

6. 按照交易方式划分

可以分为拍卖价格、招标价格和协议价格。拍卖价格是指采用拍卖方式出让房地产的成交价，拍卖出让土地使用权采取价高者得原则。在拍卖过程中，根据需要又有保留价、起拍价、应价、成交价等价格种类。

保留价是出卖人在委托拍卖时提出的拍卖最高应价达不到该价格应停止拍卖的价格，它是出卖人维护自己利益的保证手段。科学、合理、公平地制订拍卖保留价是拍卖活动中的重要环节。我国的拍卖活动分为有保留价拍卖和无保留价拍卖。无保留价拍卖要求拍卖人的拍卖标的不可撤回，也就是说，不管竞买人的出价高低，即使只有一个竞买人出价，卖方也必须以此价拍卖。有保留价拍卖是指拍卖人预先设置一个保留价，所有竞买人的最高出价不超过保留价时不能成交，拍卖人可以撤回拍卖标的。第一次拍卖时保留价不得低于评估价格或者市价的 80%；如果出现流拍，再行拍卖时，可以酌情降低保留价，但每次降低的数额不得超过前次保留价的 20%。

起拍价也称为开叫价格、起叫价，是拍卖师在拍卖时首次报出的拍卖标的的价格。

拍卖有增价拍卖和减价拍卖。增价拍卖是一种常见的叫价方式，在增价拍卖中，起拍价通常低于保留价，也可以等于保留价。

应价是竞买人对拍卖师报出的价格的应允，或是竞买人自己报出的购买价格。

成交价是经拍卖师落槌或者以其他公开表示买定的方式确认后的竞买人的最高应价。在有保留价拍卖中，最高应价不一定成为成交价，只有在最高应价大于等于保留价的情况下，最高应价才成为成交价。

招标价格是指采用招标方式出让房地产的成交价；协议价格是指采用协议方式出让房地产的成交价。而招标出让土地使用权，由谁获得土地一般不仅考虑投标价格，根据招标文件要求，还考虑其他条件，如规划建设方案和企业资信等；协议出让土地使用权，一般是政府与特定的国家规定除外的土地使用者协商确定出让价格。因此，通常情况下拍卖价格要高于招标价格，招标价格要高于协议价格。

7. 其他价格种类

除了以上几种分类方式外，估价过程中还经常用到以下几种价格：基准地价、标定地价、房屋重置价值、原始价值、账面价值和市场价值等。

《中华人民共和国城市房地产管理法》第 33 条规定："房地产价格评估，应当遵循公正、公平、公开的原则，按照国家规定的技术标准和评估程序，以基准地价、标定地价和各类房屋的重置价格为基础，参照当地的市场价格进行评估。"

基准地价即土地初始价，是指在城镇规划区范围内，对现状利用条件下不同级别或不同均质地域的土地，按照商业、居住、工业等用途分别评估的，并由县级以上人民政府公布的土地使用权平均价格，对应的使用年限为法定最高出让年限。基准地价不是具体的收费标准。土地使用权出让、转让、出租、抵押等宗地价格，是以基准地价为基础，根据土地使用年限、地块大小、形状、容积率、微观区位等因子，通过系统修正进行综合评估而确定。

标定地价指根据政府管理需要，评估的某一宗地在正常土地市场条件下，于某一估价期日的土地使用权价格，它是该类土地在该区域的标准指导价格。基准地价和标定地价都不是实际成交价格，基准地价是大面积区域的平均价，而标定地价是经过微观修正的，一般来说，基准地价是标定地价评估的基础，标定地价又是土地使用权出让底价评估的参考和依据。

房屋重置价格指在当前的建筑技术、工艺水平、建材价格、运输费用和人工费用情况下，重新购建与原有房屋结构、式样、质量、功能基本相同的房屋所需的费用。它是在某一基准日期，不同区域、不同用途、不同建筑结构、不同档次或等级的房屋，建造它所需的一切合理、必要的费用、税金，加上应得的利润。有了这种房屋重置价格之后，实际估价中求取估价对象房屋或建筑物的价格，可以通过这种房屋重置价格的比较修正来求取。

原始价值简称原值、原价、原始购置成本，是一项资产在当初取得时实际发生的成本。它是确定的，不随外界环境的变化而变化。账面价值又称账面净值，是一项资产的原始价值减去已提折旧后的余额，随着时间的延长，折旧越提越多，故账面价值是随着时间的推移而不断减少的。市场价值是根据供求关系所决定的，随着时间的推移而上下波动。可能高于原始价值和账面价值，也可能低于原始价值和账面价值，房地产估价所评估的是房地产的市场价值。如某企业 2007 年年初以 500 万元购买一设备，每年折旧 50 万元，2012 年初以 350 万元卖出。则原始价值是 500 万元，2012 年的账面净值为 250 万元，但市场价值是 350 万元。

第三节　房地产价格影响因素

随着我国的改革开放，经济得到了快速发展，居住生活条件得到了很大改善，房地产市场也得到了很大发展，商品房屋销售价格由 2001 年的 2170 元/m² 上涨到了 2010 年的 5032 元/m²，上涨了 132％，而上海市商品房均价则由 2001 年的 3866 元/m² 上涨到了 2010 年的 14399 元/m²，上涨了 272％，见图 1-5。可见，上海市房价上涨远远超过全国房价上涨幅度。

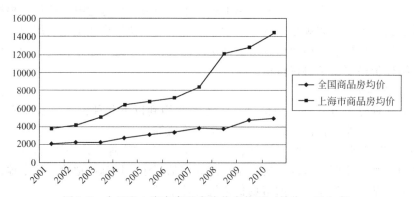

图 1-5　全国和上海市商品房均价走势图（单位：元/m²）

从图 1-5 可以看出，不同年份上涨幅度不同，同一年份上涨幅度也不同。2001～2010 年由于受区域等因素的影响，全国各个地市商品房价格上涨的程度不同。我国各个地区的经济发展水平及房地产市场成熟程度以及供给与需求的不平衡，引起房地产价格的剧烈波动，这种区域经济发展的不平衡又使得房地产价格波动具有区域差异性。

一、房地产的供求与价格

经济学中的供求理论，指的是供给和需求形成均衡价格。需求是在一定时期内，在各种可能的价格水平，人们愿意并且能够购买的商品量。消费者对某种产品的需求量取决于一系列因素：商品自身价格、收入水平、相关商品价格、消费者偏好、对价格的预期等。供给是指在一定时期内，在各种可能的价格水平，厂商愿意而且能够供应的商品量。某种产品的供给量取决于一系列因素：该商品的价格、生产成本、生产技术、相关商品价格、生产者对未来的预期等。

商品的价格受供求关系影响而上下波动，市场供大于求，供求机制会抑制商品价格，使之下降；供不应求，供求机制会提升商品价格，使其上升；当市场供给和需求趋向平衡时，则形成均衡价格。消费者追求效用最大化，而生产者追求利润最大化，当二者价格互为一致时，就是供给与需求趋于一致，就形成了均衡价格，所以说均衡是在商品的市场需求和市场供给这两种相反力量的相互作用下形成的。这就是商品市场的供求原理。

房地产市场上也同样存在着供求原理，商品房价格随供求关系变化而上下波动，所不同的是，由于房地产的个别性，房地产供给的弹性很小，因此，房地产的均衡价格主要是由需求曲线的位置和形状决定的。近年来全国各大城市普遍出现商品房价格快速上涨的现象，很多人就认为原因主要是由于商品住房竣工面积小于销售面积，出现供不应求的态势所造成的。因此抑制房价涨幅过大的主要措施应是扩大商品住房的供给量，适度控制需求，通过调整供求关系来调节房价。

有关房地产供求关系决定价格有下列几个模型。

(1) 静态供求价格模型　该模型假设房地产供给和需求为线性函数，需求函数为 $D=a+bp$，供给函数为 $S=c+dp$，p 为房地产价格，D、S 分别为房地产需求量和供给量。则供求平衡时 $D=S$，求得静态均衡时的价格为 P_e，则 $P_e=\dfrac{a-c}{d-b}$。

(2) 动态价格模型　动态供求价格模型是把时间因素纳入静态供求价格模型。因为房地产开发需要一个相对长的周期，一般从设计到竣工销售需要一年左右的时间，如果把 D、S、P 都看作是时间 t 的函数，则静态均衡价格模型将转变为动态供求价格模型：

$$\begin{cases} D_t=a+bP_t \\ S_t=c+dP_{t-1} \\ D_t=S_t \end{cases}$$

式中，D_t、S_t、P_t 分别为现期需求量、供给量和现期价格；P_{t-1} 为上一期的价格。

需求函数表示现期需求依赖于现期价格；现期供给依赖于上一期价格，即房地产供给量滞后于价格一个周期。供求平衡时解为：

$$P_t-\frac{d}{b}P_{t-1}=\frac{c-a}{b}$$

则这个一阶差分方程的通解为：

$$P_t=A\left(\frac{d}{b}\right)^t+P_e$$

其中 A 为任意常数，如果初始价格 P_0 已知，则 $A=P_0-P_e$。

(3) DUST 模型　DUST 模型可以简述为：$V=f(d,u,s,t)$。该模型表明，住宅价格是由住宅的需求（demand）、住宅所能提供的效用（utility）、住宅的稀缺性（scarcity）和住宅的可转让性（transferability）所决定的。DUST 即是这四个单词的第一个字母组成的缩略词。

需求指有购买力的需求，是消费者的欲望、预期和支付能力等，包括人口和结构、收入和市场细分等。效用指住宅为需求者提供的利益或满足。稀缺指可以满足需求的供给的水平。可转让性指住宅产权转移的过程，包括营销、谈判签约等交易活动以及产权的完备性、法律的完善程度等。

这四个变量是影响住宅价格的主要因素，但在分析中，每个要素又分成若干次级要素，每个次级要素又分成若干更次一级的要素，这样，把影响住宅价格的各种因素几乎全部考虑到了。但实际上，需求、效用可归结为需求因素方面，可转让性与稀缺性可归结为供给因素方面，因此，DUST 模型本质上仍属供求模型。

除了以上三个模型外，有两个理论在房地产价格变动的规律中起到了广泛的影响，一个是 Alonso 的竞租理论。对区位较敏感、支付地租能力较强的竞争者（如商业服务业）将获得市中心区的土地使用权，其他活动的土地利用依次外推，后来通过住宅选择的"互换论"，认为城市居民通过对住房成本与通勤费用的权衡以确定合适的居住区位。在均衡条件下，住宅价格（或租金）随着到市中心距离的增大而降低。

另一个是特征价格理论（Hedonic 价格模型理论）。该理论认为商品拥有一系列的特征，这些特征结合在一起形成影响消费者效用的特征包，商品是作为内在特征的集合来出售的，通过产品特征的组合来影响消费者的选择，由于构成房地产使用价值的各个特征之间有明显的差异，如住宅的位置、楼层、面积、室内设计、小区环境等，所以住宅产品是一种典型的异质性商品。由于各特征的数量及组合方式不同，使得房地产的价格产生差异。当商品某一方面的特征改变时，商品的价格也会随之改变。如果在保持房地产的特征不变的情况下，将房地产价格变动中的特征因素分解，从价格的总变动中逐项剔除特征变动的影响，剩下的便是纯粹由供求关系引起的价格变动。因此，国外往往采用特征价格模型（Hedonic Price Model）对城市住宅价格进行研究。

二、房地产价格影响因素分析

房地产价格会受各种因素的影响而发生变动，要掌握房地产价格的运动规律，必须弄清影响房地产价格的因素。根据各种影响房地产价格因素自身的性质，可以将其分为经济因素、社会因素、行政与政治因素、房地产的内在因素和周边环境因素。

1. 经济因素

影响房地产价格的因素主要是国家、地区或城市的经济发展水平、经济增长状况、产业结构、就业情况、居民收入水平、投资水平、财政收支、金融状况。这些因素会影响房地产市场的总体供求。通常来讲，一个地区的经济发展水平越高，经济增长越快，产业结构越合理，就业率、收入水平和投资水平越高，财政收入越多，金融形势越好，房地产市场需求就越大，房地产价格总体水平也越高。反之，房地产价格总体水平越低。

从我国的情况来看，改革开放 30 多年后的今天与改革初相比，房地产价格有了巨幅增长，就是源于全国的经济发展水平、居民收入水平等一系列经济因素方面的迅猛发展。而从目前来看，沿海地区与内地，北京、上海、广州、深圳等大城市与一般城市之间，房地产价格水平有较为显著的差异，这也主要是由于这些城市之间在以上经济因素方面存在明显的差异。

2. 社会因素

影响房地产价格的社会因素包括人口、家庭、城市形成历史、城市化状况、社会治安、文化与时尚等。其中，人口因素包括人口的数量、密度、结构（如文化结构、职业结构、收入水平结构等）；家庭因素指家庭数量、家庭构成状况等；文化与时尚主要指文化氛围、风俗习惯、大众心理趋势等。社会因素对房地产价格的影响作用是相当复杂的，它的作用方式不如经济因素那样直截了当，作用过程也比较长，是一种渗透性的影响。如城市形成历史，对一个地区房地产价格水平的影响，虽然不如经济因素的影响那样明显，但却常常是非常深远并具根本性的，在我国的许多城市中，某一个特定的区域，由于其独特的发展历史，而始终成为房地产价格水平的高值区，如上海的外滩、厦门的鼓浪屿、青岛的八大关等。人口的素质、数量与家庭结构的变化也会给房地产市场价格带来很大影响。人口数量的增加，意味着潜在需求的增加，这一潜在需求会随着人们支付能力的增长而日益转变为现实需求，因此对房地产的需求就会增加，房地产价格也就会上涨；而当人口数量减少时，对房地产的需求就会减少，房地产价格也就会下落；人口素质也影响着区域房价，如果一个地区中居民的素质低、构成复杂、社会秩序欠佳，人们多不愿意在此居住，则该地区的房地产价格必然低落。在城市人口数量及其购买力不变的情况下，人口结构和家庭结构对住宅的需求有较大的影响，例如，当一国进入"老龄化社会"后，老年人占城市总人口的比例越来越大，老年人对居住的要求是安静、方便，但又害怕离群索居。这意味着整个城市对老年住宅的需求相应增大，尤其是对小型现代化住房的需求显著增大。城市居民小型家庭比例扩大是一个普遍的趋势，一般来说，随着家庭人口规模小型化，即家庭平均人口数的下降，家庭数量增多，所需住房的总量将增加，房地产价格有上涨的趋势。

有些社会因素对房地产价格的影响在不同的阶段，其作用结果是不同的，如人口密度的提高，一开始会造成房地产需求的增加，引起房地产价格上升，但发展到一定程度，则会造成生活环境恶化，有可能引起需求量减少，房地产价格下降。

3. 行政与政治因素

行政因素主要是国家或地方政府在财政、税收、金融、土地、住房、城市规划与建设、交通治安、社会保障等方面的一些制度、法规、政策和行政措施。政治因素主要指政局安定程度、国与国之间的政治、军事关系等。行政和政治因素都是由国家机器来体现的，因此它对房地产价格的影响作用也比较突出。如从1998年房改开始，我国取消了住宅福利分配制度，这种住宅市场化改革的深化，已对住宅需求产生了深刻的影响，再如城市规划对一块土地用途的确定，决定了这一地块价格的基本水平。与经济和社会因素不同，行政和政治因素对房地产价格影响作用的速度相对较快，如果说经济、社会因素的作用是渐变式的，则行政和政治因素的作用可以说是突变式的。如加强宏观调控、压缩固定资产投资规模、收紧银根政策，会使所在地的房地产需求减少，房地产价格在较短内迅速下跌。

4. 房地产内在因素和周边环境因素

这类因素主要是指房地产自身及其周边环境状态，如土地的位置、面积、形状，建筑物的外观、朝向、结构、内部格局、设备配置状况、施工质量，以及所处环境的地质、地貌、气象、水文、环境污染情况等。首先，房地产自身的内在因素对房地产的生产成本和效用起着重大的制约作用，从而影响着房地产的价格。例如，地价上涨，建筑材料涨价，会带来成本推进型房价上升；商品房内在品质提高、效用增大也会造成内在品质提高型房价上涨。再如，房屋的朝向也会影响房价。在中纬度地区，朝南的住宅就比朝北的住宅舒适，因而价格也高。房地产坐落的位置不同，如是坐落在城市还是乡村，是位于城市中心区还是边缘地带，是临街还是不临街，是处于向阳面还是背阳面，价格会有较大的差异。由于房地产的个别性，房地产价格受自身因素（特别是一些与自然有关的因素）制约的现象是非常明显的，这是房地产与一般商品不同的一个重要表现。其次，房地产的使用离不开其周围的环境，周边环境因素也影响房地产的价格。如位于公园、绿地旁边的住宅，由于其安静、空气清新、风景怡人的环境，价格往往也较高，而如果住宅紧临高速公路、机场等噪声源或垃圾处理场、臭水沟等视觉、空气污染源，则价格就低。

国外研究表明，垃圾场对住房价格有显著的负向影响，垃圾场周围的住房价格降低12%；距离垃圾场1英里远，价格降低6%；如果距离超过2～2.5英里，负向影响就会微乎其微。反过来，环境改善对临近住房价格有正向的影响。Arimah 研究了环境卫生条件改善对房价的正向影响；Bourassa 等研究了水景、附近景观的改善等美感的外部性；Crane 等讨论了环境舒适对低收入家庭住房价格的影响。此外，研究发现城市空地或开放空间，森林、绿化都会提升临近住房的价格。Nelson 研究发现，靠近机场或车站会提供出行便利与就业机会，对附近房价有正向影响，但同时存在的噪声又可能产生负的影响，如果忽略了可及性，对噪声污染影响的估计可能就会产生负的偏误。Grass、Ryan 发现临近地铁、轻轨会提升临近住房的价格。同样，临近高速公路路口、航空港、火车站、码头等交通枢纽对住房价格也有正向影响，而 Forrest 等对曼彻斯特轻轨线路的研究则发现邻近轻轨车站会降低住房价格。另外，一般常识与理论都表明，邻近学校的质量高低是一个重要的区位因素。Brasington 发现公立学校的质量对临近住房价格有较大影响，水平测试分数、每个学生的费用、生/师比率、教师薪水和学生出勤率作为教学投入的代理变量对房价有正向影响，而学生毕业率、教师教学经验、教师学历对房价没有显著影响。Clark 和 Herrin 通过对加利福尼亚州 Fresno 县 1990～1994 年样本数据分析，在控制了结构和邻里特征后发现，对当地居民来说，公立学校的数量与质量比犯罪和环境因素更重要，这个结论与加利福尼亚公共教育合伙公司的民意调查结果是一致的。Gibbons 和 Machin 发现英国家庭在选择住房区位时也非常重视邻居住户的受教育状况，而且子女越多的家庭也愿意为此支付越多；小区内居民受高等教育比例每增加1%，住房均价会升高0.24%；等等。

估价人员必须要了解哪些因素是好的，哪些因素是不好的，对房价产生多大的影响等，这样才能准确地评估价格。

思考与练习题

1. 试说明房地产的内涵。
2. 房地产的属性表现在哪些方面？
3. 按照建筑结构划分房地产有哪些类型？
4. 房地产销售中的价格形式有哪些？试论述其内涵。
5. 试论述房地产供求与价格的关系。

参 考 文 献

[1] 上海社会科学院房地产业研究中心，上海市房产经济学会编. 房地产经济学与企业竞争力. 上海：上海社会科学院出版社，2003.
[2] 张永岳，陈伯庚，孙斌义，孟星. 房地产经济学. 第2版. 北京：高等教育出版社，2011.
[3] 高波. 现代房地产经济学导论. 南京：南京大学出版社，2007.
[4] 中国房地产估价师与房地产经纪人学会编写. 房地产估价理论与方法. 北京：中国建筑工业出版社，2010.

第二章

房地产估价及估价原则

第一节　房地产估价的概念和必要性

一、房地产估价制度概述

房地产估价制度是对房地产估价机构和人员的行为加以某种规范和约束，并令其对所估价结果承担相应的责任，借以维持房地产价格的正常秩序及房地产相关者的权益而实行的一种制度。实行房地产估价制度，可以规范房地产估价机构和人员的行为，提高估价人员的道德和职业水准，合理评估房地产价格，有利于加强房地产估价市场的管理，有利于规范房地产市场交易，有利于维护房地产权利有关当事人的合法权益。

由于房地产估价人员的估价结果会对房地产市场价格水平产生重大影响，直接关系到股价委托人及其他相关者的利益，甚至关系到国家房地产政策的制定，因此，实行房地产估价制度的意义是不言而喻的。一般地，房地产估价制度的内容主要包括如下四个方面。

① 房地产估价行业的管理。房地产估价行业的管理主要是指对该行业进行管理的机构机器运行方式和职能等。

② 房地产估价组织的管理。房地产估价机构是从事房地产估价业务的组织，自然人不能单独从事这项业务。对房地产估价组织的管理主要涉及该组织的登记注册管理、所具有的权利和义务、应承担的法律责任等任务。

③ 房地产估价人员的管理。房地产估价人员包括潜在的估价人员、一般估价人员和估价师三种。对这些专业人员的管理主要是指具有不同资格或取得方式和程序、所具有的权利和义务、应承担的法律责任等。

④ 房地产估价法规与准则。随着经济的发展和社会的进步，房地产估价制度的重要性与日俱增，世界上许多国家都有较为完善的估价师及估价师制度。我国内地于 1995 年施行的《中华人民共和国城市房地产管理法》也明确规定，房地产估价是国家的法定制度。

二、房地产估价的概念

1. 房地产估价的含义

本书所讲的房地产估价，是指专业的房地产估价。指的是房地产估价师和房地产估价机构接受他人委托，为了特定目的，遵循公认的原则，按照严谨的程序，依据有关法律法规和标准，在合理的假设下，运用科学的方法，对特定房地产在特定时间的特定价值进行分析、测算和判断，并提供相关专业意见的活动。

通常把上述定义中的特定目的称为估价目的，公认的原则称为估价原则，严谨的程序称为估价程序，依据的有关法律法规和标准称为估价依据，合理的假设称为估价假设，科学的方法称为估价方法，特定房地产称为估价对象，特定时间称为估价时点，特定价值称为价值类型。上述定义中涉及的房地产估价师、房地产估价机构和估价委托人统称为估价当事人，分析、测算和判断出的特定价值及提供的相关专业意见简称估价结果。因此，估价当事人、估价目的、估价对象、估价时点、价值类型、估价依据、估价假设、估价原则、估价程序、估价方法和估价结果，通常被称为房地产估价的要素。

2. 房地产估价的本质

为了进一步理解和把握房地产估价的含义，做好房地产估价工作，还应从以下几个方面去认识对房地产估价的本质。

（1）房地产估价本质上是评估房地产的价值而不是价格 价值（value）和价格（price）之间的关系及本质区别是：价值是物的真实所值，是内在的，是相对客观和相对稳定的，是价格的波动"中心"；价格是价值的外在表现，围绕着价值而上下波动，是实际发生、已经完成并且可以观察到的事实，它因人而异，时高时低。现实中由于定价决策、个人偏好或者交易者之间的特殊关系和无知等原因，时常会出现"低值高价"或者"高值低价"等价格背离价值的情况。因此，为了表述上更加科学、准确，也为了与国际上通行的估价理念、理论相一致，便于对外交流沟通，应当强调房地产估价本质上是评估房地产的价值而不是价格。

还需指出的是，虽然估价是评估价值，而且理论上是价值决定价格，但估价实践中一般是通过外表的价格来了解内在的价值。另外，价值和价格的内涵虽然在估价理论上有上述严格区分，但由于习惯等方面的原因，有时并不对它们做严格意义上的区别，可以交换使用。

（2）房地产估价应是模拟市场定价而不是替代市场定价 估价与通常意义上的定价有本质不同。估价是提供关于价值的专业意见，为相关当事人的决策提供参考依据。定价往往是相关当事人自己的行为，即诸如卖方要价、买方出价或者买卖双方的成交价等，应由交易当事人自己决定。交易当事人出于某种目的或者需要，可以使其要价、出价或者成交价低于或高于房地产的价值。但是于房地产估价师或者某个市场参与者而言，房地产价值则是客观的、由市场力量决定，即房地产价值是由众多的市场参与者的价值判断而非个别市场参与者的价值判断所形成。因此，房地产估价不是房地产估价师的主观随意定价，而是房地产估价师模拟大多数市场参与者的思维和行为，在充分认识房地产市场形成房地产价格的机制和过程，以及深入调查了解房地产市场行情的基础上，通过科学的分析、测算和判断活动，把客观存在的房地产价值揭示出来。换句话说，房地产估价是基于房地产价值本来就存在，房地产估价师只是运用自己掌握的估价理论知识、积累的估价实践经验去"揭示"或者"发现"房地产价值，而不是去"发明"或者"创造"房地产价值。

（3）房地产估价会有误差，但误差应在合理的范围内 在实际估价中，存在着评估出的价值与实际成交价格有差异甚至差异较大的情况。即使都是合格的估价师，也不可能得出完全相同的价值意见，只会得出近似的价值意见。因为估价总是在信息不完全和存在许多不确定因素下做出的，并且不同的估价师掌握的信息一般不可能完全相同。所有的评估价值都会有误差，即：评估价值＝真实价值＋误差。估价对象的真实价值只是理论上存在，实际中不可得知，因此评估价值有误差是必然的。我们不能用物理量测量的误差标准来要求估价的误差标准，应允许估价有较大的误差。在英国和其他英联邦国家，在估价委托人起诉估价师的法庭诉讼中，法官使用的误差范围通常是±10％，有时放宽到±15％，对于难度很大的估价业务甚至放宽到±20％。如果评估价值超出了误差范围，即可以认为估价师存在"专业疏忽"。

为了使评估价值更加客观合理，防止不同的估价师对同一估价对象在同一估价目的、同一估价时点评估出的价值出现较大偏差，相关估价国际组织、区域组织以及许多国家和地区的估价组织或者政府部门制定了指导估价师从事估价业务的技术规范和职业道德规范的估价标准、规则、指南、指引等。例如，我国制定了国家标准《房地产估价规范》并发布了《城市房屋拆迁估价指导意见》、《房地产抵押估价指导意见》等。

（4）房地产估价是提供价值意见而不是作价格保证　估价行业外的人通常认为，估价机构和估价师提供的评估价值，应是在市场上可以实现的。否则，估价机构和估价师应当赔偿由此造成的损失。实际上，房地产估价是房地产估价师以"房地产价格专家"的身份发表自己对估价对象价值的见解、看法或观点，即估价结果是一种专业意见，而不应被视为估价机构和估价师对估价对象在市场上可实现价格的保证。

（5）房地产估价既是一门科学也是一门艺术　正确的房地产价值分析、测算和判断必须依靠科学的估价理论和方法，但又不能完全拘泥于这些理论和方法，还必须依靠房地产估价师的实践经验。因为房地产市场是地方性市场，各地的房地产市场行情和价格影响因素可能各不相同，而且影响房地产价格的因素众多，其中许多因素对房地产价格的影响难以准确把握和量化，从而房地产价值不是简单地套用某些数学公式或者数学模型能够计算出来的，数学公式或者数学模型中的一些参数、系数等，有时也要依靠房地产估价师的实践经验做出判断。此外，每种估价方法都是从某个角度或者某个方面建立起来的，它们或多或少存在一些局限性。在估价实务中尽量同时采用多种估价方法进行估价，就是出于对不同估价方法局限性的调整和综合平衡的考虑。针对不同的估价对象，如何选用合适的估价方法，以及如何对不同估价方法计算出的结果进行取舍、调整得出最终的估价结果，这个过程是房地产估价师对房地产市场规律的把握，对估价理论和方法的掌握以及其实务操作能力的综合体现。最终的估价结果是否客观合理，也依赖于房地产估价师的判断力。因此，可以说房地产估价不仅是一门科学，也是一门艺术。

三、进行房地产估价的必要性

虽然任何资产在交易中都需要衡量和确定价格，估价行业希望所有的资产都要估价的心情也是可以理解的，但并不是所有的资产都需要专业估价。对于价值量较小或者价格依照通常方法容易确定的资产，通常不需要专业估价。一种资产只有同时具有"独一无二"和"价值量大"两个特性，才真正需要专业估价。这是因为：一种资产如果不具有独一无二的特性，相同的很多，价格普遍存在、人人皆知，或者常人依照通常方法（例如通过简单的比较）便可以得知，就不需要专业估价。一种资产虽然具有独一无二的特性，但如果价值量不够大，聘请专业机构或专业人员估价的花费与资产本身的价值相比较高，甚至超过资产本身的价值，聘请专业机构或专业人员估价显得不经济，则也不需要专业估价。

真正需要专业估价的主要是房地产、古董和艺术品、矿产资源、企业整体资产以及某些机器设备、无形资产等。具体就房地产来说，由于房地产具有不可移动、独一无二和价值量大等特性，房地产市场又是典型的不完全市场，并且市场信息不对称，有许多阻碍房地产价格合理形成的因素，不会自动地形成常人容易识别的适当价格，在其判断中要求有专门知识和经验，所以需要房地产估价师提供市场信息，进行房地产估价。房地产需要估价的情形较多，房地产除了发生转让行为，还普遍发生租赁、抵押、征收、征用、课税等行为。因此，不仅房地产转让需要估价，而且房地产租赁、抵押、征收、征用、分割、损害赔偿、税收、保险等活动也都需要估价。房地产估价有助于将房地产价格导向正常化，促进房地产公平交易，建立合理的房地产市场秩序。

具体来说，对房地产估价的各种需要主要表现在以下方面。

1. 国有建设用地使用权出让的需要

国有建设用地使用权出让是指国家将国有建设用地使用权在一定年限内出让给土地使用者，由土地使用者向国家支付出让金等费用的行为。目前，国有建设用地使用权出让有招标、拍卖、挂牌和协议等方式。在招标出让方式中，市、县人民政府国土资源行政主管部门（以下简称出让人）需要确定招标底价，投标人需要确定投标报价。在拍卖出让方式中，出让人需要确定拍卖底价（保留价），竞买人需要确定自己的最高出价（最高应价或最高报价）。在挂牌出让方式中，出让人需要确定挂牌底价，竞买人需要确定自己的最高报价。在协议出让方式中，出让人需要提出出让价格、确定协议出让最低价，土地使用者需要确定自己的最高出价。此外，对于列入招标、拍卖、挂牌出让计划内的具体地块有使用意向、提出用地预申请的单位和个人，需要承诺愿意支付的土地价格，出让人需要认定其承诺的土地价格是否可以接受。因此，无论是哪种出让方式，都需要对拟出让地块进行估价，为出让人确定各种出让底价提供参考依据，或者为欲受让人确定各种出价提供参考依据。

2. 房地产转让和租赁的需要

房地产转让包括房屋所有权转让和建设用地使用权转让，是指房屋所有权人和建设用地使用权人通过买卖、互换、赠与或者其他合法方式将其房屋所有权和建设用地使用权（简称房地产）转移给他人的行为。其他合法方式包括用房地产作价出资、作价入股、抵偿债务等。房地产租赁包括房屋租赁、土地租赁和建设用地使用权出租，是指房屋所有权人、土地所有权人（国家）、建设用地使用权人作为出租人将其房地产出租给承租人使用，由承租人向出租人支付租金的行为。

由于房地产价值很大，房地产的转让价格和租金无论是偏高还是偏低，都会使某一方遭受较大损失。由于一般的单位和个人不是专门从事房地产交易的，甚至一生中未曾经历过房地产交易，而且没有两宗房地产是完全相同的，所以这些单位和个人对房地产及其市场行情通常不很了解，在房地产转让和租赁时为避免遭受损失，往往需要房地产估价为其确定转让价格、租金等提供参考依据。

3. 房地产抵押、典当的需要

房地产抵押是指债务人或者第三人不转移房地产的占有，将该房地产作为债权的担保，当债务人不履行到期债务或者发生当事人约定的实现抵押权的情形时，债权人有权依照法律的规定以该房地产折价或者以拍卖、变卖该房地产所得的价款优先受偿。上述债务人或者第三人为抵押人，债权人为抵押权人，提供担保的房地产为抵押房地产。

房地产由于具有不可移动、寿命长久、价值量大、保值增值等特性，是一种良好的用于提供担保的财产，在借贷等民事活动中，为保障债权的实现，债权人一般会要求债务人或者第三人将其有权处分并且不属于法律法规规定不得抵押的房地产抵押给债权人，要求贷款金额小于抵押房地产的价值。特别是商业银行为了兼顾业务发展、市场竞争和风险防范，既不能压低房地产抵押价值，又不能提高房地产抵押价值，即如果为了信贷安全而少放款将会失去赚取利息的机会，但如果为了谋求更多的利息而多放款将承受损失的风险，两全其美的办法是要追求客观合理的抵押价值。为了知道该客观合理的抵押价值，债权人一般会委托或要求债务人委托债权人信任的房地产估价机构进行评估，为其确定房地产抵押贷款额度提供价值参考依据。

房地产典当是房地产权利特有的一种流通方式，它是指房地产权利人（出典人）在一定期限内，将其所有的房地产，以一定典价将权利过渡给承典人的行为。房地产设典的权利为房屋所有权。设典时，承典人可以占有、使用房屋；也可以行为上不占有、使用该房屋，但有权将出典的房屋出租或将房屋典权转让。设典时，一般应明确典期，出典人应在典期届满时交还典价和相应利息赎回出典的房屋，也可以双方约定，由承典人补足典房的差额而实际取得房屋的所有权。而典价的确定需要房地产估价提供参考依据。

4. 房地产征收征用补偿的需要

房地产特别是其中的土地，是各种生产、生活等活动都不可缺少的基础要素，又不可移动，有时为了公共利益的需要，如兴建道路、公园、学校、机场等，或者因抢险、救灾等紧急需要，国家不得不征收或者征用农民集体所有的土地、国有土地上单位和个人的房屋及其他房地产。征收与征用的主要区别是：征收的实质是强制收买——主要是所有权的改变，不存在返还的问题；征用的实质是强制使用——只是使用权的改变，被征用的房地产使用后，应当返还被征用人，即是一种强制的临时使用房地产的行为。

尽管征收、征用是为了公共利益的需要，具有一定的强制性，但都不能是无偿的，必须依法给予补偿。例如，《中华人民共和国宪法》（2004 年 3 月 14 日修正文本，以下简称《宪法》）第十条规定"国家为了公共利益的需要，可以依照法律规定对土地实行征收或者征用并给予补偿"；第十三条规定"国家为了公共利益的需要，可以依照法律规定对公民的私有财产实行征收或者征用并给予补偿"。《物权法》第四十二条规定："征收集体所有的土地，应当依法足额支付土地补偿费、安置补助费、地上附着物和青苗的补偿费等费用，安排被征地农民的社会保障费用，保障被征地农民的生活，维护被征地农民的合法权益。征收单位、个人的房屋及其他不动产，应当依法给予拆迁补偿，维护被征收人的合法权益；征收个人住宅的，还应当保障被征收人的居住条件。"第四十四条规定："单位、个人的不动产或者动产被征用或者征用后毁损、灭失的，应当给予补偿。"《中华人民共和国土地管理法》（2004 年 8 月 28 日修正文本，以下简称《土地管理法》）第二条规定："国家为了公共利益的需要，可以依法对土地实行征收或者征用并给予补偿"。《中华人民共和国城市房地产管理法》（2007 年 8 月 30 日修正文本，以下简称《城市房地产管理法》）第六条规定："为了公共利益的需要，国家可以征收国有土地上单位和个人的房屋，并依法给予拆迁补偿，维护被征收人的合法权益；征收个人住宅的，还应当保障被征收人的居住条件。"第二十条规定："国家对土地使用者依法取得的土地使用权，在出让合同约定的使用年限届满前不收回；在特殊情况下，根据社会公共利益的需要，可以依照法律程序提前收回，并根据土地使用者使用土地的实际年限和开发土地的实际情况给予相应的补偿。"

征用房地产不仅应当给予使用上的补偿（补偿金额相当于租金），如果房地产被征用后毁损、灭失的，还应当按照实际损失给予补偿。例如，房地产被征用后毁损的，征用补偿金额应包括使用上的补偿金额和相当于被征用房地产毁损前后价值之差的补偿金额；房地产被征用后灭失的，征用补偿金额应包括使用上的补偿金额和相当于被征用房地产价值的补偿金额。而确定上述征收、征用的补偿金额等，就需要房地产估价提供参考依据。

5. 房地产分割的需要

房地产通常是家庭财产的最主要部分，离婚、继承遗产、分家等通常涉及房地产分割。房地产分割一般不宜采取实物分割的方法，一是房地产在实物上通常难以分割，二是如果进行实物分割则通常会损害房地产的效用，减损房地产的价值，因此，一般是采取折价或者拍卖、变卖的方式，然后对折价或者拍卖、变卖取得的价款予以分割。例如，夫妻离婚，原共有的一套住房不宜采取实物分割由双方各得一半，多数情况下是由其中的一方获得该套住房，该方再按照该套住房市场价值的一半向对方支付现金或现金等价物。在这种情况下，双方通常都会委托房地产估价机构对该套住房进行估价。

有时即使可以采取实物分割的方法，但由于房地产是不均质的，应以平均分割为宜，然后进行一定的价值均衡。土地通常是在价值平均分配的基础上进行面积不等的划分；如果按照面积进行平均分割，则分割后的各部分价值不均等，通常还需要进行现金或现金等价物的

"多退少补"。房屋一般既难以按照面积进行平均分割，也难以在价值平均分配的基础上进行面积不等的划分，通常是先按照自然间进行实物分割，再根据各部分之间的价值差异进行现金或现金等价物的"多退少补"。这些都需要房地产估价提供价值参考依据。

6. 房地产损害赔偿的需要

各种类型的房地产损害赔偿，需要房地产估价为其确定赔偿金额提供参考依据。房地产损害赔偿的类型多种多样，列举如下几类。

① 因规划修改给房地产权利人等的合法权益造成损失的。

② 在自己的土地上建造建筑物妨碍了相邻建筑物的通风、采光和日照等，造成相邻房地产价值损失的。

③ 使他人房地产受到污染，造成他人房地产价值损失的。

④ 因施工中挖基础不慎使邻近建筑物受损，造成邻近房地产价值损失的。

⑤ 因工程质量缺陷造成房地产价值损失的。例如，预售的商品房在交付使用后发现存在工程质量问题（如墙体开裂、室内空气质量不符合国家标准），对购房人造成损失的。

⑥ 因未能履约（如未按合同约定如期供货、供款等）使他人工程停缓建，对他人造成损失的。

⑦ 因对房地产权利行使不当限制，例如错误查封，对房地产权利人造成损失的。

⑧ 因异议登记不当，造成房地产权利人损害的。

⑨ 因非法批准征收、使用土地，对当事人造成损失的。

⑩ 其他房地产损害赔偿。例如，《物权法》第九十二条规定："不动产权利人因用水、排水、通行、铺设管线等利用相邻不动产的，应当尽量避免对相邻的不动产权利人造成损害；造成损害的，应当给予赔偿。"

上述各种类型的房地产损害赔偿、补偿，均需要房地产估价为和解、调解、仲裁、诉讼等确定赔偿或补偿金额提供参考依据。

7. 房地产争议调处和司法鉴定的需要

在房地产强制拍卖、变卖、抵债、征收、征用、损害赔偿等活动中，经常发生有关当事人对房地产价格、补偿金额、赔偿金额或者为确定它们提供参考依据的估价报告或估价结果有异议的情况。例如，在人民法院强制拍卖、变卖被查封的房地产或者将被查封的房地产抵债中，被执行人通常对拍卖、变卖、抵债的价格有异议，特别是对为人民法院确定拍卖保留价、变卖价格、抵债价格提供参考依据的估价报告或估价结果有异议，从而要求对估价报告或估价结果进行复核或鉴定。在房屋拆迁估价中，通常也出现某一方特别是被征收人对估价报告或估价结果有异议而要求对估价报告或估价结果进行复核或鉴定的情况。

此外，对于各种涉及房地产的违纪、违法、违规和犯罪行为，在衡量其情节轻重时，通常不仅考虑房地产的实物量（如面积），而且考虑房地产的价值量。例如，对于领导干部涉嫌利用职权和职务影响，在商品房买卖置换中以明显低于市场价格购置而谋取不正当利益的，所购置的商品房价格是否明显低于市场价格。再如，对于国家工作人员非法收受他人房地产的"受贿罪"，收受房地产的价值是定罪量刑的重要依据。对于涉嫌犯"非法低价出让国有土地使用权罪"的，是否存在低价出让；对于犯"非法低价出让国有土地使用权罪"的，其低价的程度。以上这些均需要权威、公正的房地产估价，为争议各方当事人和解、有关单位调解、仲裁机构仲裁、行政机关处理、纪律检查部门查处、检察机关立案、人民法院判决，以及司法机关和公民、组织进行诉讼等提供相关参考依据。

8. 房地产税收的需要

房地产自古以来是一个良好的税源，有关房地产的税种很多，如房产税、地产税、土地增值税、契税，房屋与土地合征房地产税，房地产与其他财产合征财产税、遗产税、赠与税等。在现代市场经济条件下，这些税种的计税依据通常是房地产价值、租金或者以房地产价值、租金为基础的房地产余值、增值额、价格差额等。为了课税公平、防止偷漏税、说服纳税人等，税务机关需要掌握真实可靠的房地产价值、租金，需要以科学公正的计税价值（租金）为参考核定计税依据。纳税人认为税务机关确定的计税依据不合理的，也可以委托房地产估价机构评估计税价值，以说服税务机关重新核定计税依据。

9. 房地产保险的需要

房地产是一种重要的财产，其中的建筑物难免会因发生自然灾害或意外事故，例如火灾、爆炸、雷击、暴风、暴雨、泥石流、地面突然塌陷、岩崩、突发性滑坡或空中运行物体坠落等而遭受损毁或灭失，从而需要保险。房地产保险对房地产估价的需要，一是在投保时需要评估保险价值，为确定保险金额提供参考依据；二是在保险事故发生后需要评估所遭受的损失或者建筑物重置价格、重建价格等，为确定赔偿金额提供参考依据。

10. 企业有关经济行为的需要

企业合并、分立、改制、上市、对外投资、合资、合作、资产重组、产权转让、租赁、清算等经济行为，往往需要对企业整体资产或者其中的房地产进行估价，为有关决策等提供参考依据。

11. 房地产行政管理的需要

我国经济体制改革将过去高度集权的计划经济转变为市场经济，相应地，对于各类资产的行政管理从过去单纯的实物管理转到重视价值管理上来，实行实物管理与价值管理相结合。在这种情况下，房地产行政管理不仅需要搞清楚土地和房屋的数量、质量，也需要搞清楚土地和房屋的价值量及其增值或贬值情况。这就需要房地产估价。

12. 其他方面的需要

现实中对房地产估价的需要，除了上面列举的还有许多，举例如下。

① 房地产开发经营过程中需要的估价服务。在房地产开发经营过程中，从房地产开发项目可行性研究到开发完成后的房地产租售等，都需要房地产估价为投资估算、收入预测、房地产定价等提供参考依据。

② 建设用地使用权期限间届满需要的估价服务。国有建设用地使用权出让合同（过去称为国有土地使用权出让合同，简称土地使用权出让合同、出让合同）约定的土地使用期限届满，土地使用者申请续期，经批准准予续期的，应当重新签订出让合同，依照规定支付出让金等费用。确定该出让金等费用，一般需要估价提供参考依据。土地出让期限届满，土地使用者申请续期，因社会公共利益需要未获批准的，国有建设用地使用权由出让人无偿收回，但地上建筑物、构筑物及其附属设施可能按出让合同约定，由出让人收回，并根据收回时地上建筑物、构筑物及其附属设施的残余价值，给予土地使用者相应补偿。确定该地上建筑物、构筑物及其附属设施的残余价值，也需要估价提供参考依据。

③ 办理出国移民提供财产证明需要的估价服务。

④ 房地产证券化需要的估价服务，包括房地产抵押贷款证券化、房地产投资信托基金中大都需要房地产估价。

第二节　房地产估价原则

一、房地产估价原则的内涵

房地产估价原则是反映房地产价格形成和运动规律、指导房地产估价实务活动的法则或标准。它既是客观规律的反映，又是房地产估价实践经验的理论总结。

虽然受许多复杂多变的因素的影响，但是，房地产价格的形成和运动有其客观性，并不因个人的意志而转移。估价人员对房地产价格的评估要做到客观、合理，就必须遵循房地产价格形成和运动的客观规律，运用自己对这些客观规律的认识与掌握，通过估价活动，把客观存在的房地产价值揭示出来。因此，房地产估价人员的评估活动就不是主观随意、无章可循的。在房地产估价的反复实践和理论探索中，人们逐渐认识了房地产价格形成和运动的客观规律，总结出了适合特定社会、经济和制度环境的估价行为法则或准则，由此形成了指导一个国家或地区估价活动的房地产估价原则。凡是从事房地产估价业务的人员，都必须首先对房地产估价原则有一个深刻的认识和理解，并作为自己开展估价活动的指南。

二、我国房地产估价原则

1. 独立、客观、公正原则

独立、客观、公正原则要求房地产估价师站在中立的立场上，评估出对各方当事人来说均是公平合理的价值。具体地说，"独立"是要求房地产估价师要凭借自己的专业知识、经验和应有的职业道德进行估价，而不要受任何单位和个人的非法干预。"客观"是要求房地产估价师要从客观实际出发，反映事物的本来面目进行估价，而不要带着自己的好恶、情感和偏见。"公正"是要求房地产估价师要公平正直地进行估价，而不要偏袒相关当事人中的任何一方，应当坚持原则、公平正直地进行估价。

房地产估价之所以要遵循独立、客观、公正原则，是因为评估出的价值如果不公平合理，则必然会损害相关当事人中某一方的利益，也有损于房地产估价师、房地产估价机构以至整个房地产估价行业的声誉和公信力。例如，以房地产抵押贷款为目的的估价，如果评估价值比客观合理的价值高，则借款人得利，贷款人的风险增加，甚至影响金融安全。以房屋拆迁补偿为目的的估价，如果评估价值比客观合理的价值低，则被征收人受损，甚至影响社会稳定；反之，则被征收人得利，征收人受损。以人民法院强制拍卖房地产为目的的估价，如果评估价值比客观合理的价值低，则可能导致被执行人的房地产被低价拍卖，使被执行人受损；反之，可能导致流拍，使申请执行人的债权不能实现，合法权益得不到保障。以房地产税收为目的的估价，如果估价结果导致纳税人少交税，则造成税款流失；而无论是估价结果导致纳税人多交税还是少交税，都造成税负不公平。

为了保障房地产估价机构和房地产估价师独立、客观、公正地估价，一是要求房地产估价机构应当是一个不依附于他人、不受他人束缚、具有独立的法人地位的机构。这方面的具体要求是估价机构必须"脱钩改制"，并由以估价师为主的自然人出资设立。估价机构的独立性，是客观、公正估价的前提。二是要求估价机构和估价师应当与委托人及估价利害关系人没有除依法收取估价服务费以外的任何现实的或潜在的利害关系，与估价对象没有现实的或潜在的利益关系。如果估价机构或估价师与委托人或估价利害关系人有利害关系或者与估价对象有利益关系，则估价时就难以做到公平公正。即使自认为有良好的道德自律能保证估价结果客观合理，但估价报告的公信力往往也会受到人们的怀疑。因此，当估价机构或估价师与委托人或估价对象关系人有利害关系或者与估价对象有利益关系的，应当主动回避。三是要求估价机构和估价师在估价中不应受委托人等外部因素的干扰，不应屈从于外部压力，应当"我行我素"。此外，估价师还必须有良好的职业道德，不能受任何私心杂念的影响。

在估价操作层面，为了评估出客观合理的价值，估价师首先应本着以下假设进行估价：各方当事人均是出于利己动机并且是理性而谨慎行事的，例如，买者不肯枉花一分钱购买，卖者不肯少得一分钱出售。其次，估价师应以各方当事人的角色或心态来考虑评估价值，也就是说"换位思考"。在实际交易中，各方当事人的心态是不同的，例如买者的心态是出价不能高于预期使用该房地产所能带来的收益，或重新购建价格，或类似房地产的正常成交价格；卖者的心态是要价不能低于他对该房地产已投入的开发建设成本及应获得的期望利润，或类似房地产的正常成交价格。然后，估价师再以专家的身份来反复、精细地权衡评估价值：先假设评估价值的高低不是与自己无关，即如果将自己分别设想为各方当事人的角色，评估价值的高低会对自己有何影响，假如自己是买方会怎样，是卖方又会怎样。在此基础上自然就会权衡出一个对各方当事人来说均为公平合理的评估价值。

2. 合法原则

合法原则是房地产估价应遵循的首要原则，它要求对房地产的估价应以估价对象的合法权益为前提来展开。合法权益包括合法产权、合法使用、合法处分等方面。

① 在合法产权方面，应以房地产权属证书、权属档案的记载或者其他合法证件为依据。现行的房地产权属证书有房屋权属证书、土地权属证书或者统一的房地产权证书。房屋权属证书有《房屋所有权证》、《房屋共有权证》和《房屋他项权证》三种。土地权属证书有《国有土地使用证》、《集体土地所有证》、《集体土地使用证》和《土地他项权利证明书》四种。当县级以上地方人民政府由一个部门统一负责房产管理和土地管理工作的，可能制作、颁发统一的房地产权证书。统一的房地产权证书有《房地产权证》、《房地产共有权证》和《房地产他项权证》三种。

② 在合法使用方面，应以符合城市规划、土地用途管制等使用管制为依据，如城市规划中对某块宗地用途、建筑高度、容积率、建筑密度的规定，就应是对该块土地进行估价的前提。只有在估价过程中始终符合使用管制的要求，由此评估出的价值才能得到社会的承认。

③ 在合法处分方面，应以法律、行政法规或合同（如土地使用权出让合同）等允许的处分方式为依据。处分方式包括买卖、租赁、抵押、典当、抵债、赠与等。以抵押为例。a. 法律、行政法规规定不得抵押的房地产，就不能作为以抵押为估价目的的估价对象，或者说这类房地产没有抵押价值。b.《城市房地产管理法》第五十条规定：设定房地产抵押权的土地使用权是以划拨方式取得的，依法拍卖该房地产后，应当从拍卖所得的价款中缴纳相当于应缴纳的土地使用权出让金的款额后，抵押权人方可优先受偿。因此，在评估土地使用权是以划拨方式取得的房地产的抵押价值时，不应包含土地使用权出让金。c.《中华人民共和国担保法》第三十五条规定："财产抵押后，该财产的价值大于所担保债权的余额部分，可以再次抵押，但不得超出其余额部分。"所以，再次抵押的房地产，该房地产的价值扣除已担保债权后的余额部分才是其抵押价值。

④ 在其他方面，如评估出的价格必须符合国家的价格政策。例如，评估政府定价或政府指导价的房地产，应遵循政府定价或政府指导价。如房改售房的价格，要符合政府有关该价格测算的要求；新建的经济适用住房的价格，要符合国家规定的价格构成和对利润率的限定；农地征用和城市房屋拆迁补偿估价，要符合政府有关农地征用和城市房屋拆迁补偿的法律、行政法规。

3. 最高最佳使用原则

最高最佳使用原则要求房地产估价应以估价对象的最高最佳使用为前提进行。

最高最佳使用是指法律上许可、技术上可能、经济上可行，经过充分合理的论证，能使估价对象的价值达到最大的一种最可能的使用。可见，最高最佳使用必须符合4个标准：①法律上许可；②技术上可能；③经济上可行；④价值最大化。而且这些标准通常有先后次序。另外，最高最佳使用不是无条件的最高最佳使用，而是在法律（包括法律、行政法规、城市规划、土地使用权出让合同等）许可范围内的最高最佳使用，这也是合法原则的要求。

房地产估价为什么要遵循最高最佳使用原则？这是因为在现实房地产经济活动中，每个房地产拥有者都试图充分发挥其房地产的潜力，采用最高最佳的使用方式，以取得最大的经济利益。这一估价原则也是房地产利用竞争与优选的结果。所以，在估价中不仅要遵循合法原则，而且要遵循最高最佳使用原则。

最高最佳使用具体包括 3 个方面：①最佳用途；②最佳规模；③最佳集约度。

寻找最高最佳使用的方法，是先尽可能地设想出各种潜在的使用方式，然后从下列 4 个方面依序筛选。

① 法律上的许可性。对于每一种潜在的使用方式，首先检查其是否为法律所允许。如果是法律不允许的，应被淘汰。

② 技术上的可能性。对于法律所允许的每一种使用方式，要检查它在技术上是否能够实现，包括建筑材料性能、施工技术手段等能否满足要求。如果是技术上达不到的，应被淘汰。

③ 经济上的可行性。对于法律上允许、技术上可能的每一种使用方式，还要进行经济可行性检验。经济可行性检验的一般做法是：针对每一种使用方式，首先估计其未来的收入和支出流量，然后将此未来的收入和支出流量用现值表示，再将这两者进行比较。只有收入现值大于支出现值的使用方式才具有经济可行性，否则应被淘汰。

④ 价值是否最大。在所有具有经济可行性的使用方式中，能使估价对象的价值达到最大的使用方式，才是最高最佳的使用方式。

进一步来讲，有三个经济学原理有助于把握最高最佳使用：①收益递增递减原理；②均衡原理；③适合原理。

收益递增递减原理可以帮助我们确定最佳集约度和最佳规模。它揭示的是两种投入产出关系：一种是在一种投入量变动而其他投入量固定的情况下的投入产出关系；另一种是在所有的投入量都变动的情况下的投入产出关系。

收益递增递减原理揭示的第一种投入产出关系叫做收益递减规律（又称边际收益递减原理），可以表述如下：假定仅有一种投入量是可变的，其他的投入量保持不变，则随着该种可变投入量的增加，在开始时，产出量的增加有可能是递增的；但当这种可变投入量继续增加达到某一点以后，产出量的增加会越来越小，即会出现递减现象。

收益递减规律对于一宗土地来说，表现在对该宗土地的使用强度（如建筑层数、建筑高度、容积率、建筑规模）超过一定限度后，收益开始下降。

收益递增递减原理揭示的第二种投入产出关系叫做规模的收益（又称规模报酬规律），可以表述如下：假定以相同的比例来增加所有的投入量（即规模的变化），则产出量的变化有 3 种可能：一是产出量的增加比例等于投入量的增加比例，这种情况被称为规模的收益不变；二是产出量的增加比例大于投入量的增加比例，这种情况被称为规模的收益递增；三是产出量的增加比例小于投入量的增加比例，这种情况被称为规模的收益递减。在扩大规模时，一般是先经过一个规模的收益递增阶段，然后经过一个规模的收益不变阶段，再经过一个规模的收益递减阶段。

均衡原理是以房地产内部各构成要素的组合是否均衡来判定是否为最高最佳使用。它也可以帮助确定最佳集约度和最佳规模。以建筑物与土地的组合来讲，建筑物与土地比较，如果过大或过小，或者档次过高或过低，则建筑物与土地的组合不是均衡状态，该房地产的效用便不能得到有效发挥，从而会降低该房地产的价值。例如，某宗土地上有建筑物，但该建筑物不是在最高最佳使用状态，如已过时、破旧、现状容积率低，则会对该宗土地的有效利用构成妨碍，在对该宗土地进行估价时就需要做减价修正。这种情况在现实中经常遇到，如在旧城区有一块空地，另有一块有建筑物的土地，这两块土地的位置相当，而有建筑物的土地上的建筑物已破旧，此时对于购买者来说，空地的价值要高于有建筑物的土地价值。因为购买者购得该有建筑物的土地后，还需花代价拆除建筑物，从而该建筑物的存在，不仅增加不了土地的价值，还降低了土地的价值。

另一种相反的情况是，建筑物的设计、施工和设备都非常先进、良好，但坐落的土地位置较差，不能使该建筑物的效用得到充分发挥，虽然该类建筑物的重置价格较高，但该建筑物的价值却低于此重置价格。

适合原理是以房地产与其外部环境是否协调来判定是否为最高最佳使用。它可以帮助我们确定最佳用途。适合原理加上均衡原理以及收益递增递减原理，即当房地产与外部环境为最协调，同时内部构成要素为最适当的组合时，便为最高最佳使用。

最高最佳使用原则要求评估价值应是在合法使用方式下，各种可能的使用方式中，能够获得最大收益的使用方式的估价结果。例如，某宗房地产，城市规划规定既可用作商业用途，也可用作居住用途，如果用作商业用途能够取得最大收益，则估价应以商业用途为前提；反之，应以居住用途或者商业与居住混合用途为前提。但当估价对象已做了某种使用，则在估价时应根据最高最佳使用原则对估价前提做下列之一的判断和选择，并应在估价报告中予以说明。

① 保持现状前提。认为保持现状、继续使用最为有利时，应以保持现状、继续使用为前提进行估价。现有建筑物应予保留的条件是：现状房地产的价值大于新建房地产的价值减去拆除现有建筑物的费用及建造新建筑物的费用之后的余额。

② 装修改造前提。认为装修改造但不转换用途再予以使用最为有利时，应以装修改造但不转换用途再予以使用为前提进行估价。对现有建筑物应进行装修改造的条件是：预计装修改造后房地产价值的增加额大于装修改造费用。

③ 转换用途前提。认为转换用途再予以使用最为有利时，应以转换用途后再予以使用为前提进行估价。转换用途的条件是：预计转换用途所带来的房地产价值的增加额大于转换用途所需的费用。

④ 重新利用前提。认为拆除现有建筑物再予以利用最为有利时，应以拆除现有建筑物后再予以利用为前提进行估价。

⑤ 上述情形的某种组合。最常见的是第三种转换用途与第二种装修改造的组合。

4. 替代原则

替代原则要求房地产估价结果不得明显偏离类似房地产在同等条件下的正常价格。类似房地产是指与估价对象处在同一供求范围内，并在用途、规模、档次、建筑结构等方面与估价对象相同或相近的房地产。同一供求范围是指与估价对象具有替代关系，价格会相互影响的房地产所处的区域范围。

根据经济学原理，在同一市场上，相同的商品，具有相同的价值。房地产价格也符合这一规律，只是由于房地产的独一无二性，使得完全相同的房地产几乎没有，但在同一市场上具有相近效用的房地产，其价格是相近的。在现实房地产交易中，任何理性的买者和卖者，都会将其拟买或拟卖的房地产与类似房地产进行比较，任何买者不会接受比市场上的正常价格过高的价格成交，任何卖者不会接受比市场上的正常价格过低的价格成交，最终是类似的房地产价格相互牵制，相互接近。

替代原则对于具体的房地产估价，指明了下列两点。

① 如果附近有若干相近效用的房地产存在着价格，则可以依据替代原则，由这些相近

效用的房地产的价格推算出估价对象的价格。在通常情况下，由于估价人员很难找到各种条件完全相同、可供直接比较的房地产的价格作依据，因此，实际上是寻找一些与估价对象具有一定替代性的房地产作为参照物来进行估价，然后根据其间的差别对价格做适当的调整修正。

② 不能孤立地思考估价对象的价格，要考虑相近效用的房地产的价格牵制。特别是作为同一个估价机构，在同一个城市、同一估价目的、同一时期，对不同位置、不同档次的房地产的估价结果应有一个合理的价格差，不同尤其是好的房地产的价格不能低于差的房地产的价格。

5. 估价时点原则

估价时点原则要求房地产估价结果应是估价对象在估价时点的客观合理价格或价值。

影响房地产价格的因素是不断变化的，房地产市场是不断变化的，房地产价格自然也是不断变化的。在不同的时间，同一宗房地产往往会有不同的价格（实际上，房地产本身也是随着时间而变化的，如建筑物变得陈旧过时）。因此，房地产价格具有很强的时间性，每一个价格都对应着一个时间。如果没有了对应的时间，价格也就失去了意义。但是，估价不是求取估价对象在所有时间上的价格，这既无必要，也不大可能。估价通常仅是求取估价对象在某个特定时间上的价格，而且这个特定时间不是估价人员可以随意假定的，必须依据估价目的来确定，这个特定时间就是估价时点。

确立估价时点原则的意义在于：估价时点是评估房地产价格的时间点，例如，运用比较法评估房地产的价格时，如果选用的可比实例的成交日期与估价时点不同（通常都是这种情况），就需要把可比实例的成交价格调整到估价时点上，如此，可比实例的成交价格才能作为估价对象的价格。

在实际估价中，通常将"估价作业期"（估价的起止年月日，即正式接受估价委托的年月日至完成估价报告的年月日）或估价人员实地查勘估价对象期间的某个日期定为估价时点，但估价时点并非总是在此期间，也可因特殊需要将过去或未来的某个日期定为估价时点。因此，在估价中要特别注意估价目的、估价时点、估价对象状况和房地产市场状况四者的内在联系。

不同估价目的的房地产估价，其估价时点与估价所依据的估价对象状况和房地产市场状况的关系见表 2-1。

表 2-1 估价时点、估价对象状况和房地产市场状况的关系

估价时点	估价对象状况	房地产市场状况
过去（回顾性估价）	过去	过去
现在	过去	现在
	现在	
	未来	
未来（预测性估价）	未来	未来

对表 2-1 中的各种情形举例说明如下。

① 估价时点为过去的情形，多出现在房地产纠纷案件中，特别是对估价结果有争议而引发的复核估价。例如，某市某大厦强制拍卖的拍卖底价评估结果争议一案，原产权人对估价机构的估价结果有异议，引发了对该估价结果究竟是否合理的争论。此时衡量该估价结果是否合理，要回到原估价时点（原估价时点是 1996 年 3 月 11 日），相应地，估价对象的产

权性质、用地性质、建筑物状况以及房地产市场状况等，也都要以原估价时点的状况为准，否则的话，就无法检验该估价结果是否合理。而且任何其他估价项目的估价结果在事后来看也都可能是错误的，事实上可能并没有错误，只是过去的估价结果不适合现在的情况，因为估价对象状况和房地产市场状况可能发生了变化。

② 估价时点为现在，估价对象为历史状况下的情形，多出现于房地产损害赔偿案件中。例如，建筑物被火灾烧毁后，确定其损失程度和损失价值，要根据其过去的状况（现在已不存在了）和损毁后的状况的对比来评估。

③ 估价时点为现在，估价对象为现时状况下的情形，是估价中最常见、最大量的，包括在建工程估价。

④ 估价时点为现在，估价对象为未来状况下的情形，如评估房地产的预售或预购价格。

⑤ 估价时点为未来的情形，多出现于房地产市场预测、为房地产投资分析提供价值依据的情况中，特别是预估房地产在未来建成后的价值。在假设开发法中，预计估价对象开发完成后的价值就属于这种情况。

现状为在建工程的房地产，可能同时存在着下列 3 种估价：①估价时点为现在，估价对象为现时状况下的估价，即该在建工程在现在这个样子的价值是多少；②估价时点为现在，估价对象为未来状况下的估价，如该在建工程经过一段时间后将建成，而现在预售或预购它的价值是多少；③估价时点为未来，估价对象为未来状况下的估价，如该在建工程经过一段时间后将建成，且在建成时的价值是多少。

6. 谨慎原则

谨慎原则是评估房地产抵押价值时应当遵循的一项原则，它要求在存在不确定性因素的情况下做出估价相关判断时，应当保持必要的谨慎，充分估计抵押房地产在抵押权实现时可能受到的限制、未来可能发生的风险和损失，不高估假定未设立法定优先受偿权利下的价值，不低估房地产估价师知悉的法定优先受偿款。

虽然说只要所担保的债权不超过抵押时抵押物的价值即不违法，但由于需要处分抵押物的时间与抵押估价时点一般相隔较长，而且抵押担保的范围包括主债权及利息、违约金、损害赔偿金和实现抵押权的费用，届时抵押物的价值有可能下跌，其他相关的不确定因素也较多，为确保抵押贷款的清偿，拟接受抵押担保的债权人对变现风险高度关注，所以房地产抵押价值评估除了应遵循房地产估价的普适性原则，还应遵循谨慎原则。

理解谨慎原则的关键，是要弄清"在存在不确定性因素的情况下"。在实际估价中，房地产估价师如果面临的是确定性因素，则不存在谨慎问题，应依据确定性因素进行估价。如果面临的是不确定性因素，当对该因素的乐观、悲观（保守）和折中判断或估计会导致对房地产抵押价值的相对偏高、偏低和居中估计时，则应采取导致对房地产抵押价值相对偏低的估计。例如，运用收益法评估收益性房地产的抵押价值，当估计未来的收益可能会高也可能会低时，遵循谨慎原则应采用保守的较低的收益估计值，相比之下，一般的房地产价值评估是采用既不偏高也不偏低的居中的收益估计值。

《房地产抵押估价指导意见》针对不同的估价方法，提出了遵循谨慎原则的下列要求。

① 在运用市场法估价时，不应选取成交价格明显高于市场价格的交易实例作为可比实例，并应对可比实例进行必要的实地查看。

② 在运用成本法估价时，不应高估土地取得成本、开发成本、有关费税和利润，不应低估折旧。

③ 在运用收益法估价时，不应高估收入或者低估运营费用，选取的报酬率或者资本化率不应偏低。

④ 在运用假设开发法估价时，不应高估未来开发完成后的价值，不应低估后续开发建设必要支出及应得利润。

思考与练习题 ▶▶

1. 房地产估价制度的内容有哪些？

2. 什么是专业的房地产估价？

3. 为什么说房地产估价本质上是评估房地产的价值而不是价格？

4. 房地产估价与一般意义上的房地产定价有何本质区别？

5. 现实中有哪些情形需要房地产估价，他们是如何需要房地产估价的？

6. 什么是房地产估价原则？主要有哪些房地产估价原则？

7. 如何判断一待估房地产已经满足最高最佳使用原则？

8. 估价时点与估价作业日期有何区别？

参 考 文 献

［1］ 中国房地产估价师与房地产经纪人学会，柴强主编. 房地产估价理论与方法. 北京：中国建筑工业出版社，2011.

［2］ 卢新海主编. 房地产估价——理论与实务. 上海：复旦大学出版社，2006.

［3］ 孙颖主编. 房地产估价理论与实训. 北京：清华大学出版社，2011.

［4］ 中国房地产估价师与房地产经纪人学会，沈建忠主编. 房地产基本制度与政策. 北京：中国建筑工业出版社，2011.

［5］ 国家技术质量监督局，中华人民共和国建设部. 房地产估价规范. 中华人民共和国国家标准（GB/T 50291），1999.

第三章

市场比较法

第一节 市场比较法基本理论

一、市场比较法的概念

市场比较法又称市场法、比较法，是将估价对象与估价时点的近期发生过交易的类似房地产进行比较，对这些类似房地产的成交价格做适当的处理来求取估价对象价值的方法。市场比较法的本质是以房地产的市场交易价格为导向求取估价对象的价值。

上述选取的符合一定条件、发生过交易的类似房地产，通常称为可比实例，也称为可比房地产，是指交易实例中交易类型与估价目的吻合、成交日期与估价时点接近、实际成交价格为正常成交价格或可以修正为正常成交价格的类似房地产。

由于是利用已被市场验证的类似房地产的成交价格来求取估价对象的价值，市场比较法测算出的价值称为比准价格。市场比较法是一种最直接、最有说服力的估价方法，其估价结果应最容易被人们理解和接受。

二、市场比较法的理论依据

市场比较法的理论依据是房地产价格形成的替代原理。替代原理要求房地产估价结果不得不合理偏离类似房地产在同等条件下的正常价格。所谓类似房地产，是指房地产中实物、权益、区位状况均与估价对象的实物、权益、区位状况相同或相当的房地产。

类似房地产是在用途、规模、建筑结构、档次、权利性质等方面与估价对象相同或相当，并与估价对象处在同一供求范围内的房地产。同一供求范围，又称同一供求圈，是指与估价对象具有一定的替代关系，价格会相互影响的其他房地产的区域范围。

根据经济学原理，在同一市场上（同一供求范围内），相同的商品，具有相同的价值。因为就理论上来说，个人、家庭、企业等任何经济主体在市场上的行为，是要以最小的代价取得最大的效益。市场上各个经济主体的行为导致的结果，是在效用相同的商品之间形成相同的价格。

房地产价格也符合这一规律，只是由于房地产的独一无二特性，使得完全相同的房地产几乎没有，但在同一市场上具有相近效用的房地产，其价格是相近的。在现实的房地产交易中，任何理性的买者与卖者，都会将其拟交易的房地产与类似房地产进行比较，任何买者不会接受比市场上的正常价格过高的价格，任何卖者也不会接受比市场上的正常价格过低的价格，最终是同一市场上类似的房地产价格接近。

正是因为房地产价格形成中有替代原理的作用，所以，估价对象的价格可以通过类似房地产的已知成交价格来求取。

三、市场比较法适用的对象和条件

市场比较法适用的对象是同种类型的数量较多且经常发生交易的房地产，如：①住宅，包括普通住宅、高档公寓、别墅等，特别是存量成套住宅，由于数量较多、可比性好，最适用市场法估价；②写字楼；③商铺；④标准厂房；⑤房地产开发用地。

下列房地产难以采用市场比较法进行估价：①数量很少的房地产，如特殊厂房、机场、码头、博物馆、教堂、寺庙、古建筑等；②很少发生交易的房地产，如学校、医院、行政办公楼等；③可比性很差的房地产，如在建工程等。

市场比较法适用的条件是在同一供求范围内并在估价时点的近期，存在着较多类似房地产的交易。如果在房地产市场发育不够或者类似房地产交易实例较少的地区，就难以采用市场法估价。即使在总体上房地产市场较活跃的地区，在某些情况下市场比较法也可能不适用。

另外，运用市场比较法估价需要将可比实例的实际交易情况可能造成的不正常成交价格修正为正常市场价格，需要将可比实例在其成交日期时的价格调整为在估价时点时的价格，需要将可比实例在其房地产状况下的价格调整为在估价对象房地产状况下的价格，即需要消除如下三个方面的不同所造成的可比实例成交价格与估价对象客观合理价格之间的差异：实际交易情况与正常交易情况不同；成交日期与估价时点不同；可比实例房地产与估价对象房地产不同。对可比实例的成交价格进行的这些修正和调整，分别称为交易情况修正、市场状况修正和房地产状况调整。

还需要说明的是，市场比较法求得的价值有时并不一定合理、真实，因为在房地产市场参与者群体非理性的情况下，房地产价值可能被市场所高估或低估，造成房地产市场价格偏离了房地产本身的价值。

市场比较法中比较分析的原理和方法，也可以用于房地产市场租金及成本法、收益法、假设开发法中重新购建价格、房地产价格各项构成（如开发成本、管理费用、销售费用、开发利润等）、收入、运营费用、空置率、入住率、报酬率、资本化率、收益乘数、开发经营期等的求取。

第二节 市场比较法方法和步骤

一、市场比较法的操作步骤

运用市场比较法估价一般分为下列 4 个步骤进行：①搜集交易实例，即从房地产市场中搜集大量实际成交的房地产及其成交日期、成交价格、付款方式等情况；②选取可比实例，即从搜集的大量交易实例中选取一定数量、符合一定条件的交易实例；③对可比实例成交价格做适当的处理（其中，根据处理的不同分为价格换算、价格修正和价格调整，价格换算即建立价格可比基础价格修正即交易情况修正，价格调整包括市场状况调整和房地产状况调整）；④求取比准价格，即把经过处理后得到的多个价格综合成一个价格。

二、搜集交易实例

1. 搜集大量交易实例的必要性

运用市场比较法估价，首先需要拥有大量真实的交易实例。只有拥有了大量真实的交易实例，才能把握正常的市场价格行情，才能据此评估出客观合理的价值。因此，首先应尽可能搜集较多且真实的交易实例。只有在平时就留意搜集和积累交易实例，才能保证在采用市场比较法进行估价时有足够多的交易实例可供选取。当然，也可以根据估价对象、估价时点等情况，有针对性地搜集一些交易实例。

2. 搜集交易实例的途径

估价人员应视为自己要买卖房地产那样去调查、了解市场行情，了解当地搜集交易实例的途径，掌握相应的搜集技巧，尽力地搜集交易实例。

搜集交易实例及相关参考资料的途径主要有以下几项。

① 查阅政府有关部门的房地产交易资料。如：房地产权利人转让房地产时向政府的有关部门申报的成交价格资料；政府出让土地使用权的价格资料；政府或其授权的部门确定、公布的基准地价、标定地价、房屋重置价格及房地产市场价格资料。

② 向房地产交易当事人、了解其房地产成交价格及有关交易情况等。

③ 向房地产交易当事人的四邻、促成交易的房地产经纪人、律师、注册会计师等了解其知晓的房地产成交价格资料和有关交易情况。越来越多的房地产交易是通过专业的房地产经纪机构和房地产经纪人促成的，通过房地产经纪机构和经纪人可以获得大量及时、真实的交易实例。

④ 与房地产出售者，如业主、房地产开发商、房地产经纪人等洽谈，获得房地产的要价等资料；查阅报刊、网络上有关房地产出售、出租的广告等资料；参加房地产交易展示会，了解房地产市场行情，搜集有关信息，索取有关资料。

⑤ 同行之间相互提供。估价机构或估价人员可以约定相互交换所搜集的交易实例及经手的估价案例资料。

⑥ 向专业房地产信息提供机构购买房地产价格资料。

3. 搜集内容的完整性和真实性

在搜集交易实例时应尽可能搜集较多的内容，一般包括：①交易实例房地产状况，如名称、坐落、面积、四至、用途、产权、土地形状、建筑物建成年月、周围环境、景观等；②交易双方的名称及之间的关系；③成交日期；④成交价格，包括计价方式（按建筑面积计价、按套内建筑面积计价、按使用面积计价、按套计价等）和价款；⑤付款方式，如一次性付款、分期付款（包括付款期限、每期付款额或付款比例）、贷款方式付款（包括首付款比例、贷款期限）；⑥交易情况，如交易目的、交易方式、交易税费的负担方式，有无利害关系人之间的交易、急于出售或急于购买等特殊交易情况。

为了避免在搜集交易实例时遗漏重要的内容并保证所搜集的内容的统一性和规范化，最好事先将房地产分为不同的类型，如分为居住、商业、办公、旅馆、餐饮、娱乐、工业、农业等，针对这些不同类型的房地产，将所需要搜集的内容制作成统一的表格（表3-1）。

4. 建立交易实例库

房地产估价机构和估价人员应当建立房地产交易实例库。建立交易实例库不仅是运用市场比较法估价的需要，而且是从事房地产估价及相关咨询、顾问业务的一项基础性工作，也是形成房地产估价机构和估价人员的核心竞争力之一。建立交易实例库有利于交易实例资料的保存和在需要时查找、调用，提高估价工作的效率。

建立交易实例库的最简单做法，是将搜集交易实例时填写好的"交易实例调查表"及照片等有关资料，以交易实例卡片或档案袋的形式，一个交易实例一张卡片或一个档案袋，分门别类保存起来。

表 3-1　房地产交易实例调查表

房地产类型：

房地产基本状况	名称	
	坐落	
	四至	
	规模	
	用途	
	结构	
	权属	
交易基本情况	卖方	
	买方	
	成交日期	
	成交价格	总价　　　　　　　　　单价
	付款方式	
交易情况说明		
房地产状况说明	区位状况说明	
	实物状况说明	
	权益状况说明	
照片及图纸		

调查人员：　　　　　　　　调查日期：　　　　　　　　　　　年　　月　　日

三、选取可比实例

1. 选取可比实例的必要性

虽然估价人员搜集的交易实例或者房地产交易实例库中存储的交易实例较多，但针对某一具体的估价对象及估价时点、估价目的，不是任何交易实例都可以用来参照比较的，有些交易实例并不适用。因此，需要从中选取符合一定条件的交易实例作为参照比较的交易实例。我们把这些可用于参照比较的交易实例称为可比实例。可比实例是指交易实例中房地产状况与估价对象的房地产状况相同或者相当、成交日期与估价时点接近、交易类型与估价目的吻合、成交价格为正常市场价格或能修正为正常市场价格的交易实例。

2. 选取可比实例的质量要求

可比实例选取得恰当与否，直接影响到市场比较法评估出的价格的正确性，因此应特别慎重。根据上述可比实例的定义，对选取的可比实例有 4 个基本要求：①可比实例房地产应是估价对象房地产的类似房地产；②可比实例的成交日期应与估价时点接近；③可比实例的交易类型应与估价目的吻合；④可比实例的成交价格应为正常市场价格或能够修正为正常市场价格。这 4 个基本要求可具体为下列 9 个方面。

① 可比实例应与估价对象处在同一供求范围内。具体来说，可比实例与估价对象应为同一地区或同一供求范围内的类似地区。

② 可比实例的用途应与估价对象的用途相同。用途一般分为居住、商业、办公、旅馆、工业、农业等。

③ 可比实例的规模应与估价对象的规模相当。例如估价对象为一宗土地，则选取的可

比实例的土地面积应与该宗土地的面积差不多。选取的可比实例规模一般应在估价对象规模的 0.5~2 倍。

④ 可比实例的建筑结构应与估价对象的建筑结构相同。建筑结构一般分为钢结构、钢筋混凝土结构、砖混结构、砖木结构、简易结构。

⑤ 可比实例的档次应与估价对象的档次相当。档次是指按照一定标准分成的不同等级，例如宾馆划分为五星级、四星级、三星级；写字楼划分为甲级、乙级。这里的档次主要是指在装饰装修、设备（如电梯、空调、智能化）、环境等方面的齐全、好坏程度应相当。

⑥ 可比实例的权利性质应与估价对象的权利性质相同。当两者不相同时，不能作为可比实例，如国有土地与集体土地的权利性质不同；出让土地使用权与划拨土地使用权的权利性质不同；商品住宅与经济适用住房的权利性质不同。因此，如果估价对象是出让土地使用权或出让土地使用权土地上的房地产，则应选取出让土地使用权或出让土地使用权土地上的房地产的交易实例，而不宜选取划拨土地使用权或划拨土地使用权土地上的房地产的交易实例。

⑦ 可比实例的成交日期与估价时点接近。这里要求的"接近"是相对而言的，如果房地产市场比较平稳，则较早之前发生的交易实例可能仍然有参考价值，也可以被选取为可比实例；但如果房地产市场变化快，则此期限应缩短，可能只有近期发生的交易实例才有说服力。一般认为，交易实例的成交日期与估价时点相隔一年以上的不宜采用。

⑧ 可比实例的交易类型应与估价目的吻合。房地产交易类型主要有买卖和租赁两大类。其中根据交易方式，又可分为协议、招标、拍卖、挂牌等交易类型。在实际估价中，多数情况是要求选取买卖实例为可比实例，而且一般应选取协议方式的买卖实例，包括为抵押、抵债、房屋拆迁补偿等目的的估价。但当选取土地使用权出让实例为可比实例时，一般不宜选取协议方式的出让实例。

⑨ 可比实例的成交价格应是正常市场价格或能够修正为正常市场价格。选取可比实例时，一般是指估价对象为土地的，应选取类似土地的交易实例；估价对象为建筑物的，应选取类似建筑物的交易实例；估价对象为房地产的，应选取类似房地产的交易实例。

3. 选取可比实例的数量要求

选取的可比实例数量从理论上来讲越多越好，但如果要求选取的数量过多，一是可能由于交易实例的数量有限而难以做到，二是后续进行修正、调整的工作量大。一般选取 3 个以上（含 3 个）、10 个以下（含 10 个）可比实例即可。

四、建立价格可比基础

建立价格可比基础包括：统一房地产范围；统一付款方式；统一价格单位。

1. 统一房地产范围

房地产范围不同的情况在实际估价活动中主要有以下 3 种。①带有债权债务的房地产。例如，估价对象是"干净"的房地产，选取的交易实例是设立了抵押权，有拖欠建设工程价款，或者由买方代付卖方欠缴的水费、电费、燃气费、供暖费、通信费、有线电视费、物业服务费、房产税等费、税的房地产交易实例；或者相反。②含有非房地产因素。例如，估价对象是"纯粹"的房地产，选取的交易实例是有附赠家具、家用电器、汽车等的房地产交易实例；或者相反。③房地产实物范围不同。例如，估价对象为土地，选取的交易实例是含有类似土地的房地产交易实例。估价对象是一套封阳台的住房，选取的交易实例是未封阳台的住房；或者相反。估价对象是一套带有地下室的公寓，选取的交易实例是一套不带地下室的公寓；或者相反。

在上述第一种情况下，统一房地产范围一般是统一到不带债权债务的房地产范围，并利用下列公式对价格进行换算处理：

$$房地产价格＝带有债权债务的房地产价格－债权＋债务$$

如果估价对象是带有债权债务的，在市场比较法最后步骤求出了不带债权债务的房地产价值后，再加上债权减去债务，就可得到估价对象的价值。

在上述第二种情况下，统一房地产范围一般是统一到"纯粹"的房地产范围，并利用下列公式对价格进行换算处理：

$$房地产价格＝含有非房地产成分的房地产价格－非房地产成分的价格$$

如果估价对象是含有非房地产成分的，在市场比较法最后步骤求出了不含非房地产成分的房地产价值后，再加上非房地产成分的价值，就可得到估价对象的价值。

在上述第三种情况下，统一房地产范围一般是统一到估价对象的房地产范围，补充可比实例房地产缺少的范围，扣除可比实例房地产多出的范围，相应地对可比实例的成交价格进行加价和减价处理。

2. 统一付款方式

房地产由于价值量大，其成交价格往往采用分期付款的方式支付，而且付款期限的长短不同，付款数额在付款期限内的分布不同，实际价格也会有所不同。估价中，为了便于比较，价格通常以一次付清所需要支付的金额为基准，需要将分期付款的可比实例成交价格折算为在其成交日期时一次付清的数额。具体方法是资金时间价值中的折现计算。

【例 3-1】 某宗房地产交易总价为 50 万元，其中首期付款 30％，余款于一年半后支付。假设月利率为 0.5％，试计算该宗房地产在成交日期一次付清的价格。

【解】 该宗房地产在成交日期一次付清的价格计算如下：

$$50\times30\%＋50\times(1-30\%)/(1+0.5\%)^{18}＝46.99（万元）$$

如果已知的不是月利率，而是：①年利率 r，则计算中的 $(1+0.5\%)^{18}$ 就变为 $(1+r)^{1.5}$；②半年利率 r，则计算中的 $(1+0.5\%)^{18}$ 就变为 $(1+r)^3$；③季度利率 r，则计算中的 $(1+0.5\%)^{18}$ 就变为 $(1+r)^6$。

3. 统一价格单位

（1）统一价格表示单位　统一价格表示单位可以是总价，也可以是单价，但一般采用单价。在统一采用单价时，通常为单位面积上的价格。例如，房地及建筑物通常为单位建筑面积、单位套内建筑面积或单位使用面积上的价格；土地除了单位土地面积上的价格，还可为单位建筑面积上的价格，即楼面地价。在这些情况下，单位面积是一个比较单位。根据估价对象的具体情况，还可以有其他的比较单位，例如仓库通常以单位体积为比较单位，停车场通常以每个车位为比较单位，旅馆通常以每间客房或床位为比较单位，影剧院通常以每个座位为比较单位，医院通常以每个床位为比较单位等。

另外，有些可比实例宜先对其总价进行某些修正、调整后，再转化为单价进行其他方面的修正、调整。例如，估价对象是一套门窗有损坏的商品住宅，选取的可比实例的某套商品住宅的门窗是完好的，成交总价是 50 万元。经调查了解得知，将估价对象的门窗整修或更新的必要费用为 1 万元，则应先将该门窗是完好的可比实例的成交总价 50 万元，调整为门窗是损坏的总价 49 万元，然后将此总价转化为单价进行其他方面的修正、调整。

（2）统一币种和货币单位　货币有不同的币种，如人民币、美元、欧元、英镑、日元、港币等。在统一币种方面，不同币种的价格之间的换算，应采用该价格所对应的日期时的汇率。在通常情况下，是采用成交日期时的汇率，但如果先按照原币种的价格进行市场状况调整，则对进行了市场状况调整后的价格，应采用估价时点时的汇率进行换算。汇率的取值，一般采用中国人民银行公布的外汇牌价的卖出、买入中间价。

（3）统一面积内涵和单位　在现实的房地产交易中，有按建筑面积计价、有按套内建筑面积计价、也有按使用面积计价的。它们之间的换算公式如下：

$$建筑面积下的单价 = \frac{套内建筑面积下的单价 \times 套内建筑面积}{建筑面积}$$

$$= 套内建筑面积下的单价 \times \frac{套内建筑面积}{建筑面积}$$

$$套内建筑面积下的单价 = \frac{使用面积下的单价 \times 使用面积}{套内建筑面积}$$

$$= 使用面积下的单价 \times \frac{使用面积}{套内建筑面积}$$

$$使用面积下的单价 = \frac{建筑面积下的单价 \times 建筑面积}{使用面积}$$

$$= 建筑面积下的单价 \times \frac{建筑面积}{使用面积}$$

在面积单位方面，我国内地建筑物通常采用平方米（土地的面积单位除了平方米，有时还采用公顷、亩），我国香港地区和美国、英国采用平方英尺，我国台湾地区、日本和韩国采用坪。

1 公顷 = 10000 平方米

1 亩 = 666.67 平方米

1 平方英尺 = 0.0929 平方米

1 坪 = 3.30579 平方米

所以，将公顷、亩、平方英尺、坪下的价格换算为平方米下的价格如下：

平方米下的价格 = 公顷下的价格 ÷ 10000

平方米下的价格 = 亩下的价格 ÷ 666.67

平方米下的价格 = 平方英尺下的价格 ÷ 0.0929

平方米下的价格 = 坪下的价格 ÷ 3.30579

【例 3-2】 搜集了甲、乙两个交易实例。甲交易实例房地产的建筑面积 $200m^2$，成交总价 90 万元人民币，分 3 期付款，首付款 26 万元人民币，第二期于半年后付 32 万元人民币，余款 32 万元人民币于 1 年后付清。乙交易实例房地产使用面积 2500 平方英尺，成交总价 20 万美元，于成交时一次性付清。如果选取该两个交易实例为可比实例，请在对其成交价格进行有关比较、修正和调整之前进行"建立比较基准"处理。

【解】 对该两个交易实例进行建立比较基准处理，包括统一付款方式和统一价格单位。具体的处理方法如下。

（1）统一付款方式 如果以在成交日期一次性付清为基准，当时人民币的年利率为 8%，则：

$$甲总价 = 26 + \frac{32}{(1+8\%)^{0.5}} + \frac{32}{1+8\%} = 86.42（万元人民币）$$

$$乙总价 = 20（万美元）$$

（2）统一价格单位

① 统一价格表示单位。统一采用单价：

$$甲单价 = \frac{864200}{200} = 4321.00（元人民币/平方米建筑面积）$$

$$乙单价 = \frac{200000}{2500} = 80.00（美元/平方英尺使用面积）$$

② 统一币种和货币单位。如果以人民币为基准，则需要将乙交易实例的美元换算为人民币元。假设乙交易实例成交时，人民币与美元的市场汇率为1美元等于6.5元人民币，则

甲单价＝4321.00（元人民币/平方米建筑面积）

乙单价＝80.00×6.5＝520.00（元人民币/平方英尺使用面积）

③ 统一面积内涵。如果以建筑面积为基准，另通过调查得知乙交易实例房地产的建筑面积与使用面积的关系为1平方英尺建筑面积等于0.75平方英尺使用面积，则：

甲单价＝4321.00（元人民币/平方米建筑面积）

乙单价＝520.00×0.75＝390.00（元人民币/平方英尺建筑面积）

④ 统一面积单位。以平方米为基准，因为1平方英尺＝0.0929平方米，则：

甲单价＝4321.00（元人民币/平方米建筑面积）

乙单价＝390.00÷0.0929＝4198.06（元人民币/平方米建筑面积）

五、交易情况修正

1. 交易情况修正的含义

如果可比实例的成交价格是不正常的，则应将其修正为正常的，才可以作为估价对象的价值。这种对可比实例成交价格进行的修正，称为交易情况修正。通过交易情况修正，应排除交易行为中的特殊因素所造成的可比实例成交价格偏差，将可比实例的成交价格调整为正常市场价格。

2. 造成成交价格偏离正常市场价格的因素

房地产交易中的特殊因素比较复杂，归纳起来主要有下列几个方面。

① 利害关系人之间的交易。如父子之间、兄弟之间、亲友之间、母子公司之间、公司与其员工之间的房地产交易，成交价格通常低于正常市场价格。但也有成交价格高于正常市场价格的，如上市公司的大股东将其所有的房地产卖给上市公司的关联交易。

② 强迫出售或强迫购买的交易。强迫出售的价格通常低于正常市场价格，强迫购买的价格通常高于正常市场价格。

③ 急于出售或急于购买的交易。在急于出售的情况下，成交价格往往是偏低的；而在急于购买的情况下，成交价格往往是偏高的。

④ 交易双方或某一方对市场行情缺乏了解的交易。如果买方不了解市场行情，盲目购买，成交价格往往是偏高的；如果卖方不了解市场行情，盲目出售，成交价格往往是偏低的。

⑤ 交易双方或某一方有特别的动机或偏好的交易。如交易的其中一方对所买卖的房地产有特别的爱好、感情，特别是该房地产对买方有特殊的意义或价值，从而买方执意要购买或卖方惜售，在这种情况下的成交价格往往是偏高的。

⑥ 特殊交易方式的交易。房地产正常成交价格的形成方式，应是买卖双方经过充分讨价还价的协议方式。拍卖、招标方式容易受现场气氛、情绪等的影响而使成交价格失常。但中国目前土地使用权出让是例外，拍卖、招标方式形成的价格能较好地反映市场行情，而协议方式形成的价格往往是偏低的。

⑦ 交易税费非正常负担的交易。按照税法及相关规定，房地产交易中的一部分税费由卖方缴纳，如营业税、城市维护建设费、教育费附加、土地增值税、个人所得税等；还有一部分税费买方缴纳，如契税、补交的土地使用权出让金等；另外一部分税费买卖双方都应缴纳或各负担一部分，如印花税、交易手续费等。需要评估的估价对象价值，是基于买卖双方各自缴纳自己应缴纳的交易税费。但在实际的房地产交易中，往往出现本应由卖方缴纳的税费，买卖双方协议由卖方缴纳；或者本应由买方缴纳的税费，买卖双方协议由卖方缴纳。

⑧ 相邻房地产的合并交易。房地产的价格受土地形状是否规则、土地面积或建筑规模是否适当的影响。形状不规则或面积、规模过小的房地产，价格通常较低，但这类房地产如果与相邻房地产合并后，效用通常会增加。所以，相邻房地产合并交易的成交价格往往高于其单独存在、与其不相邻者交易时的正常市场价格。

3. 交易情况修正的方法

当可供选择的交易实例较少，确需选用上述情形的交易实例时，应对其进行交易情况修正。交易情况修正的方法主要有百分率法和差额法。

采用百分率法进行交易情况修正的一般公式为：

$$可比实例成交价格 \times 交易情况修正系数 = 可比实例正常市场价格$$

采用差额法进行交易情况修正的一般公式为：

$$可比实例正常市场价格 = 可比实例成交价格 \pm 交易情况修正数额$$

在百分率法中，交易情况修正系数应以正常市场价格为基准来确定。假设可比实例成交价格比其正常市场价格高低的百分率为 $\pm S\%$（当可比实例成交价格比其正常市场价格高的为 $+S\%$，低的为 $-S\%$），则有

$$可比实例成交价格 \times \frac{1}{1 \pm S\%} = 可比实例正常市场价格$$

或者

$$可比实例成交价格 \times \frac{100}{100 \pm S} = 可比实例正常市场价格$$

上两式中，$\frac{1}{1 \pm S\%}$ 或 $\frac{100}{100 \pm S}$ 是交易情况修正系数。

对于交易税费非正常负担的修正，只要调查、了解清楚了交易税费非正常负担的实际情况，然后将成交价格修正为按照税法及相关规定，无规定的按照当地习惯，买卖双方各自缴纳自己应缴纳的交易税费下的价格。具体公式为：

$$正常成交价格 - 应由卖方缴纳的税费 = 卖方实得金额$$
$$正常成交价格 + 应由卖方缴纳的税费 = 买方实付金额$$

如果买卖双方应缴纳的税费是正常成交价格的一定比率，即

$$应由卖方缴纳的税费 = 正常成交价格 \times 应由卖方缴纳的税费比率$$
$$应由买方缴纳的税费 = 正常成交价格 \times 应由买方缴纳的税费比率$$

则

$$正常成交价格 = \frac{卖方实得金额}{1 - 应由卖方缴纳的税费比率}$$

$$正常成交价格 = \frac{买方实付金额}{1 + 应由买方缴纳的税费比率}$$

【例 3-3】 某宗房地产的正常成交价格为 5000 元/m²，卖方应缴纳的税费为正常成交价格的 7%，买方应缴纳的税费为正常成交价格的 5%。请计算卖方实得金额和买方实付金额。

【解】 卖方实得金额 = 正常成交价格 - 应由卖方缴纳的税费

$$= 5000 - 5000 \times 7\%$$
$$= 4650（元/m²）$$

买方实付金额 = 正常成交价格 + 应由卖方缴纳的税费

$$= 5000 + 5000 \times 5\%$$
$$= 5250（元/m²）$$

【例 3-4】 某宗房地产交易，买卖双方在合同中约定买方付给卖方 4650 元/m²，交易中

涉及的税费均由买方负担。该地区房地产交易中，卖方应缴纳的税费为正常成交价格的7%，买方应缴纳的税费为正常成交价格的5%。请计算该房地产的正常成交价格。

【解】 正常成交价格 $= \dfrac{\text{卖方实得金额}}{1-\text{应由卖方缴纳的税费比率}}$

$= \dfrac{4650}{1-7\%}$

$= 5000$（元/m²）

六、市场状况调整

1. 市场状况调整的含义

可比实例的成交价格是其成交日期时的价格，是在其成交日期时的房地产市场状况下形成的。要求评估的估价对象的价格是估价时点时的价格，是应该在估价时点时的房地产市场状况下形成的。如果成交日期与估价时点不同（往往是不同的，而且通常成交日期早于估价时点），房地产市场状况可能发生了变化，如政府出台新的政策措施、利率发生变化、出现通货膨胀或通货紧缩等，从而房地产价格就有可能不同。因此，应将可比实例在其成交日期时的价格调整为在估价时点时的价格，如此才能将其作为估价对象的价格。这种对可比实例成交价格进行的调整，称为市场状况调整，也称为交易日期调整。

经过市场状况调整后，就将可比实例在其成交日期时的价格变成了在估价时点时的价格。

2. 市场状况调整的方法

在可比实例的成交日期至估价时点期间，随着时间的推移，房地产价格可能发生的变化有3种情况：平稳；上涨；下跌。当房地产市场价格为平稳发展时，可不进行市场状况调整。而当房地产价格为上涨或下跌时，则必须进行市场状况调整，以使其符合估价时点时的房地产市场状况。

市场状况调整主要是采用百分率法。采用百分率法进行市场状况调整的一般公式为：

可比实例在其成交日期时的价格×市场状况调整系数＝可比实例在估价时点时的价格

其中，市场状况调整系数应以成交日期时的价格为基准来确定。假设从成交日期到估价时点，以经过前面修正后的可比实例价格为基准（下同），可比实例价格涨跌的百分率为 $\pm T\%$（从成交日期到估价时点，当可比实例的价格上涨的为 $+T\%$；下跌的为 $-T\%$），则：

可比实例在成交日期时的价格×$(1\pm T\%)$＝在估价时点时的价格

或者

可比实例在成交日期时的价格×$(100\pm T)/100$＝在估价时点时的价格

上两式中，$(1\pm T\%)$ 或 $(100\pm T)/100$ 是市场状况调整系数。

（1）市场状况调整的价格指数法　价格指数有定基价格指数和环比价格指数。在价格指数编制中，需要选择某个时期作为基期。如果是以某个固定时期作为基期的，称为定基价格指数；如果是以上一时期作为基期的，称为环比价格指数。价格指数的编制原理见表 3-2。

表 3-2　价格指数的编制原理

时间	价格 P	定基价格指数	环比价格指数
1	P_1	$P_1/P_1=100$	P_1/P_1
2	P_2	P_2/P_1	P_2/P_1
3	P_3	P_3/P_1	P_3/P_2
⋮	⋮	⋮	⋮
n	P_n	P_n/P_1	P_n/P_{n-1}

采用定基价格指数进行市场状况调整的公式为：

可比实例在成交日期时的价格×市场状况调整系数＝在估价时点时的价格

【例3-5】　某宗房地产 2009 年 6 月 1 日的价格为 3600 元/m²，现需要将其调整到 2009 年 10 月 1 日。已知该房地产所在地区类似房地产 2009 年 4 月 1 日至 10 月 1 日的定基价格指数分别为 79.6，74.7，76.7，85.0，89.2，92.5，98.1（以 2007 年 10 月 1 日为 100）。请计算该房地产 2009 年 10 月 1 日的价格。

【解】　该宗房地产 2009 年 10 月 1 日的价格计算如下：
$$3600 \times 98.1/76.7 = 4604.44（元/m²）$$

采用环比价格指数进行市场状况调整的公式为：

可比实例在成交日期时的价格×成交日期的下一时期的价格指数×再下一时期的价格指数×…×估价时点时的价格指数＝在估价时点的价格

【例3-6】　某宗房地产 2011 年 5 月 1 日的价格为 4600 元/m²，现需要将其调整到 2011 年 10 月 1 日。已知该房地产所在地区类似房地产 2011 年 3 月 1 日至 10 月 1 日的价格指数分别为 99.6，98.7，102.1，99.8，103.5，102.6，101.5，103.2（均以上个月为 100）。请计算该房地产 2011 年 10 月 1 日的价格。

【解】　该宗房地产 2011 年 10 月 1 日的价格计算如下：
$$4600 \times \frac{99.8}{100} \times \frac{103.5}{100} \times \frac{102.6}{100} \times \frac{101.5}{100} \times \frac{103.2}{100} = 5106.48（元/m²）$$

（2）市场价格状况调整的价格变动率法　房地产价格变动率有逐期递增或递减的价格变动率和期内平均上升或下降的价格变动率。

采用逐期递增或递减的价格变动率进行市场价格状况调整的公式为：

可比实例在其成交日期的价格×(1±价格变动率)^期数＝可比实例在估价时点的价格

采用期内平均上升或下降的价格变动率进行市场价格状况调整的公式为：

可比实例在其成交日期的价格×(1±价格变动率×期数)＝可比实例在估价时点的价格

【例3-7】　为评估某宗房地产在 2011 年 9 月 1 日的价格，选取了成交日期为 2010 年 12 月 1 日、成交价格为 5500 元/m² 的可比实例。据调查，该类房地产的价格 2010 年 8 月 1 日至 2011 年 3 月 1 日平均每月上涨 1.3%，2011 年 3 月 1 日至 9 月 1 日平均每月上涨 1.5%。请对该可比实例的价格进行市场状况调整。

【解】　对该可比实例的成交价格进行市场状况调整是由 2010 年 12 月 1 日调整到 2011 年 9 月 1 日。经分析，可以将时间分为两个阶段，2010 年 12 月 1 日至 2011 年 3 月 1 日共 4 个月和 2011 年 3 月 1 日至 9 月 1 日 6 个月，则该宗房地产 2011 年 9 月 1 日的价格计算如下：
$$5500 \times (1+1.3\%)^4 \times (1+1.5\%)^6 = 6332.81（元/m²）$$

市场状况调整的价格指数或变动率，应选用房地产价格指数或变动率。由于不同地区、不同用途或不同类型的房地产，其价格变动的方向和程度并不相同，所以针对具体的可比实例，对其价格进行市场状况调整，最适用的是可比实例所在地区的同类房地产的价格指数或变动率。

七、房地产状况调整

1. 房地产状况调整的含义

进行房地产状况调整，是将可比实例在其房地产状况下的价格，调整为在估价对象房地产状况下的价格。因此经过房地产状况调整后，就把可比实例在自身状况下的价格变成了在估价对象房地产状况下的价格。

2. 房地产状况调整的内容

由于房地产状况可以分为区位状况、实物状况和权益状况，所以房地产状况调整可以分为区位状况调整、实物状况调整和权益状况调整。由于构成房地产状况的因素多而复杂，房地产状况调整是市场比较法的一个难点和关键。

（1）区位状况调整的内容　区位状况是对房地产价格有影响的房地产区位因素的状况。进行区位状况调整，是将可比实例房地产在其区位状况下的价格，调整为在估价对象房地产区位状况下的价格。

区位状况比较、调整的内容主要包括：位置（包括所处的方位、距离、朝向、楼层等），交通便捷程度、周围环境和景观（包括自然环境、人文环境和景观等）、配套设施（包括基础设施和公共服务设施）影响房地产价格的因素。区位状况调整的具体内容应根据估价对象的用途确定。

（2）实物状况调整的内容　实物状况是对房地产价格有影响的房地产实物因素的状况。进行实物状况调整，是将可比实例房地产在其实物状况下的价格，调整为在估价对象房地产实物状况下的价格。

实物状况比较、调整的内容很多，对于土地来说，主要包括面积（大小）、形状（是否规则）、进深、宽深比、地势、基础设施完备程度（属于可比实例、估价对象之内的部分）、土地平整程度、地势、地质水文状况等影响房地产价格的因素；对于建筑物来说，主要包括外观、新旧程度、建筑规模、建筑结构、设备、装饰装修、空间布局、通风、采光、日照、得房率、层高、防水、保温、隔声、工程质量、维修养护情况等影响房地产价格的因素。

（3）权益状况调整的内容　权益状况是对房地产价格有影响的房地产权益因素的状况。进行权益位状况调整，是将可比实例房地产在其权益状况下的价格，调整为在估价对象房地产权益状况下的价格。

权益状况比较、调整的内容主要包括土地使用年限、城市规划限制条件（如容积率）等影响房地产价格的因素。在实际估价中，遇到最多的是土地使用年限调整。

3. 房地产状况调整的思路

房地产状况调整的思路是：首先列出对估价对象这类房地产的价格有影响的房地产状况各方面的因素，包括区位方面的、实物方面的和权益方面的；其次判定估价对象房地产和可比实例房地产在这些因素方面的状况；然后将可比实例房地产与估价对象房地产在这些因素方面的状况进行逐项比较，找出它们之间的差异所造成的价格差异程度；最后根据价格差异程度对可比实例价格进行调整。总的来说，如果可比实例房地产优于估价对象房地产，则应对可比实例价格做减价调整；反之，则应做增价调整。具体思路如下。

① 确定对估价对象这类房地产的价格有影响的各种房地产自身因素，包括区位因素、实物因素和权益因素。如居住房地产讲求宁静、安全、舒适；商业房地产侧重繁华程度、交通条件；工业房地产强调对外交通运输和基础设施条件。因此应根据估价对象这类房地产的使用用途，确定对其价格有影响的各种房地产自身因素。

② 判定估价对象房地产和可比实例房地产在这些因素方面的状况，将二者在这些因素方面的状况逐一进行比较，找出它们之间的差异程度。

③ 将可比实例与估价对象之间的房地产状况差异程度转换为价格差异程度，即找出房地产状况差异程度所造成的价格差异程度。

④ 根据价格差异程度对可比实例的成交价格进行调整。

4. 房地产状况调整的方法

房地产状况调整的方法主要采用百分率法，其公式如下：

可比实例在其房地产状况下的价格×房地产状况修正系数＝可比实例在估价对象房地产状况下的价格

其中，房地产状况修正系数应以估价对象的房地产状况为基础来确定。假设可比实例在其房地产状况下的价格比在估价对象的房地产状况下的价格高、低的百分率为 $R\%$，即当可比实例在其房地产状况下的价格比在估价对象的房地产状况下的价格高时，为＋$R\%$，计算公式为：

可比实例在其房地产状况下的价格×$\dfrac{1}{1+R\%}$＝可比实例在估价对象房地产状况下的价格

或

可比实例在其房地产状况下的价格×$\dfrac{100}{100+R}$＝可比实例在估价对象房地产状况下的价格

当可比实例在其房地产状况下的价格比在估价对象的房地产状况下的价格低时，为－$R\%$，计算公式为：

可比实例在其房地产状况下的价格×$\dfrac{1}{1-R\%}$＝可比实例在估价对象房地产状况下的价格

或

可比实例在其房地产状况下的价格×$\dfrac{100}{100-R}$＝可比实例在估价对象房地产状况下的价格

其中，$\dfrac{1}{1+R\%}$ 或 $\dfrac{100}{100+R}$ 是房地产状况修正系数。

具体进行房地产状况调整的方法，有直接比较调整和间接比较调整两种。

① 直接比较调整一般是采用评分的办法，以估价对象房地产状况为基准（通常定为 100 分），将可比实例房地产状况与它逐项进行比较、打分。如果可比实例房地产状况比估价对象房地产状况差，则打的分数就低于 100；相反，打的分数就高于 100。然后将所得的分数转化为调整价格的比率。采用直接比较进行房地产状况调整的表达式为：

可比实例在其房地产状况下的价格×$\dfrac{100}{(\quad)}$＝在估价对象房地产状况下的价格

上式括号内应填写的数字，为可比实例房地产状况相对于估价对象房地产状况的得分。房地产状况直接比较见表 3-3。

表 3-3　房地产状况直接比较表

房地产状况	权重	估价对象	可比实例 A	可比实例 B	可比实例 C
因素 1	f_1	100			
因素 2	f_2	100			
因素 3	f_3	100			
⋮	⋮	⋮			
因素 n	f_n	100			
综合	1	100			

② 间接比较调整与直接比较调整相似，所不同的是设想一个标准房地产状况，然后以此标准房地产状况为基准（通常定为 100 分），将估价对象及可比实例的房地产状况均与它

逐项进行比较、打分。如果估价对象、可比实例的房地产状况比标准房地产状况差，则打的分数就低于100；相反，打的分数就高于100。再将所得的分数转化为调整价格的比率。

采用间接比较进行房地产状况调整的表达式为：

$$可比实例在其房地产状况下的价格 \times \frac{100}{()} \times \frac{()}{100} = 在估价对象房地产状况下的价格$$

上式分母的括号内应填写的数字为可比实例房地产状况相对于标准房地产状况的得分，分子的括号内应填写的数字为估价对象房地产状况相对于标准房地产状况的得分。

房地产状况间接比较见表3-4。

表 3-4　房地产状况间接比较

房地产状况	权重	标准状况	估价对象	可比实例 A	可比实例 B	可比实例 C
因素 1	f_1	100				
因素 2	f_2	100				
因素 3	f_3	100				
⋮	⋮	⋮				
因素 n	f_n	100				
综合	1	100				

八、求取比准价格

1. 求取某个与可比实例对应的比准价格的方法

由前述内容可知，市场法估价需要进行交易情况、市场状况、房地产状况三大方面的修正和调整。经过了交易情况修正后，就将可比实例的实际而可能不是正常的价格变成了正常价格；经过了市场状况调整后，就将可比实例在其成交日期时的价格变成了在估价时点时的价格；经过了房地产状况调整后，就将可比实例在其房地产状况下的价格变成了在估价对象房地产状况下的价格。这样，经过了这三大方面的修正、调整后，就把可比实例房地产的实际成交价格，变成了估价对象房地产在估价时点时的客观合理价格。如果把这三大方面的修正、调整综合起来，计算公式如下。

（1）百分率法下修正、调整系数连乘公式

$$比准价格 = 可比实例成交价格 \times 交易情况修正系数 \times 市场状况调整系数 \times 房地产状况调整系数$$

（2）百分率法下修正、调整系数累加公式

$$比准价格 = 可比实例成交价格 \times (1 + 交易情况修正系数 + 市场状况调整系数 + 房地产状况调整系数)$$

（3）差额法下的公式

$$比准价格 = 可比实例成交价格 \pm 交易情况修正金额 \pm 市场状况调整金额 \pm 房地产状况调整金额$$

假设交易情况修正中，可比实例成交价格比其正常市场价格高、低的百分率为 $\pm S\%$，市场状况调整中从成交日期到估价时点可比实例价格涨跌的百分率为 $\pm T\%$，房地产状况调整中可比实例在自身状况下的价格比在估价对象房地产状况下的价格高、低的百分率为 $\pm R\%$。

百分率法下的修正和调整系数连乘公式为：

$$比准价格 = 可比实例成交价格 \times \frac{1}{1 \pm S\%} \times (1 \pm T\%) \times \frac{1}{1 \pm R\%}$$

或

$$比准价格 = 可比实例成交价格 \times \frac{100}{100 \pm S} \times \frac{100 \pm T}{100} \times \frac{100}{100 \pm R}$$

百分率法下的修正和调整系数累加公式为：

$$比准价格 \times (1 \pm S\% \pm R\%) = 可比实例成交价格 \times (1 \pm T\%)$$

或者

$$比准价格 = 可比实例成交价格 \times \frac{1 \pm T\%}{1 \pm S\% \pm R\%}$$

或者

$$比准价格 = 可比实例成交价格 \times \frac{100 \pm T}{100 \pm S \pm R}$$

但要注意的是每项修正对可比实例成交价格的调整不得超过 20％，综合调整不得超过 30％。

2. 将多个可比实例对应的比准价格综合成一个最终比准价格的方法

每个可比实例的成交价格经过上述修正、调整之后，都会相应地得到一个比准价格。估价人员需要将他们综合成一个比准价格，以此作为市场比较法的测算结果。理论上来说，综合的方法主要有三种：平均数法、中位数法、众数法。

（1）平均数法　平均数法可分为简单算术平均和加权算术平均。

简单算术平均是将修正、调整出的各个价格直接相加，再除以这些价格的个数，得到的数即为综合出的一个价格。设 V_1，V_2，$\cdots$，V_n 为修正和调整出的 n 个价格，则其简单算术平均数的计算公式为：

$$V = \frac{V_1 + V_2 + \cdots + V_n}{n} = \frac{1}{n} \sum_{i=1}^{n} V_i$$

加权算术平均数是在将修正、调整出的各个价格综合成一个价格时，考虑到每个价格的重要程度不同，先赋予每个价格不同的权重（对于与估价对象房地产最类似的可比实例房地产所修正、调整出的价格赋予最大的权重），然后综合出一个价格。设 V_1，V_2，$\cdots$，V_n 为修正和调整出的 n 个价格，f_1，f_2，$\cdots$，f_n 依次为 V_1，V_2，$\cdots$，V_n 的权数，则其简单算术平均数的计算公式为：

$$V = V_1 f_1 + V_2 f_2 + \cdots + V_n f_n = \sum_{i=1}^{n} V_i f_i / \sum_{i=1}^{n} f_i$$

（2）中位数法　中位数法是将修正、调整出的各个价格按由低到高的顺序排列，如果有奇数个价格，那么处在中间位置的两个价格为综合出的一个价格；如果是偶数个价格，那么处在正中间的那两个价格的简单算术平均数为综合出的一个价格。

（3）众数法　众数是一组数字中出现频数最多的那个数值。一组数值可能有不止一个众数，也可能没有众数。

在实际估价中，最常用的是平均数法，其次是中位数法，较少采用众数法。

思考与练习题 ▶▶

1. 市场比较法的理论依据及适用的条件是什么？
2. 市场比较法估价的操作步骤是什么？
3. 如何进行交易情况修正？
4. 如何进行市场状况调整？

5. 如何进行房地产状况调整？

6. 如何将多个比准价格综合成一个最终比准价格？

7. 为评估某现有商品住宅 2011 年 9 月 20 日的正常市场价格，在该住宅附近调查选取了 A、B、C 三宗类似住宅的交易实例作为可比实例，具体情况如下。

可比实例	A	B	C
成交价格/(元/m²)	4200	4020	4480
成交日期	2011 年 2 月 20 日	2011 年 4 月 20 日	2011 年 7 月 20 日
交易情况	正常	比正常价格低 2%	比正常价格高 3%

该类土地 2011 年 1 月至 9 月的价格变动情况如下。

月份	1	2	3	4	5	6	7	8	9
价格指数	100	100.3	98.5	101.6	101.3	101.8	102.5	103.3	103.8

注：表中的价格指数为环比价格指数，均以上个月为 100。

房地产状况的比较判断结果如下。

房地产状况	权重	估价对象	可比实例 A	可比实例 B	可比实例 C
因素 1	0.4	100	95	92	104
因素 2	0.35	100	105	102	107
因素 3	0.25	100	110	98	97

8. 为评估某宗商品住宅 2011 年 12 月 1 日的正常市场价格，估价人员在估价对象同一供求范围调查选取了 A、B、C 三宗类似楼盘的交易实例作为可比实例，有关资料如下。

① 可比实例的成交价格与成交日期

项目	可比实例 A	可比实例 B	可比实例 C
成交价格/(元/m²)	7000	6800	7200
成交日期	2011 年 6 月 1 日	2011 年 4 月 1 日	2011 年 7 月 1 日

② 交易情况分析判断

项目	可比实例 A	可比实例 B	可比实例 C
交易情况	+3%	-1%	+2%

交易情况分析判断中的数据是以正常价格为基准，正值表示可比实例的成交价格高于其正常价格的幅度，负值表示低于其正常价格的幅度。

③ 调查获知该类楼盘的价格，2011 年 1 月 1 日到 2011 年 8 月 1 日平均每月比上月上涨 0.8%，2011 年 8 月 1 日至 2011 年 12 月 1 日平均每月比上月下降 0.5%。

④ 房地产状况分析判断

项目	权数	可比实例 A	可比实例 B	可比实例 C
因素 1	0.6	+2%	+4%	0
因素 2	0.25	-3%	-1%	+5%
因素 3	0.15	+6%	+2%	-3%

房地产状况各因素的正值表示可比实例的状况优于估价对象状况的幅度，负值表示劣于估价对象状况

的幅度。

试利用上述资料估算该商品住宅 2011 年 12 月 1 日的正常市场价格（计算比准价格时采用简单算术平均法）。

参 考 文 献

［1］ 中华人民共和国国家标准．房地产估价规范（GB/T 50291—1999），北京：中国建筑工业出版社，1999.
［2］ 麻晓芳．房地产估价．北京：科学出版社，2010.
［3］ 柴强．房地产估价理论与方法．北京：中国建筑工业出版社，2005.
［4］ 薛姝．房地产估价．北京：高等教育出版社，2010.
［5］ 俞明轩．房地产评估．北京：中国人民大学出版社，2012.

第四章

成本法

第一节　成本法基本理论

一、成本法的概念

成本法（Cost Approach），又称成本逼近法，是以房地产的重新开发建设成本为导向求取估价对象价格的一种估价方法。简要地说，成本法是根据估价对象的重新购建价格来求取估价对象价值的方法。较具体地说，成本法是求取估价对象在估价时点的重新购建价格和建筑物折旧，然后将重新购建价格减去建筑物折旧来求取估价对象价值的方法。

成本法估价是用建筑物的价值（重建成本或重置成本减去折旧）加土地的价值得到待估房地产的价值。可以说，成本法是以房地产价格各个构成部分的累加为基础来求取房地产价格的方法，即先把房地产价格分解为各个构成部分，然后分别求取各个构成部分，再将各个构成部分相加。因此，成本法也称为积算法，运用成本法求取的房地产价格称为积算价格。

成本法可用于对土地和建筑物的价格进行评估。对于土地估价，成本法是以开发土地所耗费的各项费用之和为主要依据，再加上一定的利润、利息、税费和土地所有权益来确定土地价格的估价方法。对于建筑物估价，成本法是先分别求取建筑物在估价时点的重新购建价格和折旧，然后将重新购建价格减去折旧来求取建筑物价格的估价方法。

成本法的优点是其求得的房地产价格能让人们"看得见"，即人们可以看到该价格是由哪些部分组成的；较容易发现其中哪些是必要的哪些是不必要的，哪些重复了哪些遗漏了，哪些高估了哪些低估了。因此，成本法求得的房地产价格看似有"依据"，特别是在有"文件"规定房地产价格构成和相关成本、费用、税金、利润等标准的情况下。

二、成本法的理论依据

成本法的理论依据，可以从卖方的角度和买方的角度两方面来看。

1. 生产费用价值论

从卖方的角度，成本法的理论依据是生产费用价值论，即商品的价格依据其生产所必需的费用而决定。也就是说，房地产的价格是基于其"生产费用"，重在过去的投入。具体一点讲，是卖方愿意接受的最低价格，不能低于他为开发建造该房地产已花费的代价，如果低于该代价，他就要亏本。

2. 替代原理

从买方的角度，成本法的理论依据是替代原理，即买方愿意支付的最高价格不能高于预计重新开发建造该房地产所需花费的代价，如果高于该代价，买方还不如自己开发建造（或者委托另外的人开发建造）。

可见，从卖方的角度看，房地产的价格是不低于开发建造已花费的代价；从买方的角度看，房地产的价格是不高于预计重新开发建造所需花费的代价，买卖双方可接受的共同点必然是等于正常的代价（包含正常的费用、税金和利润）。由此，我们就可以根据开发建造估价对象所需的正常费用、税金和利润之和来估算其价格。

三、成本法适用的估价对象和条件

1. 成本法适用的估价对象

只要是新开发建造、计划开发建造或者可以假设重新开发建造的房地产，都可以采用成本法估价。成本法特别适用于那些既无收益又很少发生交易的房地产的估价，如学校、图书馆、体育场馆、医院、行政办公楼、军队营房、公园等公用、公益的房地产，以及化工厂、钢铁厂、发电厂、油田、码头、机场等有独特设计或只针对个别用户的特殊需要而开发建造的房地产。单纯的建筑物通常也是采用成本法估价的。另外，成本法也适用于房地产市场发育不完善或者类似房地产交易实例较少而无法运用市场法进行估价的房地产。在房地产保险（包括投保和理赔）及其他损害赔偿中，通常也是采用成本法估价。因为，在保险事故发生后或其他损害中，房地产的损毁往往是局部的，需要将其恢复到原貌；对于发生全部损毁的，有时也需要用完全重置的办法来解决。

成本法一般适用于评估那些可独立开发建设的整体房地产的价值。当采用成本法评估局部房地产的价值时，例如评估某幢住宅楼中的某套住宅的价值，通常是先评估该整幢住宅楼平均每单位面积的价值，然后在此基础上进行楼层、朝向、装饰装修等因素调整后才可得到该套住宅的价值。在实际估价中，根据估价对象这类房地产的开发建设方式，还可能需要先求取"小区"的平均价格，然后推算至"幢"的平均价格，再推算到"层"或"套"的平均价格。采用成本法评估开发区中某块土地的价值，通常也与此类似。

成本法估价比较费时费力，重新购建价格和折旧的估算都有相当的难度。尤其是那些较陈旧的房地产，往往需要估价人员对建筑物进行实地勘察，依靠其主观判断进行估算。因此，成本法主要适用于建筑物是新的或者比较新的房地产的估价，不太适用于建筑物过于老旧的房地产的估价。

2. 成本法适用的条件

成本法估价与市场比较法、收益法一样，也是建立在比较的基础上。在成本法估价中，估价师通过比较兴建新的房地产或具有相同效用的替代房地产来估算估价对象的价值。采用成本法求取价值指标时，必须根据估价对象的寿命、现存状况和效用等方面的差异，对估算出的开发成本进行调整。成本法是反映市场思维的，因为市场参与者会把成本与价值联系起来。购买者判断现有建筑物的价值时，不仅会考虑相似建筑物的价格和租金，还会比较兴建具有最佳实体状况和功能效用的全新建筑物所需的成本。而且，购买者通过估算使现有建筑物达到自己所希望的实体状况和功能效用所需的成本，来调整自己愿意支付的价格。

房地产的价格直接取决于其效用，而非花费的成本，成本的增减一定要对效用有所作用才能形成价格。换一个角度讲，房地产成本的增加并不一定能增加其价值，投入的成本不多也不一定说明其价值不高。价格等于"成本加平均利润"，是在长期内平均来看的，而且还需要具备两个条件：一是自由竞争（即可以自由进入市场），二是该种商品本身可以大量重复生产。

估价中所使用的成本估算值是指普遍的经济成本，这意味着它们能够反映：①当前的成本水平，而不是历史成本或"账面"成本；②建筑物的典型成本，而不是实际的建筑成本，当然这两种成本可能相同；③成本包括所有的消费支出，不仅仅是开发商或建筑商的支出。

可见，采用成本法估价，需要注意下列两个方面。一是要区分实际成本和客观成本。实际成本是某个开发商的实际花费，客观成本是假设开发建造时大多数开发商的正常花费。在估价中应采用客观成本，而不是实际成本。二是要结合市场供求分析来确定评估价格。当该类房地产市场供大于求时，应向下调整评估价格；供不应求时，应向上调整评估价格。房屋折旧中的经济折旧就是出于这方面的考虑。

另外，成本法估价还要求估价人员具有丰富的经验，特别是要具有良好的建筑、建筑材料、建筑设备、装饰装修、工程造价和技术经济等方面的专业知识。

四、房地产价格的成本构成

运用成本法估价，需要清楚房地产价格的构成。现实中的房地产价格构成极其复杂，不同地区、不同时期、不同类型的房地产，其价格构成可能不同。另外，房地产价格构成还取决于对其构成项目的划分，划分的标准或角度不同，房地产价格的构成也会不同。

1. 土地价格的成本构成

土地价格的成本包括：①土地取得费用；②土地开发费用；③管理费用；④销售费用；⑤投资利息；⑥销售税费；⑦开发利润。

2. 商品房价格的成本构成

商品房价格的成本包括：①土地取得成本；②项目开发成本；③项目管理费用；④项目销售费用；⑤项目投资利息；⑥项目销售税费；⑦项目开发利润。

3. 商品住宅价格构成的有关规定

1992 年 7 月 20 日，国家物价局、建设部、财政部、中国人民建设银行印发的《商品住宅价格管理暂行办法》（〔1992〕价费字 382 号）规定，商品住宅价格应以合理成本为基础，有适当利润，结合供求状况和国家政策要求制定，并根据楼层、朝向和所处地段等因素，实行差别价格。商品住宅价格的构成项目主要有以下几项。

（1）成本

① 征地费及拆迁安置补偿费：按国家有关规定执行。

② 勘察设计及前期工程费：依据批准的设计概算计算。

③ 住宅建筑、安装工程费：依据施工图预算计算。

④ 住宅小区基础设施建设费和住宅小区级非营业性配套公共建筑的建设费：依据批准的详细规划和施工图预算计算；住宅小区的基础设施和配套建设项目按照国家和省、自治区、直辖市人民政府颁发的城市规划定额指标执行。

⑤ 管理费：以上述①～④项之和为基数的 1%～3% 计算。

⑥ 贷款利息：计入成本的贷款利息，根据当地建设银行提供的本地区商品住宅建设占用贷款的平均周期、平均比例、平均利率和开发项目具体情况确定。

（2）税费　按国家税法规定缴纳。

（3）利润　以上述成本中①～④项之和为基数核定。利润率暂由省、自治区、直辖市人民政府确定。

（4）地段差价　其征收办法暂由省、自治区、直辖市人民政府根据国家有关规定制定。

下列费用不计入商品住宅价格：①非住宅小区级的公共建筑的建设费用；②住宅小区内的营业性用房和设施的建设费用。

根据楼层、朝向确定的商品住宅差价，其代数和应趋近于零。

4. 经济适用住房价格构成的有关规定

2002 年 11 月 17 日，国家计委、建设部印发的《经济适用住房价格管理办法》（计价格〔2002〕2503 号）规定，经济适用住房价格实行政府指导价。制定经济适用住房价格，应当与城镇中、低收入家庭经济承受能力相适应，以保本微利为原则，与同一区域内的普通商品住房价格保持合理差价，切实体现政府给予的各项优惠政策。

经济适用住房基准价格由开发成本、税费和利润三部分构成。

（1）开发成本　包括以下费用。

① 按照法律、法规规定用于征地和房屋拆迁等所支付的征地和拆迁安置补偿费。

② 项目前期工作所发生的工程勘察、规划及建筑设计、施工通水、通电、通气、通路及平整场地等勘察设计和前期工程费。

③ 列入施工图预（决）算项目的主体房屋建筑安装工程费，包括房屋主体部分的土建（含桩基）工程费、水暖电气安装工程费及附属工程费。

④ 在小区用地规划红线以内，与住房同步配套建设的住宅小区基础设施建设费，以及按政府批准的小区规划要求建设的不能有偿转让的非营业性公共配套设施建设费。

⑤ 管理费按照不超过以上①～④项费用之和的 2% 计算。

⑥ 贷款利息按照房地产开发经营企业为住房建设筹措资金所发生的银行贷款利息计算。

⑦ 行政事业性收费按照国家有关规定计收。

（2）税费　依照国家规定的税目和税率计算。

（3）利润　按照不超过开发成本中①～④项费用之和的 3% 计算。

下列费用不得计入经济适用住房价格。

① 住房小区内经营性设施的建设费用。

② 房地产开发经营企业留用的办公用房、经营用房的建筑安装费用及应分摊的各种费用。

③ 各种与住房开发经营无关的集资、赞助、捐赠和其他费用。

④ 各种赔偿金、违约金、滞纳金和罚款。

⑤ 按规定已经减免及其他不应计入价格的费用。

五、成本法的基本公式

1. 基本公式

成本法最基本的公式为：

$$房地产价格＝重新购建价格－折旧$$

上述公式可针对下列三类估价对象而具体化：①适用于新开发土地的基本公式；②适用于新建房地产的基本公式；③适用于旧房地产的基本公式。

新开发的土地和新建的房地产采用成本法估价一般不扣除折旧，但应考虑其工程质量、规划设计、周围环境、房地产市场状况等方面对价格的影响而给予适当的增减修正。求取新开发土地的价格、新建房地产的价格和旧房地产的重新购建价格的基本步骤是：①搞清房地产价格构成；②估算各构成部分的金额；③将各构成部分的金额累加。

2. 适用于新开发土地的基本公式

新开发土地包括征用农地并进行"三通一平"等基础设施建设和平整场地后的土地，城市房屋拆迁并进行基础设施改造和平整场地后的土地，填海造地，开山造地等。在这些情况下，成本法的基本公式为：

$$新开发土地价格＝取得待开发土地的成本＋土地开发成本＋管理费用＋销售费用＋投资$$

利息＋销售税费＋开发利润

上述新开发土地的基本公式，在具体情况下又会有具体形式。例如，成片开发完成后的熟地（如新开发区土地）的分宗估价公式如下：

新开发区某宗土地的单价＝（取得开发区用地的总成本＋土地开发总成本＋总管理费用＋总销售费用＋总投资利息＋总销售税费＋总开发利润）÷（开发区用地总面积×开发完成后可转让土地面积的比率）×用途、区位等因素修正系数

上式实际估算时通常分为下列三个步骤进行。

① 计算开发区全部土地的平均价格。

② 计算开发区可转让土地的平均价格。即用第一步计算出的平均价格除以可转让土地面积的比率。

③ 计算开发区某宗土地的价格。即将第二步计算出的平均价格，根据宗地的规划用途、具体位置、使用年限、建筑容积率等做适当的增减修正。

新开发区土地的分宗估价，成本法是一种有效的方法，因为新开发区在初期，一般还未形成房地产市场，也还没有土地收益。

【例 4-1】 某成片荒地面积 2 平方公里，取得该荒地的代价为 1.2 亿元，将其开发成"五通一平"熟地的开发成本和管理费用为 2.5 亿元，开发期为 3 年，贷款年利率为 8%，销售费用、销售税费和开发利润为可转让熟地价格的 17.5%，开发完成后可转让土地面积的比率为 60%。试求该荒地开发完成后可转让熟地的平均单价（假设开发成本和管理费用在开发期内均匀投入）。

【解】 该荒地开发完成后可转让熟地的总价＝取得该荒地的总代价＋土地开发总成本＋总管理费用＋总投资利息＋总销售税费＋总开发利润＝取得该荒地的总代价＋土地开发总成本＋总管理费用＋总销售费用＋总投资利息＋可转让熟地的总价×销售费用、销售税费和开发利润的比率

即：该荒地开发完成后可转让熟地的总价＝（取得该荒地的总代价＋土地开发总成本＋总管理费用＋总投资利息）÷（1－销售费用、销售税费和开发利润的比率）

该荒地开发完成后可转让熟地的平均单价＝（取得该荒地的总代价＋土地开发总成本＋总管理费用＋总投资利息）÷（1－销售费用、销售税费和开发利润的比率）÷可转让熟地总面积＝（取得该荒地的总代价＋土地开发总成本＋总管理费用＋总投资利息）÷（1－销售费用、销售税费和开发利润的比率）÷（该荒地总面积×可转让土地面积的比率）

$$＝[120000000×(1＋8\%)^3＋250000000×(1＋8\%)^{1.5}]÷(1－17.5\%)÷(2000000×60\%)＝436(元/m^2)$$

3. 适用于新建房地产的基本公式

（1）适用于新建房地的基本公式 在新建房地的情况下，成本法的基本公式为：

新建房地价格＝土地取得成本＋土地开发成本＋建筑物建造成本＋管理费用＋销售费用＋投资利息＋销售税费＋开发利润

（2）适用于新建建筑物的基本公式 在新建建筑物的情况下，上述公式中不含土地取得成本、土地开发成本及应归属于土地的管理费用、投资利息、销售税费和开发利润，即：新建建筑物价格＝建筑物建造成本＋管理费用＋销售费用＋投资利息＋销售税费＋开发利润

在实际运用成本法评估新建房地产价格的过程中，一般是模拟房地产开发商的房地产开发过程，在房地产价格构成的基础上，根据估价对象和当地的实际情况，对上述公式进行具体化，然后进行价格测算。

4. 适用于旧房地产的基本公式

（1）适用于旧房地的基本公式 在旧房地的情况下，成本法的基本公式为：

旧房地价格＝土地的重新取得价格或重新开发成本＋建筑物的重新购建价格－建筑物的折旧

在上式中，必要时还应扣除由于旧建筑物的存在而导致的土地价值减损。

（2）适用于旧建筑物的基本公式 在旧建筑物的情况下，成本法的基本公式为：

旧建筑物价格＝建筑物的重新购建价格－建筑物的折旧

第二节　成本法相关知识和概念

一、建筑物的重新购建价格

1. 建筑物重新购建价格的概念

重新购建价格又称重新购建成本，是指假设在估价时点重新取得全新状况的估价对象所必需的支出，或者重新开发建设全新状况的估价对象所必需的一切合理必要的费用、税金和应得的利润之和。

在这里，应特别以下注意三点。

（1）重新购建价格是估价时点时的价格 如在重新开发建设的情况下，重新购建价格是在估价时点的国家财税制度和市场价格体系下，按照估价时点的房地产价格构成来测算的价格。但估价时点并非总是"现在"，也可能为"过去"。如房地产纠纷案件，通常是以过去为估价时点。

（2）重新购建价格是客观的价格 具体来说，重新购建价格不是个别企业或个人的实际耗费，而是社会一般的公平耗费，应能体现社会和行业的平均水平，即是客观成本，不是实际成本。如果超出了社会一般的平均耗费，超出的部分不仅不能形成价格，而且是一种浪费；而低于社会一般平均耗费的部分，不会降低价格，只会形成个别企业或个人的超额利润。

（3）建筑物的重新购建价格是全新状况下的价格 土地的重新购建价格是在估价时点状况下的价格。因此，建筑物的重新购建价格中未扣除建筑物的折旧，而土地的增减价因素一般已考虑在其重新购建价格中。例如，估价对象的土地是10年前取得的商业用途最高年限40年的土地使用权，求取其估价时点重新购建价格时不是求取其40年土地使用权的价格，而是求取其30年土地使用权的价格。如果该土地目前的交通条件比10年前有了很大改善，求取其重新购建价格时不是求取其10年前交通状况下的价格，而是求取其目前交通状况下的价格。

2. 重新购建价格的求取思路

（1）房地重新购建价格的求取思路 求取房地的重新购建价格有两大路径：一是不将该房地分为土地和建筑物两个相对独立的部分，而是模拟房地产开发商的房地产开发过程，在房地产价格构成的基础上，采用成本法来求取；二是将该房地分为土地和建筑物两个相对独立的部分，先求取土地的重新购建价格，再求取建筑物的重新购建价格，然后将两者相加来求取。

（2）土地重新购建价格的求取思路 求取土地的重新购建价格，通常是假设土地上的建筑物不存在，除此之外的状况均维持不变，然后采用市场法、基准地价修正法等估价方法求取该土地的重新购建价格。这种求取思路特别适用于城市建成区内难以求取重新开发成本的土地。求取土地的重新购建价格，也可以采用成本法求取其重新开发成本。

在求取旧的房地特别是其上建筑物破旧的土地的重新购建价格时应注意，有时需要考虑土地上已有的旧建筑物导致的土地价值减损，即此时空地的价值大于有旧的建筑物时的土地价值，甚至大于有旧的建筑物时的房地价值。

(3) 建筑物重新购建价格的求取思路　求取建筑物的重新购建价格，是假设旧建筑物所在的土地已经取得，且此土地是一块空地，除旧建筑物不存在之外，其他的状况均维持不变，然后在此空地上重新建造与旧建筑物完全相同或者具有同等效用的新建筑物所需的一切合理、必要的费用、税金和正常利润，即为建筑物的重新购建价格；或是设想将建筑物发包给建筑承包商建造，由建筑承包商将直接可使用的建筑物移交给发包人，在这种情况下，发包人应支付给建筑承包商的费用，再加上发包人应负担的正常费用、税金和利润，即为建筑物的重新购建价格。

3. 建筑物重新购建价格的求取方式

根据建筑物重新建造方式的不同，建筑物的重新购建价格可以分为重置价格和重建价格两种。

(1) 重置价格　重置价格又称重置成本，是采用估价时点时的建筑材料、建筑构配件、建筑设备和建筑技术等，按照估价时点的国家财税制度和市场价格体系，重新建造与估价对象建筑物具有同等效用的全新建筑物所必需的支出和应获得的利润。

(2) 重建价格　重建价格又称重建成本，是采用与估价对象建筑物相同的建筑材料、建筑构配件、建筑设备和建筑技术等，按照估价时点的国家财税制度和市场价格体系，重新建造与估价对象建筑物完全相同的全新建筑物所必需的支出和应获得的利润，这种重新建造方式可形象地称为"复制"。进一步来说，重建价格是在原址，按照原规模和建筑形式，使用与原建筑材料、建筑构配件和建筑设备相同的新的建筑材料、建筑构配件和建筑设备，采用原有建筑技术和工艺等，按照估价时点的国家财税制度和市场价格体系，重新建造与原有建筑物完全相同的全新建筑物所必需的支出和应获得的利润。

(3) 重置价格和重建价格的区别　两种重新建造方式得出的重新购建价格往往不同。一般情况下，重置价格适用于一般建筑物和因年代久远、已缺乏与旧建筑物相同的建筑材料、建筑构配件和建筑设备，或因建筑技术和建筑标准改变等使旧建筑物复原建造有困难的建筑物的估价。而重建价格适用于有特殊保护价值的建筑物的估价，如人们看重的有特殊建筑风格的建筑物等。

重置价格的出现是技术进步的必然结果，同时也是"替代原理"的体现。由于技术进步，使原来的许多设计、工艺、原材料、结构等都已过时落后或成本过高，而采用新材料、新技术等，不仅功能更加完善，成本也会降低，因此，重置价格通常都比重建价格低。

二、建筑物的折旧

1. 建筑物折旧的概念

估价上的折旧与会计上的折旧，既有相似之处，也有本质区别。估价上的建筑物折旧是指由于各种原因所造成的建筑物价值损失，是建筑物在估价时点时的市场价值与其重新购建价格之间的差额，即：

$$建筑物折旧＝建筑物重新购建价格－建筑物市场价值$$

建筑物重新购建价格表示建筑物在全新状况下所具有的价值，将其减去建筑物折旧相当于进行减价调整，其所得的结果则表示建筑物在估价时点状况下所具有的价值。

2. 建筑物折旧的原因

根据造成建筑物折旧的原因不同，可以将建筑物折旧分为物质折旧、功能折旧和经济折旧。

（1）物质折旧　物质折旧又称物质磨损、有形损耗，是建筑物在实体上的老化、损坏所造成的建筑物价值损失。物质折旧可进一步归纳为下列四个方面。

① 自然经过的老化。自然经过的老化主要是由于自然力的作用引起的，如风吹、日晒、雨淋等引起的建筑物腐朽、生锈、风化、基础沉降等，它与建筑物的实际经过年数（建筑物从竣工之日起到估价时点止的日历年数）正相关，同时要看建筑物所在地区的气候和环境条件，如酸雨多的地区，建筑物的老化就快。

② 正常使用的磨损。正常使用的磨损主要是由于人工使用引起的，它与建筑物的使用性质、使用强度和使用年数正相关。例如，居住用途建筑物的磨损要小于工业用途建筑物的磨损。工业用途建筑物又可分为有腐蚀性的（如在使用过程中产生对建筑物有腐蚀作用的废气、废液）和无腐蚀性的，有腐蚀性的建筑物的磨损要大于无腐蚀性的建筑物的磨损。

③ 意外破坏的损毁。意外破坏的损毁主要是因突发性的天灾人祸引起的，包括自然方面的，如地震、水灾、风灾、雷击；人为方面的，如失火、碰撞等。对于这些损毁，即使对其进行了修复，但可能仍然有"内伤"。

④ 延迟维修的损坏残存。延迟维修的损坏残存主要是由于没有适时地采取预防、保养措施或修理不够及时引起的，它造成建筑物不应有的损坏或提前损坏，或已有的损坏仍然存在，如门窗有破损，墙或地面有裂缝、洞等。

（2）功能折旧　功能折旧又称精神磨损、无形损耗，是指建筑物在功能上的相对缺乏、落后或过剩所造成的建筑物价值损失。导致建筑物功能缺乏、落后或过剩的原因，可能是由于建筑设计上的缺陷，过去的建筑标准过低，人们的消费观念改变，建筑技术进步，出现了更好的建筑物等。

① 功能缺乏。功能缺乏是指建筑物没有其应该有的某些部件、设备、设施或系统等。例如，住宅没有卫生间、暖气、燃气、电话线路、有线电视等；办公楼没有电梯、集中空调、宽带等。

② 功能落后。功能落后是指建筑物已有的部件、设备、设施或系统等的标准低于正常标准或有缺陷而阻碍其他部件、设备、设施或系统等的正常运营。例如，设备、设施陈旧落后或容量不够，建筑式样过时，空间布局欠佳等。如高档办公楼要求有较好的智能化系统，如果某个办公楼的智能化程度不够，相对而言其功能就落后了。

③ 功能过剩。功能过剩是指建筑物已有的部件、设备、设施或系统等的标准超过市场要求的标准而对房地产价值的贡献小于其成本。例如，某幢厂房的层高为 6m，但如果当地厂房的标准层高为 5m，则该厂房超高 1m 因不能被市场接受而使其多花的成本成为无效成本。

（3）经济折旧　经济折旧又称外部性折旧，是指建筑物本身以外的各种不利因素所造成的建筑物价值损失。不利因素可能是经济因素（如市场供给过量或需求不足）、区位因素（如环境改变，包括自然环境恶化、环境污染、交通拥挤、城市规划改变等），也可能是其他因素（如政府政策变化等）。例如，在一个高级居住区的附近建设一座工厂，该居住区的房地产价值会下降，这就是一种经济折旧，这种经济折旧一般是永久性的。再如，在经济不景气时期以及高税率、高失业率等情况下，房地产的价值也会降低，这也是一种经济折旧，但是这种折旧不会永久存在，当经济复苏后这种经济折旧就消失了。

【例 4-2】　某旧建筑物，重置价格为 50 万元，地面、门窗等破旧引起的物质折旧为 5 万元，户型不好和没有共用电视天线等导致的功能折旧为 10 万元，由于位于城市的衰落地区引起的经济折旧为 7 万元。求该建筑物的折旧及现值。

【解】　建筑物的折旧＝物质折旧＋功能折旧＋经济折旧＝5＋10＋7＝22（万元）

建筑的现值＝重置价格－折旧＝50－22＝28（万元）

3. 求取建筑物折旧应注意的事项

（1）估价上的折旧与会计上的折旧的区别　估价上的折旧注重的是市场价值的真实减损，科学地说不是折旧，而是"减价修正"；会计上的折旧注重的是原始价值的分摊、补偿或收回。以下列直线法折旧下的公式为例：

$$V = C\left[1 - (1-R)\frac{t}{N}\right]$$

在会计上，C 为资产原值，不随时间的变化而变化；在估价上，C 为重新购建价格，而且是估价时点时的，因此，估价时点不同，C 的值也不同。在会计上，资产原值与累计折旧额的差被称做资产的账面价值，它无须与市场价值相一致；在估价上，重新购建价格与折旧总额的差被视为资产的实际价值，它必须与市场价值相一致。常常有下列情况：有些房地产，尽管在会计账目上折旧尚未提足，但估价结果却显示其现时价值已所剩无几；而有些房地产，尽管在会计账目上折旧几乎或早已提足，但估价结果却显示其仍有较大的现时价值。

应该注意，在房地产估价中，并非所有的建筑物折旧问题都是估价上的折旧。如在收益法中需要扣除的建筑物折旧费和土地摊提费（土地取得费用的摊销），属于会计上的折旧。

（2）土地使用权年限对建筑物经济寿命的影响　在实际估价中，建筑物的经济寿命应从建筑物竣工验收合格之日起计，建造期不应计入。另外，由于土地是有期限的使用权，建筑物的经济寿命与土地使用权年限可能不一致。

① 建筑物的经济寿命早于土地使用权年限而结束的，应按建筑物的经济寿命计算折旧。例如，在出让土地使用权上建造的普通商品住宅，土地使用权出让年限为70年，建造期为2年，建筑物的经济寿命为50年，在这种情况下，计算建筑物折旧的经济寿命应为50年。再如，一座旧办公楼，在其建成后10年补办了土地使用权出让，土地使用权出让年限为50年，建筑物的经济寿命为45年，在这种情况下，计算建筑物折旧的经济寿命应为45年。

② 建筑物的经济寿命晚于土地使用权年限而结束的，应按建筑物的实际经过年数加上土地使用权的剩余年限计算折旧。这样处理是基于《城市房地产管理法》第二十一条"土地使用权出让合同约定的使用年限届满，土地使用者未申请续期或者虽申请续期但依照前款规定未获批准的，土地使用权由国家无偿收回"和《中华人民共和国城镇国有土地使用权出让和转让暂行条例》第四十条"土地使用权期满，土地使用权及地上建筑物、其他附着物所有权由国家无偿取得"的规定。而未考虑未来土地使用权期满后是否可以续期，可以续期的土地使用权人是否去办理续期，以及目前对地上建筑物、其他附着物由国家无偿取得存在不同意见等复杂情况。例如，一座在出让土地使用权上建造的商场，土地使用权出让年限为40年，建造期为3年，建筑物的经济寿命为60年，在这种情况下，计算建筑物折旧的经济寿命应为37年。再如，一座旧厂房改造的超级市场，在该旧厂房建成后6年补办了土地使用权出让，土地使用权出让年限为40年，建筑物的经济寿命为50年，在这种情况下，计算建筑物折旧的经济寿命应为46年。

4. 房屋折旧的有关规定

1992年6月5日，建设部、财政部制定的《房地产单位会计制度——会计科目和会计报表》和中华人民共和国国家标准《房地产估价标准》对建筑物折旧的计算公式都做了有关规定。这些规定虽然是针对会计上的折旧，但一些参数，如房屋的耐用年限（寿命）、残值率等，对于估价上求取建筑物的折旧也有重要的参考价值。

（1）房屋折旧的计算公式

年折旧额＝房屋重新购建价格×（1－残值率）÷耐用年限

（2）**房屋结构的有关规定**　房屋结构分为下列四类七等。

① **钢筋混凝土结构**：全部或承重部分为钢筋混凝土结构，包括框架大板与框架轻板结构等房屋。这类房屋一般内外装修良好，设备比较齐全。

② **砖混结构一等**：部分钢筋混凝土，主要是砖墙承重的结构，外墙部分砌砖、水刷石、水泥抹面或涂料粉刷，并设有阳台，内外设备齐全的单元式住宅或非住宅房屋。

③ **砖混结构二等**：部分钢筋混凝土，主要是砖墙承重的结构，外墙是清水墙，没有阳台，内部设备不全的非单元式住宅或其他房屋。

④ **砖木结构一等**：材料上等、标准较高的砖木（石料）结构。这类房屋一般是外部有装修处理、内部设备完善的庭院式或花园洋房等高级房屋。

⑤ **砖木结构二等**：结构正规，材料较好，一般外部没有装修处理，室内有专用上、下水等设备的普通砖木结构房屋。

⑥ **砖木结构三等**：结构简单，材料较差，室内没有专用上、下水等设备，较低级的砖木结构房屋。

⑦ **简易结构**：如简易楼、平房、木板房、砖坯房、土草房、竹木捆绑房等。

（3）**房屋的耐用年限的有关规定**　各种结构房屋的耐用年限一般如下。

① **钢筋混凝土结构**：生产用房 50 年，受腐蚀的生产用房 35 年，非生产用房 60 年。

② **砖混结构一等**：生产用房 40 年，受腐蚀的生产用房 30 年，非生产用房 50 年。

③ **砖混结构二等**：生产用房 40 年，受腐蚀的生产用房 30 年，非生产用房 50 年。

④ **砖木结构一等**：生产用房 30 年，受腐蚀的生产用房 20 年，非生产用房 40 年。

⑤ **砖木结构二等**：生产用房 30 年，受腐蚀的生产用房 20 年，非生产用房 40 年。

⑥ **砖木结构三等**：生产用房 30 年，受腐蚀的生产用房 20 年，非生产用房 40 年。

⑦ **简易结构** 10 年。

（4）**房屋残值率的有关规定**　房屋残值是指房屋达到使用年限，不能继续使用，经拆除后的旧料价值；清理费用是指拆除房屋和搬运废弃物所发生的费用；残值减去清理费用，即为残余价值，其与房屋造价的比为残值率。

各种结构房屋的残值率一般为：钢筋混凝土结构 0。砖混结构一等 2%。砖混结构二等 2%。砖木结构一等 6%。砖木结构二等 4%。砖木结构三等 3%。简易结构 0。

（5）**房屋完损等级的分类**　根据《房屋完损等级评定标准》和《房地产估价规范》的有关规定，房屋完损等级是根据房屋的结构、装修、设备三个组成部分的各个项目完好程度来划分的，具体分为下列五类：完好房；基本完好房；一般损坏房；严重损坏房；危险房。

（6）**房屋完损等级评定的项目**　房屋完损等级评定的项目是房屋结构、装修、设备三个组成部分。各组成部分的具体项目如下。

① 房屋结构组成分为地基基础、承重构件、非承重墙、屋面、楼地面。

② 房屋装修组成分为门窗、外抹灰、内抹灰、顶棚、细木装修。

③ 房屋设备组成分为水卫、电照、暖气及特种设备（如消防栓、避雷装置等）。

（7）**房屋完损等级的判定依据**

① **完好房**：结构构件完好，装修和设备完好、齐全完整，管道畅通，现状良好，使用正常。或虽然个别分项有轻微损坏，但一般经过小修就能修复的。

② **基本完好房**：结构基本完好，少量构部件有轻微损坏，装修基本完好，油漆缺乏保养，设备、管道现状基本良好，能正常使用，经过一般性的维修能恢复的。

③ **一般损坏房**：结构一般性的损坏，部分构部件有损坏或变形，屋面局部漏雨，装修局部有破损，油漆老化，设备，不够完好，管道不够畅通，水卫、电照管线、器具和零件有

部分老化、损坏或残缺，需要进行中修或局部大修更换部件的。

④ 严重损坏房：房屋年久失修，结构有明显变形或损坏，屋面严重漏雨，装修严重变形、破损，油漆老化见底，设备陈旧不齐全，管道严重堵塞，水卫、电照管线、器具和零部件残缺及严重损坏，需进行大修或翻修、改建的。

⑤ 危险房：承重构件已属危险构件，结构丧失稳定及承载能力，随时有倒塌可能，不能确保住用安全的。

（8）房屋新旧程度的判定标准

① 完好房：十、九、八成。

② 基本完好房：七、六成。

③ 一般损坏房：五、四成。

④ 严重损坏房及危险房：三成以下。

第三节　成本法方法和步骤

运用成本法估价，一般分为下列四个步骤进行。

一、搜集房地产开发的成本、税费、利润等资料

在实际运用成本法估价时，不论房地产价格的构成如何，最关键的是要调查、掌握当地从取得土地一直到建筑物建成交付使用的全过程中，所涉及的税费种类、支付标准及支付时间，既不可有重复也不可漏项，在此基础上再针对估价对象的实际情况确定其价格构成并估算各构成项目的金额。一般来说，应搜集下列项目的相关资料，并对之进行具体测算。

1. 土地取得成本

土地取得成本是指取得房地产开发用地所必需的费用、税金等。在完善、成熟的房地产市场下，土地取得成本一般是由购置土地的价款和在购置时应由房地产开发商（作为买方）缴纳的税费（如契税、交易手续费）构成。在我国目前的情况下，土地取得成本的构成根据房地产开发用地取得的途径分为下列三种。

（1）通过征用农地取得的　土地取得成本包括农地征用费和土地使用权出让金等。根据《中华人民共和国土地管理法》、《关于完善征地补偿安置制度的指导意见》（2004年11月3日国土资发［2004］238号）等的规定，在农地征收中发生的费、税主要如下。

① 征地补偿安置费用。征地补偿安置费用主要包括土地补偿费、安置补助费、地上附着物补偿费和青苗补偿费。

征收耕地的土地补偿费，为该耕地被征用前3年平均年产值的6～10倍。征收其他土地的土地补偿费，由省、自治区、直辖市参照征收耕地的土地补偿费的标准规定。

征收耕地的安置补助费，按照需要安置的农业人口数计算。需要安置的农业人口数，按照被征收的耕地数量除以征地前被征收单位平均每人占有耕地的数量计算。每一个需要安置的农业人口的安置补助费标准，为该耕地被征用前3年平均年产值的4～6倍。但是，每公顷被征收耕地的安置补助费，最高不得超过被征用前3年平均年产值的15倍。征收其他土地的安置补助费标准，由省、自治区、直辖市参照征收耕地的安置补助费的标准规定。

依照规定支付土地补偿费和安置补助费，尚不能使需要安置的农民保持原有的生活水平的，经省、自治区、直辖市人民政府批准，可以增加安置补助费。但是，土地补偿费和安置补助费的总和不得超过土地被征用前3年平均年产值的30倍。

省级国土资源部门会同有关部门制定省域内各县（市）耕地的最低统一年产值标准，报

省级人民政府批准后公布执行。制定统一年产值标准可考虑被征用耕地的类型、质量、农民对土地的投入、农产品价格，农用地等级等因素。土地补偿费和安置补助费的统一年产值倍数，应按照保证被征地农民原有生活水平不降低的原则，在法律规定范围内确定；按法定的统一年产值倍数计算的征地补偿安置费用，不能使被征地农民保持原有生活水平，不足以支付因征地而导致无地农民社会保障费用的，经省级人民政府批准应当提高倍数；土地补偿费和安置补助费合计按 30 倍计算，尚不足以使被征地农民保持原有生活水平的，由当地人民政府统筹安排，从国有土地有偿使用收益中划出一定比例给予补贴。经依法批准占用基本农田的，征地补偿按当地人民政府公布的最高补偿标准执行。

有条件的地区，省级国土资源部门可会同有关部门制定省域内各县（市）征地区片综合报价，报省级人民政府批准后公布执行，实行征地补偿。制定区片综合地价应考虑地类、产值、土地区位、农用地等级、人均耕地数量、土地供求关系、当地经济发展水平和城镇居民最低生活保障水平等因素。

地上附着物补偿费包括被征收土地上的房屋及其他建筑物（含构筑物）、农田水利设施、树木、蔬菜大棚等的补偿费。地上附着物的补偿标准，由省、自治区、直辖市规定。

青苗补偿费是对被征收土地上尚不能收获的农作物给予的补偿费。可以移植的苗木、花草以及多年生经济林木等，一般是支付移植费；不能移植的，给予合理补偿或作价收购。青苗的补偿标准，由省、自治区、直辖市规定。

② 征地管理费。征地管理费是指县级以上人民政府土地管理部门受用地单位委托，采用包干方式统一负责、组织、办理各类建设项目征收土地的有关事宜，由用地单位在征地费总额的基础上按一定比例支付的管理费用。

③ 耕地占用税（占用耕地的）。根据《中华人民共和国耕地占用税暂行条例》（1987 年 4 月 1 日国发〔1987〕27 号）的规定，占用耕地建房或者从事其他非农业建设的单位和个人，都是耕地占用税的纳税义务人，应当按照规定缴纳耕地占用税。耕地占用税以纳税义务人实际占用的耕地面积计税，按照规定税额一次性征收。各地耕地占用税的适用税额标准，由各省、自治区、直辖市人民政府在《中华人民共和国耕地占用税暂行条例》规定的税额标准幅度以内，根据本地区的实际情况具体核定。

④ 耕地开垦费（占用耕地的）。国家实行占用耕地补偿制度。非农业建设经批准占用耕地的，按照"占多少，垦多少"的原则，由占用耕地的单位负责开垦与所占用耕地的数量和质量相当的耕地；没有条件开垦或者开垦的耕地不符合要求的，应当按照省、自治区、直辖市的规定缴纳耕地开垦费，专款用于新的耕地。

⑤ 新菜地开发建设基金（征收城市郊区菜地的）。征收城市郊区的菜地，用地单位应当按照国家有关规定缴纳新菜地开发建设基金。新菜地开发建设基金的缴纳标准，由省、自治区、直辖市规定。

⑥ 政府规定的其他有关税、费。部分省、自治区、直辖市还规定收取教育费附加、防洪费、南水北调费等。具体费、税项目和收取标准，应根据国家和当地政府的有关规定执行。

（2）通过在城市中进行房屋拆迁取得的　土地取得成本包括城市房屋拆迁中发生的费用和土地使用权出让金等。根据《城市房屋拆迁管理条例》、《城市房屋拆迁估价指导意见》等的规定，在城市规划区内国有土地上实施房屋拆迁中发生的税费主要如下。

① 房屋拆迁补偿安置费用。该费用由拆迁人对被拆迁人给予拆迁补偿和拆迁安置所发生的全部费用构成，主要包括被拆迁房屋的房地产市场价格、被拆迁房屋室内自行装饰装修的补偿金额、各种补助费和补偿费。

被拆迁房屋的房地产市场价格由具有房地产估价资质的机构根据被拆迁房屋的区位、用途、建筑面积等因素评估确定，不包含被拆迁房屋室内自行装饰装修的补偿金额以及搬迁补助费、临时安置补助费和拆迁非住宅房屋造成的停产、停业的补偿费。

被拆迁房屋室内自行装饰装修的补偿金额，由拆迁人和被拆迁人协商确定；协调不成的，可以通过委托评估确定。

各种补助费、补偿费包括搬迁补助费（如搬家费、分体式空调拆装费、热水器拆装费、电话移机费、有线电视费等）、临时安置补助费（或周转费）和拆迁非住宅房屋造成停产、停业的补偿费。这些补助费、补偿费的标准，由省、自治区、直辖市人民政府规定。

② 房屋拆迁管理费。该项费用是房屋拆迁管理部门按照房屋拆迁补偿安置费用的一定比例向拆迁人收取的费用，用于房屋拆迁管理工作（包括拆迁许可证审批、拆迁行政裁决、拆迁资金监管、拆迁队伍管理等）。该费用以拆迁规模大小，按照不超过房屋拆迁补偿安置费用的 0.3%～0.6% 收取。具体收费标准，由各省、自治区、直辖市物价、财政部门制定。

③ 房屋拆迁服务费。该项费用是承担房屋拆迁服务的单位（房屋拆迁企业）按照房屋拆迁补偿安置费用的一定比例向拆迁人收取的费用。

④ 房屋拆迁估价服务费（房地产价格评估费用）。该项费用是承担房屋拆迁估价服务的房地产估价机构，向房屋拆迁估价委托人（通常为拆迁人）收取的费用。

⑤ 房屋拆除和渣土清运费。

⑥ 政府规定的其他有关费用。

（3）通过在市场上"购买"取得的 如购买政府出让或其他开发商转让的已完成征用或拆迁补偿安置的熟地，土地取得成本包括购买土地的价款和在购买时应由买方缴纳的税费（如交易手续费、契税）。

2. 开发成本

开发成本是在取得开发用地后进行土地开发和房屋建设所需的直接费用、税金等，在理论上可以将其划分为土地开发成本和建筑物建造成本。在实际中主要包括下列几项。

（1）勘察设计和前期工程费 例如市场调查、可行性研究、工程勘察、环境影响评价、规划及建筑设计、建设工程招投标、施工的通水、通电、通路、场地平整及临时用房等开发项目前期工作所必需的费用。要注意场地平整等费用与前面的土地取得成本的衔接，如果土地取得成本中包含了房屋拆除费（拆除房屋和清运渣土等费用）或者取得的房地产开发用地是"七通一平"等场地平整的熟地，则在此就没有或者只有部分场地平整等费用。一般情况下，规划设计费为建筑安装工程费的 3% 左右计算，可行性研究费用按项目总投资的 1%～3% 计算，水文地质勘察费按设计概算的 0.5% 左右计算。

（2）建筑安装工程费 包括建造商品房及附属工程所发生的土建工程费用、安装工程费用、装饰装修工程费用等。附属工程是指房屋周围的围墙、水池、建筑小品、绿化等。要注意避免与下面的基础设施建设费、公共配套设施建设费重复计算。

（3）基础设施建设费 包括城市规划要求配套的道路、给排水（给水、雨水、污水、中水）、电力、燃气、热力、电信、有线电视等设施的建设费用。如果取得的房地产开发用地是熟地，则基础设施建设费已部分或全部包含在土地取得成本中，在此就只有部分基础设施建设费或者没有基础设施建设费。

（4）公共配套设施建设费 包括城市规划要求配套的教育（如幼儿园）、医疗卫生（如医院）、文化体育（如文化活动中心）、社区服务（如居委会）、市政公用（如公共厕所）等非营业性设施的建设费用。

（5）其他工程费 包括工程监理费、竣工验收费等。

（6）开发期间税费　包括有关税收和地方政府或者有关部门收取的费用，如绿化建设费、人防工程费等。

3. 管理费用

管理费用是指房地产开发商为组织和管理房地产开发与经营活动所必需的费用，包括房地产开发商的人员工资及福利费、办公费、差旅费等，可按照土地取得成本与开发成本之和的一定比例计取。因此，在估价时，管理费用通常可按照土地取得成本与开发成本之和与相应比例的乘积来测算。

4. 销售费用

销售费用也称为销售成本，是指预售未来开发完成的房地产或者销售已经开发完成的房地产所必要的费用，包括广告费、销售资料制作费、样板房或样板间建设费、售楼处建设费、销售人员费用或者销售代理费等。为便于投资利息的测算，销售费用应当区分为销售之前发生的费用和与销售同时发生的费用。广告费、销售资料制作费、样板房或样板间建设费和售楼处建设费一般是在销售之前发生的，销售代理费一般是与销售同时发生的。销售费用通常按照售价乘以一定比例来测算。

5. 投资利息

（1）投资利息的含义　投资利息与财务费用不完全相同，是指在房地产开发完成或实现销售之前发生的所有必要费用应计算的利息，而不仅是借款的利息和手续费。因此，土地取得成本、开发成本、管理费用和销售费用，无论它们是来自借贷资金还是自有资金，均应计算利息。因为借贷资金要支付贷款利息，自有资金要放弃可得的存款利息。此外，从估价的角度看，为了使评估出的价值客观合理，也要把房地产开发商的自有资金应获得的利息与其应获得的利润分开，不能算作开发利润。

（2）投资利息的计算

① 应计息的项目。应计息的项目包括土地取得成本、开发成本、管理费用和销售费用。销售税费一般不计算利息。

② 计息周期。计息周期是计算利息的时间单位。计息周期可以是年、半年、季、月等，通常为年。

③ 计息期的长短。计算投资利息的一项基础工作是要估算开发期。在成本法中，开发期的起点一般是取得房地产开发用地的日期，终点是估价对象开发完成的日期。

对于在土地上进行房屋建设的情况来说，开发期又可分为前期和建造期。前期是从取得房地产开发用地到动工开发（开工）的这段时间。建造期是从动工开发到房屋竣工验收完成的这段时间。另外需要指出的是，开发期一般能较准确地估算。但在现实中由于某些特殊因素的影响，可能使开发期延长。例如，土地征收或房屋拆迁中遇到"钉子户"，基础开挖过程中发现重要的文物，原计划筹措的资金不能按时到位，某些建筑材料、设备不能按时交货，或者劳资纠纷，遭遇异常严寒酷暑等恶劣天气，以及政治经济形势发生突变等一系列因素，都可能导致工程停工，使开发期延长。由于开发期延长，房地产开发商一方面要承担更多的投资利息，另一方面要承担总费用上涨的风险。但这类特殊的非正常因素在估算开发期时一般不考虑。

估算开发期可以采用类似于市场法的方法，即通过类似房地产已发生的开发期的比较、修正和调整来求取。有了开发期之后，便可以估计土地取得成本、开发成本、管理费用、销售费用在该开发期间发生的时间及发生的金额。土地取得成本、开发成本、管理费用、销售费用等的金额，均应按照它们在估价时点的正常水平来估算，而不是按照它们在过去发生的实际或正常水平来估算。

　　某项费用的计息期是该项费用应计息的时间长度。每项费用的计算期的起点，是该项费用发生的时点，终点是开发期的终点，一般不考虑预售和延迟销售的情况。另外，在现实中，有的费用不是集中在一个时点发生，而是分散在一个时期内发生。如一般土地取得费用应在取得土地时付清，而土地开发费用在开发期中分期投入，二者的计息期不同，在计算利息时应分别处理。

　　土地取得费用的利息，计息基数为土地取得费用，计息期为支付时到开发完成的时间。土地开发费用和建筑物开发费用的利息可以根据具体情况分别进行处理：如果开发费用在整个开发期内均匀投入，为了计算处理方便，可以看成是将全部投资集中在开发期的中间时点一次性投入，即计息期为开发期的一半；如果开发费用在开发期内分期投入，各期投入的资金分别计算利息，有明确投入时间点的，以分期资金的投入时间点到开发完成时间点之间的时段为计息期，在各期内均匀投入的，视为在各期中间时间点一次性投入，以各期中间时间点到开发完成时间点之间的时段为计息期。

　　【例 4-3】 某土地开发项目的土地费用和该阶段的税费共 600 万元，取得土地后即开始动工，将土地开发为成熟地后转让；开发期 2 年，开发期总投资 400 万元，第一年投入总投资的 60%，第二年投入 40%，在各年内均匀投入；同期银行贷款年利率为 8%。试计算土地取得费用和开发费用利息。

　　【解】 土地取得费用的利息 $=600\times[(1+8\%)^2-1]=99.84$（万元）

　　土地开发费用各期投入为年内均匀投入，所以第一期投资可以看做是开发期开始半年时一次性投入，计息期为 1.5 年；第二期投资可以看做是开发期开始一年半时一次性投入，计息期为 0.5 年。

　　土地开发费用利息 $=400\times60\%\times[(1+8\%)^{1.5}-1]+400\times40\%\times[(1+8\%)^{0.5}-1]=35.65$（万元）

　　以上土地取得费用利息和开发费用利息之和即为总投资利息。

$$总投资利息 =99.84+35.65=135.49（万元）$$

　　④ 计息方式。计息方式有单利和复利两种。其中，单利是指每期均按原始本金计算利息，即只有本金计算利息，而本金所产生的利息不计算利息。在单利计息下，每期的利息是常数。如果用 P 表示本金，i 表示利率，n 表示计算周期数，I 表示总利息，F 表示计算期末的本利和，则有

$$I=Pin$$
$$F=P(1+in)$$

　　例如，将 1000 元存入银行 2 年，银行 2 年期存款的单利年利率为 6%，则到期时，

$$I=Pin=1000\times6\%\times2=120(元)$$
$$F=P(1+in)=1000\times(1+6\%\times2)=1120(元)$$

　　复利是以上一期的利息加上本金为基数计算当期利息的方法。在复利计息下，不仅本金要计算利息，利息也要计算利息，即通常所说的利滚利。复利的本利和计算公式为

$$F=P(1+i)^n$$

　　复利的总利息计算公式为

$$I=P[(1+i)^n-1]$$

　　例如，将 1000 元存入银行 2 年，银行存款的复利年利率为 6%，则到期时

$$F=P\times(1+i)^n=1000\times(1+6\%)^2=1123.6(元)$$
$$I=P[(1+i)^n-1]=1000\times[(1+6\%)^2-1]=123.6(元)$$

6. 销售税费

销售税费是指预售未来开发完成的房地产或者销售已经开发完成的房地产应由开发商（卖方）缴纳的税费，可分为下列两类。

① 销售税金及附加，包括营业税、城市维护建设税和教育费附加（通常简称为两税一费）。

② 其他销售税费，包括印花税、交易手续费等。

销售税费一般是按照售价的一定比例收取，例如销售税金及附加一般为售价的 5.5%，因此，在估价时通常是按照售价乘以一定比例来估算。

值得注意的是，这里的销售税费不包括应由买方缴纳的契税等税费，因为评估价值是建立在买卖双方各自缴纳自己应缴纳的交易税费下的价值。为便于实际估价中正常开发利润的调查、估计，销售税费一般也不包括应由卖方缴纳的土地增值税、企业所得税。因为土地增值税是以纳税人转让房地产取得的增值额为计税依据的，每笔转让房地产取得的增值额都可能不同，从而应缴纳的土地增值税会有所不同；企业所得税是以企业为对象缴纳的，一个企业可能同时有多种业务或者多个房地产开发项目，有的业务或项目可能盈利较多，有的业务或项目可能盈利较少，有的业务或项目甚至亏损，从而不同的企业应缴纳的企业所得税会有所不同。

7. 开发利润

房地产企业作为"利润最大化"的经济人，房地产投资的目的是获取相应的回报，房地产开发投资应计算合理的利润。开发利润是指房地产开发商（业主）的利润，而不是建筑承包商的利润。建筑承包商的利润已包含在建筑安装工程费等费用中。

现实中的开发利润是一种结果，是由销售收入（售价）减去各种成本、费用和税金后的余额。而在成本法中，"售价"是未知的，是需要求取的，开发利润则是要事先估算的，所以，运用成本法估价需要先估算出开发利润。在估价中，估算开发利润应掌握下列几点。

① 开发利润是所得税前的，即：

开发利润＝开发完成后的房地产价值－土地取得成本－开发成本－管理费用－投资利息
　　　　　－销售税费

② 开发利润是在正常条件下开发商所能获得的平均利润，而不是个别开发商最终获得的实际利润，也不是个别开发商所期望获得的利润。

③ 开发利润是按一定基数乘以同一市场上类似房地产开发项目所要求的相应平均利润率来计算。开发利润的计算基数和相应的利润率有下列几种。

a. 计算基数＝土地取得成本＋开发成本，相应的利润率可称为直接成本利润率，即：

$$直接成本利润率＝\frac{开发利润}{土地取得成本＋开发成本}$$

b. 计算基数＝土地取得成本＋开发成本＋管理费用，相应的利润率可称为投资利润率，即：

$$投资利润率＝\frac{开发利润}{土地取得成本＋开发成本＋管理费用}$$

c. 计算基数＝土地取得成本＋开发成本＋管理费用＋投资利息＋销售费用，相应的利润率可称为成本利润率，即：

$$成本利润率＝\frac{开发利润}{土地取得成本＋开发成本＋管理费用＋投资利息＋销售费用}$$

d. 计算基数＝开发完成后的房地产价值（售价），相应的利润率可称为销售利润率，即：

$$销售利润率 = \frac{开发利润}{开发完成后的房地产价值}$$

利润率的确定通常考虑以下三方面因素：开发土地的利用类型；开发周期的长短，一般开发周期越长，占用资金时间也就越久，利润率也相应要求高些；开发土地所处地区的经济环境，一般经济发达地区的利润率较高。

在估算开发利润时要注意计算基数与利润率的对应，即采用不同的计算基数，应选用相对应的利润率，反过来，选用不同的利润率，应采用相对应的计算基数，不能混淆。从理论上讲，同一个开发项目的开发利润，无论是采用哪种计算基数与其相对应的利润率来估算，所得的结果都是相同的。

二、求取建筑物的重新购建价格

建筑物的重新购建价格可以采用市场法、成本法求取，也可以通过政府或者其授权的部门公布的房屋重置价格、房地产市场价格扣除其中包含的土地价格来求取，还可以按照工程造价估算的方法来求取。求取建筑物重新购建价格的具体方法，有单位比较法、分部分项法、工料测量法和指数调整法。

1. 单位比较法

单位比较法（comparative-unit method）是以估价对象建筑物为整体，选取某种与该建筑物的建筑安装工程费密切相关的计量单位（如单位建筑面积、单位体积、延长米等）作为比较单位，然后通过调查、了解在估价时点近期建成的类似建筑物的这种单位建筑安装工程费，并对其做适当的修正、调整，再加上相应的专业费用、管理费用、投资利息、销售税费和开发利润，来求取估价对象建筑物重新购建价格的方法。单位比较法实质上是一种市场法，其中的修正、调整包括：①将实际的可能是不正常的单位建筑安装工程费，修正为正常的单位建筑安装工程费；②将建造日期时的建筑安装工程费，调整为估价时点时的建筑安装工程费；③根据可比实例建筑物与估价对象建筑物在对单位建筑安装工程费有影响的建筑规模、设备、装饰装修等方面的差异，对单位建筑安装工程费进行调整，即可得到估价对象建筑物的单位建筑安装工程费。单位比较法较为简单、实用，因此被广泛使用，但这种方法比较粗略。单位比较法主要有单位面积法和单位体积法。另外，如停车场的比较单位通常为每个车位，旅馆的比较单位通常为每个房间或床位，保龄球馆的比较单位通常为每个球道。

（1）单位面积法　单位面积法（square-foot method）是根据当地近期建成的类似建筑物的单位面积造价，对其做适当的调整修正（有关调整修正的内容和方法类似于比较法），然后乘以估价对象建筑物的面积来估算建筑物的重新购建价格。

【例 4-4】　某建筑物的建筑面积为 $400m^2$，该类建筑结构和用途的建筑物的单位建筑面积造价为 1500 元/m^2，则该建筑物的重新购建价格可估计为：$400 \times 1500 = 60$（万元）。

（2）单位体积法　单位体积法（cubic-foot method）与单位面积法相似，是根据当地近期建成的类似建筑物的单位体积造价，对其做适当的调整、修正，然后乘以估价对象建筑物的体积来估算建筑物的重新购建价格。这种方法主要适用于造价与体积关系较大的建筑物，如储油罐、地下油库等。

【例 4-5】　某建筑物的体积为 $600m^3$，该类建筑结构和用途的建筑物的单位体积造价为 700 元/m^3，则该建筑物的重新购建价格可估计为：$600 \times 700 = 42$（万元）。

在现实的房地产估价中，往往将建筑物划分为不同的用途、建筑结构或等级，制作不同时期的基准重置价格表（表 4-1），以供求取某个具体建筑物的重置价格时使用。

表 4-1　建筑物基准重置价格

基准日期：　　年　　月　　日　　　　　　　　　　　　　　　　价格单位：元/m²

类型	钢结构	钢筋混凝土结构	砖混结构	砖木结构	简易结构
普通住宅					
高档公寓					
别墅					
大型商场					
中小商店					
办公楼					
星级宾馆					
招待所					
标准厂房					
仓库					
影剧院					
体育馆					
加油站					
其他					

2. 分部分项法

分部分项法（unit-in-place method）是先假设将估价对象建筑物分解为各个独立的构件或分部分项工程，然后测算各个独立构件或分部分项工程的数量，再调查、了解估价时点各个独立构件或分部分项工程的单位价格或成本，最后将各个独立构件或分部分项工程的数量乘以相应的单位价格或成本后相加，来求取建筑物重新构建价格的方法。

在运用分部分项法估算建筑物的重新购建价格时，需要注意如下两点：①应结合各构件或分部分项工程的特点使用计量单位，有的要用面积，有的要用体积，有的要用长度；②既不要漏项也不要重复计算，以免造成估算不准。

采用分部分项法测算建筑物重新购建价格的一个简化例子，见表 4-2。

表 4-2　分部分项法的成本构成

项目	数量	单位成本	金额/元
基础工程	立方米	元/立方米	
墙体工程	平方米	元/平方米	
楼地面工程			
屋面工程			
给排水工程			
供暖工程			
电气工程			
直接费合计			
承包商间接费、利润和税费			
工程承发包价格			
开发商管理费、利息和税费			
建筑物重新购建价格			

3. 工料测量法

工料测量法（quantity survey method）是先假设将估价对象建筑物还原为建筑材料、建筑构配件和设备，并测算重新建造该建筑物所需要的建筑材料、建筑构配件、设备的种类、数量和人工时数，然后调查、了解估价时点时相应的建筑材料、建筑构配件、设备的单价和人工费标准，最后将各种建筑材料、建筑构配件、设备的数量和人工时数乘以相应的单价和人工费标准后相加，再加上相应的专业费用、管理费用、销售费用、投资利息、销售税费和开发利润，来求取建筑物重新开发成本的方法。工料测量法的优点是详细、准确，缺点是比较费时、费力并需要其他专家（如建筑师、造价工程师）的参与，它主要用于求取具有历史价值的建筑物的重新开发成本。采用工料测量法测算建筑物重新开发成本可以列表计算，见表 4-3。

表 4-3　工料测算法

项目	数量	单价	成本/元
现场准备			
水泥			
沙石			
砖块			
木材			
瓦面			
铁钉			
人工			
税费			
其他			
利润			
重新购建价格			

4. 指数调整法

指数调整法（index method）是利用有关价格指数或变动率，将估价对象建筑物的原始价值调整到估价时点的价值来求取建筑物重新购建价格的方法。这种方法主要用于检验其他方法的估算结果。将原始价值调整到估价时点的价值的具体方法，与市场法中交易日期调整的方法相同。

【例 4-6】 待估建筑物账面原值 1000 万元，竣工于 2005 年底。假定 2005 年的价格指数为 100%，2006～2010 年的价格指数每年比上年增长的幅度分别是 11.7%、17%、30.5%、6.9% 和 4.8%，试求 2010 年底待估建筑物的重置成本。

【解】 价格变动指数＝（1＋11.7%）×（1＋17%）×（1＋30.5%）×（1＋6.9%）×（1＋4.8%）＝191%

待估建筑物重置成本＝1000×191%＝1910（万元）

三、求取建造物的折旧

估算折旧的方法主要有年限-寿命法、市场提取法、分解法，下面将介绍三种主要方法的应用。

1. 年限-寿命法

年限-寿命法又称年限法，是根据建筑物的经济寿命、有效经过年数或剩余经济寿命来求取建筑物折旧的方法。

（1）自然寿命和经济寿命　建筑物的寿命有自然寿命和经济寿命之分。自然寿命是指建筑物从建成之日起到建筑物主要结构构件和设备自然老化不能继续保证建筑物安全使用为止的时间。经济寿命是指建筑物从竣工之日起预期产生的收入大于运营费用的持续年数。

（2）实际经过年数和有效经过年数　建筑物的经过年数有实际经过年数和有效经过年数。实际经过年数是建筑物从竣工之日起到估价时点时的日历年数。有效经过年数是指估价时点时的建筑物状况和效用所显示的经过的年数。

有效经过年数可能短于也可能长于实际经过年数。实际经过年数是估计有效经过年数的基础，即有效经过年数通常是在实际经过年数的基础上进行适当的调整后得到。①建筑物的维修保养为正常的，有效经过年数与实际经过年数相当；②建筑物的维修保养比正常维修保养好或经过更新改造的，有效经过年数短于实际经过年数；③建筑物的维修保养比正常维修保养差的，有效经过年数长于实际经过年数。

（3）剩余自然寿命和剩余经济寿命　建筑物的剩余寿命是其寿命减去经过年数之后的寿命，分为剩余自然寿命和剩余经济寿命。剩余自然寿命是其自然寿命减去实际经过年数之后的寿命。剩余经济寿命是其经济寿命减去有效经过年数之后的寿命。因此，如果建筑物的有效经过年数比实际经过年数少，就会延长建筑物的剩余经济寿命；反之，就会缩短建筑物的剩余经济寿命。

利用年限-寿命法求取建筑物折旧时，建筑物的寿命应为经济寿命，经过年数应为有效经过年数，剩余寿命应为剩余经济寿命。在估价上一般不采用实际经过年数而采用有效经过年数或预计的剩余经济寿命，是因为采用有效经过年数或经济寿命求出的折旧更符合实际情况。例如，有两座实际经过年数相同的建筑物，如果维修保养不同，其市场价值也会不同，但如果采用实际经过年数计算折旧，则它们的价值会相同。实际经过年数的作用是可以作为求有效经过年数的参考，即有效经过年数可以在实际经过年数的基础上做适当的调整后得到。

运用年限-寿命法计算建筑物折旧的具体方法主要有直线法和成新折扣法。

（1）直线法　直线法是最简单的和迄今应用得最普遍的一种折旧方法，它在建筑物的经济寿命期间每年的折旧额相等。直线法的年折旧额的计算公式为

$$D_i = D = \frac{C-S}{N} = \frac{C(1-R)}{N}$$

式中，D_i 为第 i 年的折旧额，或称做第 i 年的折旧，在直线法的情况下，每年的折旧额 D_i 是一个常数 D；C 为建筑物的重新购建价格；S 为建筑物的净残值，是建筑物的残值减去清理费用后的余额（建筑物的残值是预计建筑物达到经济寿命后，不宜继续使用时，经拆除后的旧料价值。清理费用是拆除建筑物和搬运废弃物所发生的费用）；N 为建筑物的经济寿命；R 为建筑物的净残值率，简称残值率，是建筑物的净残值与其重新购建价格的比率，即 $R = \frac{S}{C} \times 100\%$。

有效经过年数为 t 年的建筑物折旧总额为

$$E_t = Dt = (C-S)\frac{t}{N} = C(1-R)\frac{t}{N}$$

式中，E_t 为建筑物的折旧总额。

采用直线法折旧下的建筑物现值为

$$V = C - E_t = C - (C - S)\frac{t}{N} = C\left[1 - (1 - R)\frac{t}{N}\right]$$

式中，V 为建筑物的现值。

（2）成新折扣法　早期运用成本法求取建筑物的现值时，习惯于根据建筑物的建成年代、新旧程度或完损程度等，判定出建筑物的成新率，或用建筑物的寿命、年龄计算出建筑物的成新率，然后将建筑物的重新购建价格乘以该成新率来直接求取建筑物的现值，这种方法被称为成新折扣法，其计算公式为

$$V = Cq$$

式中，V 为建筑物的现值；C 为建筑物的重新购置价格；q 为建筑物的成新率，％。

成新折扣法比较粗略，主要适用于初步估价，或者同时需要对大量建筑物进行估价的场合，尤其是开展大范围的建筑物现值摸底调查的场合。

如果利用建筑物的经济寿命 N、有效经过年数 t 或剩余经济寿命 n 来求取建筑物的成新率，则成新折扣法就成了年限法的另一种表现形式。用直线法计算成新率的公式为

$$q = \left[1 - (1 - R)\frac{t}{N}\right] \times 100\% = \left[1 - (1 - R)\frac{N - n}{N}\right] \times 100\%$$

$$= \left[1 - (1 - R)\frac{t}{t + n}\right] \times 100\%$$

当 $R = 0$ 时，有

$$q = \left(1 - \frac{t}{N}\right) \times 100\% = \frac{n}{N} \times 100\% = \frac{n}{t + n} \times 100\%$$

【例 4-7】　某宗房地产的土地总面积为 1000m²，是 10 年前通过征用农地取得的，当时平均每亩花费 18 万元，现时重新取得该类土地每平方米需要 620 元；地上建筑物的总建筑面积为 2000m²，是 8 年前建成交付使用的，当时的建筑造价为每平方米建筑面积 600 元，现时建造同类建筑物每平方米建筑面积需要 1200 元，估计该建筑物有八成新。试选用所给资料估算该宗房地产的现时总价和单价。

【解】　该题主要是注意重新购建价格应为估价时点时的。在弄清了此问题的基础上，该宗房地产的价格估算如下：

土地现值＝620×1000＝620000（元）

建筑物现值＝1200×2000×80％＝1920000（元）

估价对象的现时总价＝620000＋1920000＝2540000（元）

估价对象的现时单价＝2540000÷2000＝1270（元/m²）

年限-寿命法简单、易于使用且通俗易懂，它允许估价师确定总折旧额，接着可用分解程序将总折旧额分配到各种因素中去。虽然这种方法通常是估算折旧的最简单方法，但有下列局限性。①因为折旧率是有效经过年数与总经济寿命的比，这种方法假设每幢建筑物在其经济寿命期间内都依直线基础折旧。直线型折旧只是一种近似，尽管它通常已足够准确。②年限-寿命法像市场提取法一样，无法将折旧分配成细项。在市场区域中，可比实例和估价对象的折旧额和类型不相同时，年限-寿命法很难做出合理的解释。③年限-寿命法还像市场提取法一样，无法区分长寿命项目和短寿命项目的实体损耗。因为它以单个数字来反映建筑物整体的折旧额，无法直接显示各个短寿命项目有不同的损耗程度。例如，建筑物就整体而言，可能被估计为 20％ 的折旧，但其屋顶不像邻近地区的其他屋顶，被估计为 90％ 的折旧，在这种情况下，分解法可让估价师做更精细的分析。

2. 市场提取法

市场提取法是利用与估价对象具有类似折旧程度的可比实例来求取估价对象建筑物折旧的方法。在假设建筑物残值率为零的情况下，该方法求取建筑物折旧的步骤和主要内容如下。

① 从当地房地产市场上大量搜集交易实例。

② 从所搜集的交易实例中选取三个以上与估价对象建筑物具有类似折旧程度的可比实例。

③ 对每个可比实例的成交价格进行付款方式等有关换算、交易情况修正、房地产状况调整（注意不对其中的折旧状况进行调整），但不进行市场状况调整。

④ 求取每个可比实例在其成交日期时的土地重新购建价格，然后将前面换算、修正和调整后的可比实例成交价格减去该土地重新购建价格得出建筑物折旧后的价值。

⑤ 求取每个可比实例在其成交日期时的建筑物重新购建价格，然后将每个可比实例的建筑物重新购建价格减去前面求出的建筑物折旧后的价值得出建筑物折旧。

⑥ 将每个可比实例的建筑物折旧除以建筑物重新购建价格转换为总折旧率。如果可比实例的经过年数与估价对象的经过年数相近，求出的各个可比实例总折旧率的范围较窄，则可以将可比实例总折旧率调整为适用于估价对象的总折旧率。

如果各个可比实例中的建筑物经过年数、区位、维修养护程度等之间有较大差异，求出的各可比实例总折旧率的范围较宽，则应将每个可比实例的总折旧率除以其建筑物经过年数转换为年平均折旧率，然后将各个年平均折旧率调整为适用于估价对象的年平均折旧率。

⑦ 将估价对象建筑物的重新购建价格乘以总折旧率，或者乘以年平均折旧率再乘以其经过年数，便可以求出估价对象建筑物的折旧。即：

$$建筑物折旧＝建筑物重新购建价格×总折旧率$$

【例 4-8】 假设有表 4-4 所列各个交易实例，所有交易实例拥有完全所有权，且其年限、功能和外部影响都与估价对象相似。

表 4-4 交易实例

项目	实例 1	实例 2	实例 3
成交价格	215000	165000	36500
减：土地价值	−60000	−40000	−127750
折旧后价格	155000	125000	237250
重置成本	230000	195000	375000
减：折旧后成本	−155000	−125000	−237250
折旧总金额	75000	70000	137750
总折旧百分比	32.61%	35.90%	36.73%

在本例中，总折旧百分比估计值的范围很窄，所以没有必要将其换算为年百分比。估价对象改良物的成本是 240000（比实例 1 的价格高但比实例 3 的价格低得多），所以折旧的百分比可以调整为成本的 33%。总折旧金额的估计值达到 80000（240000×0.33）。

【例 4-9】 与例 4-8 相比，该例可比实例的寿命有更大的范围（表 4-5）。同样假设所有可比实例拥有完全所有权，没有明显的功能折旧或经济折旧。

表 4-5　可比实例

项目	实例 1	实例 2	实例 3
成交价格	998000	605000	791000
减:土地价值	−140000	−100000	−125000
折旧后成本	858000	505000	666000
重置成本	950000	627000	934000
减:折旧后成本	−858000	−505000	−666000
折旧总金额	92000	122000	268000
总折旧百分比	9.68%	19.46%	28.69%
可比实例的年限	8	14	19
年平均折旧率	1.21%	1.39%	1.51%

在本例中，总折旧百分比估计值的范围很宽，所以很难进行调和。假设估价对象经过年数为 15 年，与实例 2 的实际年龄最相近，则估价对象总折旧的合理估计值是 21%，这个比率可用来乘以估价对象的成本。为了核对总数，估价师可以计算估价对象和可比实例的年平均折旧率。估价对象的年平均折旧率是 1.40%（21%/15），在可比实例的年平均折旧率 1.21%~1.51% 的范围内。所以该经过年为 15 年的房地产 21% 的总折旧估计值得到了支持。

当交易资料充足时，市场提取法可以提供可靠且令人信服的折旧估计值。然而，可比实例房地产应拥有与估价对象相似的实体、功能和外部特征，并且它们的折旧数额和类型也应是相似的。

当可比实例房地产的设计、质量或建造不同时，很难确定它们之间的价值差异是因为这些差异，还是因为折旧上的差异。当各个可比实例房地产的折旧类型和程度相差很大时，也很难应用市场提取法。如果所分析的实例受到了特殊贷款或不寻常动机的影响，问题会更加复杂。

市场提取法的有用性在很大程度上取决于建筑地块价值估计值和可比实例成本估计值的准确度。如果可比实例所在的市场区域与估价对象所在的市场区域没有可比性，则这种方法并不适用。市场提取法考虑的是全部折旧类型的折旧总额，而不是将这个总估计值分解为不同的折旧成分。

3. 分解法

分解法认为各种类型的物质折旧、功能折旧和经济折旧，应根据各自的具体情况分别采用适当的方法来估算。分解法是对建筑物各种类型的折旧分别予以分析和测定，然后加总来求取建筑物折旧的方法。它是求取建筑物折旧最详细、最复杂的方法。

（1）分解法求取建筑物折旧的步骤

① 求取物质折旧。是将物质折旧分解为各个项目，分别采用适当的方法求取折旧后相加。

② 求取功能折旧。是将功能折旧分解为各个项目，分别采用适当的方法求取折旧后相加。

③ 求取经济折旧。是将经济折旧分为不同情况，分别采用适当的方法求取折旧后相加。

④ 求取建筑物的折旧总额。是将上述求取的所有折旧额相加得到建筑物的折旧总额。

【例 4-10】　某旧住宅，测算其重置价格为 40 万元，地面、门窗等破旧引起的物质折旧为 1 万元，因户型设计不好、没有独用厕所和共用电视天线等导致的功能折旧为 6 万元，由于位于城市衰落地区引起的经济折旧为 3 万元。试求取该旧住宅的折旧总额和现值。

【解】 该旧住宅的折旧总额＝1＋6＋3＝10（万元）

该旧住宅的现值＝重置价格－折旧＝40－10＝30（万元）

（2）物质折旧的求取方法

① 将物质折旧项目分为可修复项目和不可修复项目两类。修复是指恢复到新的或相当于新的状况，有的是修理，有的是更换。预计修复所必需的费用小于或等于修复所能带来的房地产价值增加额的，是可修复的，即修复所必需的费用≤修复后的房地产价值－修复前的房地产价值。反之，是不可修复的。

② 对于可修复项目，估算在估价时点采用最优修复方案使其恢复到新的或相当于新的状况下所必需的费用作为折旧额。

③ 对于不可修复项目，根据其在估价时点时的剩余使用寿命是否短于整体建筑物的剩余经济寿命，将其分为短寿命项目和长寿命项目两类。短寿命项目是剩余使用寿命短于整体建筑物剩余经济寿命的部件、设备、设施等，它们在建筑物剩余经济寿命期间迟早需要更换，甚至可能更换多次。长寿命项目是剩余使用寿命等于或长于整体建筑物剩余经济寿命的部件、设备、设施等，它们在建筑物剩余经济寿命期间是不需要更换的。在实际中，短寿命项目与长寿命项目的划分，一般是在其寿命是否短于建筑物经济寿命的基础上作出的，例如，基础、墙体、屋顶、门窗、管网、电梯、空调、卫生设备、装饰装修等的寿命是不同的。

短寿命项目分别根据各自的重新购建价格（通常为市场价格、运输费、安装费等之和）、寿命、经过年数或剩余使用寿命，采用年限法计算折旧。长寿命项目是合在一起，根据建筑物重新购建价格减去可修复项目的修复费用和各短寿命项目的重新购建价格后的余额、建筑物的经济寿命、有效经过年数或剩余经济寿命，采用年限法计算折旧。

④ 将可修复项目的修复费用、短寿命项目的折旧额、长寿命项目的折旧额相加，即为物质折旧额。

【例 4-11】 某建筑物的重置价格为 180 万元，经济寿命为 50 年，有效经过年数为 10 年。其中，门窗等损坏的修复费用为 2 万元；装饰装修的重置价格为 30 万元，平均寿命为 5 年，有效经过年数为 3 年；设备的重置价格为 60 万元，平均寿命为 15 年，有效经过年数为 10 年。残值率假设均为零。请计算该建筑物的物质折旧额。

【解】 该建筑物的物质折旧额计算如下。

门窗等损坏的修复费用＝2（万元）

装饰装修的折旧额＝30×3/5＝18（万元）

设备的折旧额＝60×10/15＝40（万元）

长寿命项目的折旧额＝（180－2－30－60）×10/50＝17.6（万元）

该建筑物的物质折旧额＝2＋18＋40＋17.6＝77.6（万元）

（3）功能折旧的求取方法

① 将功能折旧分为功能缺乏、功能落后和功能过剩引起的三类，并进一步将它们分为可修复的和不可修复的。

② 对于可修复的功能缺乏引起的折旧，在使用缺乏该功能的"重建成本"下的求取方法是：首先，估算在估价时点在估价对象建筑物上单独增加该功能所必需的费用；其次，估算该功能假设在估价时点重新建造建筑物时就具有所必需的费用；最后，将在估价时点在估价对象建筑物上单独增加该功能所必需的费用，减去该功能假设在估价时点重新建造建筑物

时就具有所必需的费用，即增加该功能所超额的费用为折旧额。

【例4-12】 某幢应有电梯而没有电梯的办公楼，重建价格为2000万元，现增设电梯需要120万元，假设现在建造办公楼时一同安装电梯只需要100万元。请计算该办公楼因没有电梯引起的折旧及扣除没有电梯引起的折旧后的价值。

【解】 该办公楼因没有电梯引起的折旧＝120－100＝20（万元）

该办公楼扣除没有电梯引起的折旧后的价值＝2000－20＝1980（万元）

如果采用具有该功能的"重置价格"，则减去在估价对象建筑物上增加该功能所必需的费用，便得到了扣除该功能缺乏引起的折旧后的重置成本。

【例4-13】 某幢应有电梯而没有电梯的办公楼，现增设电梯需要120万元，类似有电梯的办公楼的重置价格为2100万元。请计算该办公楼扣除没有电梯引起的折旧后的价值。

【解】 该办公楼扣除没有电梯引起的折旧后的价值＝2100－120＝1980（万元）

对于不可修复的功能缺乏引起的折旧，可以采用下列方法来求取：首先，利用"租金损失资本化法"求取缺乏该功能导致的未来每年损失租金的现值之和；其次，估算该功能假设在估价时点重置建造建筑物时就具有所必需的费用；最后，将未来每年损失租金的现值之和，减去该功能假设在估价时点重置建造建筑物时就具有所必需的费用，即得到折旧额。

③ 对于可修复的功能落后引起的折旧，以电梯落后为例，其折旧额为该功能落后电梯的重置价格，减去该功能落后电梯已提折旧，加上拆除该功能落后电梯所必需的费用，减去该功能落后电梯可回收的残值，加上安装新的功能先进电梯所必需的费用，减去该新的功能先进电梯假设在估价时点重新建造建筑物时一同安装所必需的费用。用公式表示为：

可修复功能落后的折旧额＝功能落后部分的重置价格－功能落部分的已提折旧＋拆除该功能落后部分的必需的费用－功能落后部分的可回收的残值＋安装新的功能部分所必需的费用－该新的功能先进部分在估价时点重置建造建筑物时就安装所必需的费用

与可修复的功能缺乏引起的折旧额相比，可修复的功能落后引起的折旧额加上了功能落后电梯尚未折旧的价值（即功能落后电梯的重置价格减去已提折旧，该部分未发挥作用就报废了），减去了功能落后电梯拆除后的净残值（即拆除后可回收的残值减去拆除费用，该部分是可以挽回的损失），即多了落后功能的服务期未满而提前报废的损失。

【例4-14】 某幢旧办公楼的电梯已落后，如果将该电梯更换为功能先进的新电梯，估计需要拆除费用2万元，可回收残值3万元，安装新电梯需要120万元（包括购买价款、运输费、安装费等），要比在建造同类办公楼时一同安装多花费20万元。估计该办公楼的重建价格为2050万元，该旧电梯的重置价格为50万元，已提折旧40万元。请计算该办公楼因电梯落后引起的折旧及扣除电梯落后引起的折旧后的价值。

【解】 该办公楼因电梯落后引起的折旧＝（50－40）＋（2－3）＋20＝29（万元）

该办公楼扣除电梯落后引起的折旧后的价值＝2050－29＝2021（万元）

对于不可修复的功能落后引起的折旧，仍以电梯落后为例，其折旧额是在上述可修复的功能落后引起的折旧额计算中，将安装新的功能先进电梯所必要的费用，替换为利用"租金损失资本化法"求取的功能落后电梯导致的未来每年损失租金的现值之和。用公式表示为：

不可修复功能落后的折旧额 ＝落后部分的重置价格－功能落后部分的已提折旧＋拆除该功能落后部分必要的费用－功能落后部分的可回收的残值＋因不可修复功能落后引起的某一年损失/资本化率－该新的功能先进部分在估价时点重置建造建筑物时一同安装所必要的费用

④ 功能过剩一般是不可修复的。功能过剩引起的折旧首先应包括功能过剩所造成的

"无效成本"。该无效成本可以通过采用重置价格而自动得到消除，但如果采用重建价格则不能消除。以前面讲过的层高过高的厂房为例，因为重置价格将依据 5m 层高计算，不是依据 6m 层高来估算，而重建价格仍依据 6m 层高来估算，其次，无论是采用重置价格还是采用重建价格，功能过剩引起的折旧还应包括功能过剩所造成的"超额持有成本"。超额持有成本可以利用"超额运营费用资本化法"，即功能过剩导致的未来每年超额运营费用的现值之和来求取。

在采用重置价格的情况下：

扣除功能过剩引起的折旧后的价值＝重置价格－超额持有成本

在采用重建价格的情况下：

扣除功能过剩引起的折旧后的价值＝重建价格－（无效成本＋超额持有成本）

⑤ 将功能缺乏引起的折旧额、功能落后引起的折旧额、功能过剩引起的折旧额相加，即为功能折旧额。

（4）经济折旧的求取方法　经济折旧在估价时点通常是不可修复的，但它可能是暂时性的，例如供给过度的市场，也可能是永久性的，例如周围环境发生了不可逆的改变。因此，求取经济折旧首先应分清它是暂时性的还是永久性的，然后可以根据租金损失的期限不同，利用"租金损失资本化法"求取未来每年因建筑物以外的各种不利因素所损失的收益的现值之和作为经济折旧额。

四、求取积算价格

将求得的估价对象的重新购建价格（重建价格或重置价格）与折旧代入成本法的相关计算公式，即可求得估价对象房地产的积算价格。

【例 4-15】　某建筑物为钢筋混凝土结构，经济寿命为 50 年，有效经过年数为 8 年。经调查测算，现在重新建造全新状态的该建筑物的建造成本为 800 万元（建设期为 2 年，假定第一年投入建造成本的 60％，第二年投入 40％，均为均匀投入），管理费用为建造成本的 3％，年利息率为 6％，销售税费为 50 万元，开发利润为 120 万元。又知其中该建筑物的墙、地面等损坏的修复费用为 18 万元；装修的重置价格为 200 万元，平均寿命为 5 年，已使用 2 年；设备的重置价格为 110 万元，平均寿命为 10 年，已使用 8 年。假设残值率均为零，试计算该建筑物的现值。

【解】　（1）建筑物的重置价格

① 建造成本＝800（万元）

② 管理费用＝$800 \times 3\% = 24$（万元）

③ 投资利息 ＝$(800 + 24) \times 60\% \times [(1 + 6\%)^{1.5} - 1] + (800 + 24) \times 40\% \times [(1 + 6\%)^{0.5} - 1] = 54.90$（万元）

④ 建筑物的重置价格＝$800 + 24 + 54.90 + 50 + 120 = 1048.90$（万元）

（2）建筑物的折旧

① 墙、地面等损坏的修复费用＝18（万元）

② 装修的折旧费＝$200 \times 2/5 = 80$（万元）

③ 设备的折旧费＝$110 \times 8/10 = 88$（万元）

④ 长寿命项目的折旧费＝$(1048.90 - 18 - 200 - 110) \times 8/50 = 115.34$（万元）

⑤ 该建筑物的折旧总额＝$18 + 80 + 88 + 115.34 = 301.34$（万元）

（3）该建筑物的现值＝建筑物的重置价格－建筑物的折旧总额＝$1048.90 - 301.34 = 747.56$（万元）

思考与练习题

1. 什么是成本法？成本法的理论依据是什么？
2. 成本法适用对象和条件是什么？
3. 房地产价格的成本构成包括哪些？
4. 什么是重置价格和重建价格？
5. 建筑物折旧的原因有哪些？
6. 建筑物折旧的计算方法有哪些？
7. 成本法估价的操作步骤有哪些？

8. 某公司于 5 年前以出让方式取得某一宗面积 2000m² 的 40 年使用权土地，并于 3 年前建成物业投入使用，总建筑面积为 5000m²。现时重新取得 40 年土地使用权的出让价格为 2300 元/m²，重新建造建筑物的建安成本为 600 万元（建设期为 2 年，第一年投入 40%，第二年投入 60%，可视为年中集中投入），管理费用为建安成本的 3%，年利率为 6%，销售税费为 90 万元，开发利润为 120 万元。门窗、墙面等损坏的修复费用为 8 万元；装修的重置价格为 140 万元，平均寿命为 5 年；设备的重置价格为 100 万元，平均寿命为 10 年；假设残值率均为零。试计算该宗房地产现时的价格（土地报酬率为 8%）。

9. 在 13340m² 土地上，建有 4 幢办公楼，办公楼甲建筑面积为 6000m²，办公楼乙建筑面积为 2000m²，办公楼丙建筑面积为 1500m²，办公楼丁建筑面积为 2500m²。现由市场比较法求得地价为 200 元/m²；当前条件下建造同类结构的办公楼的直接成本为 700 元/m²，间接费用按直接成本的 20% 计算，建造利润按直接成本的 13% 计算。这些办公楼的使用寿命为 50 年，其年折旧率为 3%，办公楼已使用 25 年，试用成本法对此房地产作出估价。

参 考 文 献

[1] 卢新海主编. 房地产估价——理论与实务. 第 2 版. 上海复旦大学出版社，2010.
[2] 薛姝主编. 房地产估价. 北京：高等教育出版社，2010.
[3] 中国房地产估价师与房地产经纪人学会编. 房地产估价理论与方法. 北京：中国建筑工业出版社，2007.
[4] 史贵镇，黑敬祥主编. 全国房地产估价师执业资格考试仿真题库及历年试题精析. 北京：机械工业出版社，2007.

第五章

收益法

收益法在房地产三大估价方法中理论最为完备，作为估价方法中的"皇后"，在房地产估价中具有非常重要的位置，受到众多房地产估价专家及学者的推崇。这不仅表现为其方法本身的理论性，也表现为方法对收益性房地产估价的应用性，而收益性房地产在房地产市场中占有重要的地位。本章介绍收益法的基本原理、纯收益、报酬率与资本化率等重要参数，以及方法和应用。

第一节 收益法的基本理论

一、收益法的概念

收益法，又称收益还原法、收益资本化法、投资法或收益现值法，其英文名称为 income approach，income capitalization approach 或 investment method，在土地经济理论和土地估价时又称为地租资本化法。收益法是预测估价对象未来的正常净收益，然后选用适当的报酬率、资本化率或收益乘数将其转换为价值来求取估计对象价值的方法。

根据将未来预期收益转换为价值的方式不同，即资本化方式的不同，收益法分为直接资本化法和报酬资本化法。

直接资本化法（direct capitalization）是将估价对象未来第一年（或某一年）的预期收益除以适当的资本化率或者乘以适当的收益乘数来求取估价对象价值的方法。其中，将未来某一年的某种预期收益乘以适当的收益乘数来求取估价对象价值的方法，称为收益乘数法。

报酬资本化法（yield capitalization）即现金流量折现法（discounted cash flow，DCF），是房地产的价值等于其未来各期净收益的现值之和，具体是预测估价对象未来各期的净收益（净现金流量），选用适当的报酬率（折现率）将其折算到估价时点后相加来求取估价对象价值的方法。

收益法的本质是以房地产预期净收益为导向求取估价对象的价值。采用收益法估价求得的价值称为收益价值。

二、收益法的理论依据

收益法的理论依据是经济学中的预期原理。预期原理说明，决定房地产价值的是房地产未来所能预期获得的收益，而不是过去已获得的收益。具体地说，房地产的价值是基于市场参与者对其未来所能获取的预期收益或效用。由于房地产效用的长久性，在房地产耐用年限内，将会持续地给权利人带来经济收益。因而，房地产的价值可由房地产未来各期能给权利人带来的纯经济收益的现值来体现。因而购买收益性房地产可以视为一种投资,投资者购买收益性房地产,实质上是以现在的资金去换取期望在未来可以获得的一系列资金。

例如,某投资者拥有一宗房地产,每年能产生 10 万元的纯收益;同时,此投资者拥有 200 万元的资本金,将其存入银行。假设银行的年利率是 5%,则此投资者每年可得 10 万元的资本利息额。那么房地产每年产生的净收益和 200 万元的资本金每年获得的利息是等价的,我们可以认为该房地产与 100 万元的货币等价。

用公式表示为

房地产的净收益(利息额)=某一货币额×利率

那么,这笔资金就是该宗房地产的价值,将上述等式变换一下便得到

房地产价值=房地产的净收益/利率

上述收益法的基本思想,必须是假设房地产净收益和报酬率每年均不变,获取收益的年限为无限年,并且是在获取房地产收益的风险和获取银行利息的风险相当的条件下,求取房地产收益价格的一种方法。由于影响房地产净收益的因素很多,实际上,净收益往往经常变化,又由于我国的土地出让制度是有偿有限期的出让制度,不同类型的房地产收益年限有不同的期限的,而收益折现率采用的报酬率等于银行利率也仅是特例,因而上述基本思想的表达比较朴实、简明、便于表达,但并不十分贴切。

鉴于此,普遍适用的收益法的基本思想表述如下:将现在视为估价时点,那么在现在购买有一定收益年限的房地产预示着在其未来的收益年限内可以不断地获取净收益,若现在有一货币额与此未来预期净收益的现值之和等值,则这一货币额就是该房地产的价格。

现代的收益法是建立在资金具有时间价值的观念上,资金的时间价值又称货币的时间价值,是指现在的资金比将来同样多的资金具有更高的价值;或者通俗地说,现在的钱比将来的钱更值钱。有了资金的时间价值观念以后,收益性房地产的价值就是该房地产未来净收益的现值之和,其高低取决于下列 3 个因素。

① 可获净收益的大小——未来净收益越大,房地产的价值就越高,反之就越低。

② 可获净收益期限的长短——获得净收益期限越长,房地产的价值就越高,反之就越低。

③ 获得该净收益的可靠性——获得净收益越可靠,房地产的价值就越高,反之就越低。

三、收益法适用的对象和条件

收益法适用的对象是具有收益性的房地产。从广义上讲,绝大多数房地产都是可产生收益的,否则就不能存在下去。但房地产所产生的收益分为可以用货币来度量和无法用货币来度量(如住房给所有人带来的安全感、满足感)两类。收益法适用于有收益或有潜在收益,并且收益和风险都能够量化的房地产,如商业、旅馆、餐饮、写字楼、公寓、游乐场、厂房、农地等房地产;而对于收益或潜在收益难以量化的房地产价格的评估则不适用,如政府办公楼、学校、公园、图书馆、博物馆等公用、公益房地产的估价,收益法大多不适用。

收益法评估出的价值,取决于人们对未来的预期,那么错误和非理性的预期就会得出错误的评估价值。因此,收益法适用的条件是房地产未来的收益和风险都能较准确地量化。对未来的预期通常是基于过去的经验和对现实的认识做出的,必须以广泛、深入的市场调研为基础。另外,收益法还可用来检验市场比较法和成本法评估出来的价值的可靠性。

第二节　收益法的基本步骤

根据将未来预期收益转换为价值的方式不同,即资本化方式的不同,收益法分为直接资

本化法和报酬资本化法，两种方法操作步骤有所不同。

一、报酬资本化法操作步骤

运用报酬资本化法一般分为 4 个步骤进行。

① 确定估价对象未来收益期限。

② 预测估价对象的未来收益（如净收益）。其中又可细分四步：

a. 估算潜在毛收入。

b. 估算有效毛收入。

c. 估算运营费用。

d. 估算净收益（潜在毛收入、有效毛收入、运营费用、净收益均以年度计）。

③ 选用适当的报酬率。

④ 选用适宜的收益法计算公式求出收益价值。

二、直接资本化法操作步骤

运用直接资本化法一般分为 3 个步骤进行。

① 预测未来第一年（或某一年）的收益。

② 求取资本化率或收益乘数。

③ 选用合适的直接资本化法公式计算收益价值。

三、收益年限的确定

收益期限是估价对象自估价时点起至未来可以获得收益的时间。收益期限应在估价对象房地产自然寿命、法律规定（如土地使用权法定最高年限）、合同约定（如租赁合同约定的租赁期限）等的基础上，结合房地产剩余经济寿命来确定。主要分三种情况来确定收益年限。

① 对于单独土地和单独建筑物的估价，应分别根据土地使用权年限和建筑物经济寿命确定未来可获收益的年限，选用对应的有限年的收益法计算公式，净收益中不扣除建筑物折旧费和土地摊提费。

② 对于土地与建筑物合成体的估价对象，如果是建筑物的经济寿命晚于或与土地使用年限一起结束的，就根据土地使用年限确定未来可获收益的年限，选用对应的有限年的收益法计算公式，净收益中不扣除建筑物折旧费和土地摊提费。

③ 对于土地与建筑物合成体的估价对象，如果是建筑物的经济寿命早于土地使用年限而结束的，先根据建筑物的经济寿命确定未来可获收益的年限，选用对应的有限年的收益法计算公式，净收益中不扣除建筑物折旧费和土地摊提费；然后再加上土地使用年限超出建筑物经济寿命的土地剩余使用年限价值的折现值。

四、净收益的确定

1. 净收益的概念和种类

净收益是由有效毛收入扣除运营费用后得到的归属于房地产的纯收益。净收益的大小是决定房地产价格的一个重要因素。在实际估价中，只有全面了解有关收益性房地产的各种收益情况，才能客观地求取房地产的净收益，准确地评估房地产价值。

在经济活动中，收益性房地产总是与其他生产要素，如货币资金、人力、管理等一起发挥作用而产生收益的。作为房地产估价依据的"收益"，应是指总收益中排除了其他生产要素所产生的收益部分而仅属于房地产所带来的收益，即净收益。净收益还有"客观收益"的含义，因为房地产时与其他生产要素结合在一起产生效益，其他生产要素的优劣会影响总收益的大小，因此运用收益法估价时，要求在其他生产要素均处在正常条件下，房地产所能产生的最大收益，也就是前面讲述的房地产估价最大最佳估价原则。

因此，可用于收益法中转换为价值的未来收益要进行区分：潜在毛收入、有效毛收入、净运营收益、税前现金流量和期末转售收益。

① 潜在毛收入（potential gross incone，PGI），是假定房地产在充分利用无空置状态下可获得的收入。

② 有效毛收入（effective gross income，EGI）是由潜在毛收入扣除正常的空置、拖欠租金以及其他原因造成的收入损失后所得到的收入。

③ 净运营收益（net operating income，NOI），通常简称净收益（net income），是由有效毛收入扣除合理运营费用后得到的归属于房地产的收益。

④ 税前现金流量（pre-tax cash flow，PTCF），是从净收益中扣除抵押贷款还本付息额后的数额。

⑤ 期末转售收益，是在房地产持有期末转售房地产可以获得的净收益。期末转售收益可以是减去抵押贷款余额之前的收益，也可以是减去抵押贷款余额之后的收益，在估价中，未减去抵押贷款余额的期末转售收益与净收益匹配使用；如果需要利用税前现金流量来评估房地产自有资金权益的价值，则应从净收益中减去抵押贷款还本付息额，并从期末转售收益中减去抵押贷款余额。

运用收益法估价，核心是预测净收益。因此，下面主要论述净收益的测算和净收益流量的确定问题。在实际估价中，预测净收益甚至比求取报酬率更为困难，特别是求取净收益时哪些费用应当扣除，哪些费用不应扣除。此外，估价结果对净收益也很敏感。

2. 净收益流量的类型

收益法本质上是现金流量折现法（或称折现现金流量法）。求取净收益时，应根据净收益过去、现在、未来的变动情况及可获净收益的年限，确定未来净收益流量，并判断该未来净收益流量属于下列哪种类型：①每年基本上固定不变；②每年基本上按某个固定的数额递增或递减；③每年基本上按某个固定的比率递增或递减；④其他有规则的变动情形。

3. 净收益测算的基本原理

收益性房地产获取收益的方式，主要有出租和营业两种。据此，净收益的测算途径可分为两种：一是基于租赁收入测算净收益，例如存在大量租赁实例的普通住宅、公寓、写字楼、商铺、标准厂房、仓库等类房地产；二是基于营业收入测算净收益，例如旅馆、影剧院、娱乐场所、加油站等类房地产。在实际估价中，只要是能够通过租赁收入测算净收益的，宜通过租赁收入测算净收益来估价。因此，基于租赁收入测算净收益是收益法的典型形式。下面先介绍基于租赁收入的净收益测算，然后介绍基于营业收入的净收益测算。

（1）基于租赁收入测算净收益　基于租赁收入测算净收益的基本公式为

$$净收益＝潜在毛收入－空置等造成的收入损失－运营费用$$
$$＝有效毛收入－运营费用$$

① 潜在毛收入、有效毛收入、运营费用、净收益通常以年度计。

② 空置等造成的收入损失一般是以潜在毛收入的某一百分率来计算。

③ 运营费用与会计上的成本费用有所不同，是从估价角度出发的，不包含房地产抵押贷款还本付息额、会计上的折旧额、房地产改扩建费用和所得税。

④ 净收益是有效毛收入减去运营费用后的收益，但未扣除所得税、房地产抵押贷款还

本付息额、会计上的折旧额、房地产改扩建费用。而在评估投资价值时，通常是采用扣除所得税后的收益，即税后现金流量。

（2）基于营业收入测算净收益 有些收益性房地产，通常不是以租赁方式而是以营业方式获取收益，其业主与经营者是合二为一的，如旅馆、娱乐中心、加油站等。这些收益性房地产的净收益测算与基于租赁收入的净收益测算，主要有如下两个方面的不同：一是潜在毛收入或有效毛收入变成了经营收入，二是要扣除归属于其他资本或经营的收益，如商业、餐饮、工业、农业等经营者的正常利润。基于租金收入测算净收益由于归属于其他资本或经营的收益在房地产租金之外，即实际上已经扣除，所以就不再扣除归属于其他资本或经营的收益。

4. 不同类型房地产净收益的求取

净收益的具体求取因估价对象的收益类型不同而有所不同，可归纳为下列四种情况：出租的房地产；营业的房地产；自用或尚未使用的房地产；混合收益的房地产。

（1）出租的房地产净收益求取 出租的房地产是收益法估价的典型对象，包括出租的住宅（特别是公寓）、写字楼、商铺、停车场、标准厂房、仓库和土地等，其净收益通常为租赁收入扣除由出租人负担的费用后的余额。

租赁收入包括租金收入和租赁保证金或押金的利息收入。

出租人负担的费用，一般包括维修费、管理费、保险费、房地产税、租赁费用、租赁税费。

在实际求取净收益时，通常是在分析租约的基础上决定所要扣除的费用项目。如果租约约定保证合法、安全、正常使用所需要的一切费用均由出租人负担，则应将它们全部扣除；如果租约约定部分或全部费用由承租人负担，则出租人所得的租赁收入就接近于净收益，此时扣除的费用项目就要相应减少。

（2）营业的房地产净收益求取 营业的房地产的最大特点是，房地产所有者同时又是经营者，房地产租金与经营者利润没有分开。如商业用房、工业生产用房。

① 商业经营的房地产，应根据经营资料测算净收益，净收益为商品销售收入扣除商品销售成本、经营费用、商品销售税金及附加、管理费用、财务费用和商业利

② 工业生产的房地产，应根据产品市场价格以及原材料、人工费用等资料测算净收益，净收益为产品销售收入扣除生产成本、产品销售费用、产品销售税金及附加、管理费用、财务费用和厂商利润。

③ 农地净收益的测算，是由农地年产值（全年农产品的产量乘以单价）扣除种苗费、肥料费、水利费、农药费、农具费、人工费、畜工费、机工费、农舍费、投资利息、农业税、农业利润等。

（3）自用或尚未使用的房地产净收益求取 自用或尚未使用的房地产，可采用市场比较法，即根据同一市场上有收益的类似房地产的有关资料按上述相应的方式测算净收益，或者通过类似房地产的净收益直接比较得出净收益。

（4）混合收益的房地产净收益求取 对于现实中包含上述多种收益类型的房地产，如星级宾馆一般有客房、会议室、餐饮、商场、商务中心、娱乐中心等。可把混合收益的房地产看成是各种单一收益类型房地产的简单组合，先分别根据各自的收入和费用求出各自的净收益，然后将所有的净收益相加。

【例 5-1】 有一建筑面积为 1000m² 的写字楼，其月毛租金水平为 100 元/m²，空置率为 13%，租金损失为毛租金收入的 2%，合理运营费用为有效租金收入的 30%，试求该写字楼的净收益。

【解】
潜在毛收入＝1000×100×12＝120（万元）
有效毛收入＝120×（1−13％）×（1−2％）＝102.3（万元）；
合理运营费用＝102.3×30％＝30.7（万元）
净收益＝102.3−30.7＝71.6（万元）

【例 5-2】 对某商住楼其一层 20 间商铺进行评估，平均每间商铺的月租金为 2000 元，年均空置率为 20％，营业费用平均每月花费 1 万元；据调查，该地段同类商铺月租金为 2500 元，年均空置率为 10％，正常营业每月总费用平均占每月总收入的 15％；该类房地产的报酬率为 10％。试选用所给资料估算该商铺的价值。

【解】 该题主要是注意实际收益与客观收益的问题：应采用客观收益。在弄清了此问题的基础上，该商铺的价值估算如下。

① 年有效毛收入＝20×2500×12×（1−10％）＝54（万元）
② 年运营费用＝54×15％＝8.1（万元）
③ 年净收益＝54−8.1＝42.9（万元）
④ 商铺价值＝42.9÷10％＝429（万元）

第三节 房地产收益价值的计算

一、报酬资本化法的计算公式与收益价格估算

根据收益法的基本原理，假设净收益和报酬率都已知的条件下，我们来讨论收益法的各种计算公式。

1. 收益法最一般的公式

根据资金的时间价值，我们将收益法的基本原理公式化：

$$V = \frac{A_1}{(1+r_1)} + \frac{A_2}{(1+r_1)(1+r_2)} + \cdots + \frac{A_n}{(1+r_1)(1+r_2)\cdots(1+r_n)}$$
$$= \sum_{i=1}^{n} \frac{A_i}{\prod_{j=1}^{i}(1+r_j)^i} \tag{5-1}$$

式中，V 为房地产在估价时点的收益价格或价值；A_i 为房地产第 i 年净收益，$i=1$，2，3…n；r_i 为房地产的第 i 期报酬率（折现率），$i=1$，2，3…n；n 为房地产自估价时点起至未来可获收益的年限。

使用现金流量图将公式形象化见图 5-1。

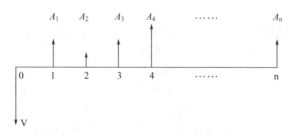

图 5-1 用现金流量图表示的报酬资本化法

因未来各年度的净收益无法准确预测，因此，该公式只有理论上的意义，在现时中难以操作。根据该公式可以推导出不同情况下实际应用的各种公式。在实际估价中，一般假设报酬率长期维持不变，报酬资本化法公式均是假设净收益相对于估价时点发生在期末。实际估

价中，如果净收益发生的时间相对于估价时点不是在期末，例如在期初或期中，则应对净收益或者对报酬资本化法公式做相应调整。

2. 净收益每年不变的公式

净收益及其他因素不变的公式有无限年期和有限年期两种：一是收益期限为无限年，二是收益期限是有限年。

（1）无限年期

$$V = \frac{A}{r} \tag{5-2}$$

此公式的假设条件是：①净收益每年不变为 A；②报酬率 r 每年不变且大于零；③收益年限为无限年。

该公式可直接用于估价土地的收益价格，因为土地的收益是无限期的；对于房地合一的房地产，当建筑物提取折旧时，其收益价格也可运用该公式。

【例 5-3】　有一房地产正常情况下的年纯收益为 50 万元，报酬率为 10％，其经济耐用年限可视为无限年，试计算该房地产的收益价格。

【解】　该宗房地产的收益价格计算如下：

$$V = \frac{A}{r}$$
$$= 50/10\%$$
$$= 500（万元）$$

（2）有限年

$$V = \frac{A}{r}\left[1 - \frac{1}{(1+r)^n}\right] \tag{5-3}$$

此公式的假设条件是：①净收益每年不变为 A；②报酬率 r 每年不变且大于零（当 $r=0$ 时，$V = A \times n$）；③收益年限为有限年 n。

此公式适用于有限期出让大块土地地价的评估；对于单纯的建筑物估价，如果净收益为折旧前的，也可近似采用此公式。

【例 5-4】　某房地产是在政府有偿出让的土地上开发建造的，土地出让年限为 50 年，现已使用了 10 年；该房地产正常情况下的年净收益为 50 万元，报酬率为 10％，则该房地产的收益价格为多少？

【解】　该宗房地产的收益价格计算如下：

$$V = \frac{A}{r}\left[1 - \frac{1}{(1+r)^n}\right]$$
$$= \frac{50}{10\%}\left[1 - \frac{1}{(1+10\%)^{50-10}}\right]$$
$$= 487.5（万元）$$

例 5-3 与例 5-4 中年净收益和报酬率都是相同的，但例 5-3 收益年限为无限年，例 5-4 收益年限为 40 年，两宗房地产的价格相差 12.5 万元。

上述公式除了直接计算房地产收益价格外，该公式还有其他用途：不同年限的价格换算；比较不同年限房地产价格的高低；用于比较法中土地使用权年期修正等。

3. 净收益在前若干年有变化的公式

净收益在前若干年有变化的公式具体有两种情况：一是无限年；二是有限年。

（1）无限年的公式

$$V = \sum_{i=1}^{t} \frac{A_i}{(1+r)^i} + \frac{A}{r(1+r)^t} \qquad (5\text{-}4)$$

该公式的假设前提是：①净收益在前 t 年（含第 t 年）有变化，分别是 A_1，A_2，…，A_t，在 t 年以后无变化，为 A；②报酬率 r 大于零；③收益年限为无限年。

（2）有限年的公式

$$V = \sum_{i=1}^{t} \frac{A_i}{(1+r)^i} + \frac{A}{r}\left[1 - \frac{1}{(1+r)^{n-t}}\right] \cdot \frac{1}{(1+r)^t} \qquad (5\text{-}5)$$

式中，t 为净收益有变化的年限。

此公式的假设前提是：①净收益在未来前 t 年（含第 t 年）有变化，分别是 A_1，A_2，…，A_t，在 t 年以后无变化，为 A；②报酬率不等于零，为 r；③收益年限为有限年 n。

该公式有重要的实用价值，在实际估价中，一般很难准确预测在房地产的整个使用周期内每年的净收益，但可以根据估价对象的经营状况和市场环境，对其在未来 3～5 年或可以预测的更长时期的净收益做出估计，并且假设从此以后的净收益将不变，然后对这两部分净收益进行折现处理，计算出房地产的价格。

【例 5-5】 某宗房地产，预测其未来 5 年的净收益分别为 20 万元、22 万元、25 万元、28 万元、30 万元，从第六年到未来无穷远，每年的净收益将稳定在 35 万元左右，该类房地产的报酬率为 10%。试计算该宗房地产的收益价格。

【解】 $V = \sum\limits_{i=1}^{t} \dfrac{A_i}{(1+r)^i} + \dfrac{A}{r(1+r)^t}$

$= \dfrac{20}{(1+10\%)} + \dfrac{22}{(1+10\%)^2} + \dfrac{25}{(1+10\%)^3} + \dfrac{28}{(1+10\%)^4} + \dfrac{30}{(1+10\%)^5} +$

$\dfrac{35}{10\%(1+10\%)^5} = 310.20（万元）$

【例 5-6】 某宗房地产的收益期限为 38 年，预测得到其未来 5 年的净收益分别为 20 万元、22 万元、25 万元、28 万元、30 万元，从第六年末开始到未来 38 年每年的净收益将稳定在 35 万元左右，该类房地产的报酬率为 10%。试计算该宗房地产的收益价格。

【解】 $V = \sum\limits_{i=1}^{t} \dfrac{A_i}{(1+r)^i} + \dfrac{A}{r}\left[1 - \dfrac{1}{(1+r)^{n-t}}\right] \cdot \dfrac{1}{(1+r)^t}$

$= \dfrac{20}{(1+10\%)} + \dfrac{22}{(1+10\%)^2} + \dfrac{25}{(1+10\%)^3} + \dfrac{28}{(1+10\%)^4} + \dfrac{30}{(1+10\%)^5} +$

$\dfrac{35}{10\%(1+10\%)^5}\left[1 - \dfrac{1}{(1+10\%)^{38-5}}\right]$

$= 300.86（万元）$

4. 预知未来若干年后房地产价格的公式

预测房地产未来 t 年的净收益为 A_1，A_2，…，A_t；第 t 年末的房地产价格为 V_t，则其现值的计算公式为

$$V = \sum_{i=1}^{t} \frac{A_i}{(1+r)^i} + \frac{V_t}{(1+r)^t} \qquad (5\text{-}6)$$

此公式的假设前提是：①已知房地产在未来第 t 年末的价格为 V_t；②房地产在未来前 t 年（含第 t 年）的净收益有变化且已知；③期间收益和期末转售收益具有相同的报酬率 r。

如果 A_i 每年相同均为 A，则公式简化为

$$V = \frac{A}{r}\left[1 - \frac{1}{(1+r)^t}\right] + \frac{V_t}{(1+r)^t}$$

实际估价中，对于待估房地产目前的价格难以知道，但根据城市规划的发展前景，或由于社会经济地理位置的改变，能够比较容易地预测待估房地产未来某一时期的房地产价格水平，适宜采用该公式，特别是某地区在若干年后，将会出现可以预见的较大改观的情况下。

【例 5-7】 某市郊有一宗房地产，年出租净收益为 100 万元，预计未来 3 年内仍然维持在该水平，但规划等到 3 年后该处开发为新的市中心，预测到时将其转卖的售价会高达 1500 万元，销售税费为售价的 6%。如果投资者要求该类投资的收益率为 10%，则求该宗房地产目前的价值。

【解】

$$V = \frac{A}{r}\left[1 - \frac{1}{(1+r)^t}\right] + \frac{V_t}{(1+r)^t}$$

$$= \frac{100}{10\%}\left[1 - \frac{1}{(1+10\%)^3}\right] + \frac{1500\,(1-6\%)}{(1+10\%)^3}$$

$$= 1308.04\ (万元)$$

5. 净收益按照一定数额递增（递减）的公式

(1) 净收益按等差级数递增的公式 具体有两种情况：一是无限年；二是有限年。

① 无限年的公式

$$V = \frac{A}{r} + \frac{b}{r^2} \tag{5-7}$$

式中，b 为净收益逐年递增的数额，如净收益第一年为 A，则第二年为 $A+b$，第三年为 $A+2b$，第 n 年为 $A+(n-1)b$。

此公式的假设前提是：a. 净收益按等差级数递增；b. 报酬率大于零，为 r；c. 收益年限为无限年。

【例 5-8】 某宗房地产预计未来第一年的净收益为 20 万元，此后每年的净收益会在上一年的基础上增加 2 万元，收益年限可视为无限年，该类房地产的报酬率为 8%。试求该宗房地产的收益价格。

【解】

$$V = \frac{A}{r} + \frac{b}{r^2}$$

$$= \frac{20}{8\%} + \frac{2}{8\%^2}$$

$$= 562.5\ (万元)$$

② 有限年的公式

$$V = \left(\frac{A}{r} + \frac{b}{r^2}\right)\left[1 - \frac{1}{(1+r)^n}\right] - \frac{b}{r} \times \frac{n}{(1+r)^n} \tag{5-8}$$

此公式的假设前提是：a. 净收益按等差级数递增；b. 报酬率不等于零，为 Y；c. 收益年限 n 为有限年限。

【例 5-9】 某宗房地产预计未来第一年的净收益为 20 万元，此后每年的净收益会在上一年的基础上增加 2 万元，收益年限可视为有限年，该类房地产的报酬率为 8%。试求该宗房地产的收益价格。

【解】

$$V = \left(\frac{A}{r} + \frac{b}{r^2}\right)\left[1 - \frac{1}{(1+r)^n}\right] - \frac{b}{r} \times \frac{n}{(1+r)^n}$$

$$= \left(\frac{20}{8\%} + \frac{2}{8\%^2} \right) \left[1 - \frac{1}{(1+8\%)^{30}} \right] - \frac{2}{8\%} \times \frac{30}{(1+8\%)^{30}}$$

$$= 432.07 \text{（万元）}$$

（2）净收益按等差级数递减的公式　净收益按等差级数递减的公式只有收益年限为有限年期一种。公式为

$$V = \left(\frac{A}{r} - \frac{b}{r^2} \right) \left[1 - \frac{1}{(1+r)^n} \right] + \frac{b}{r} \times \frac{n}{(1+r)^n} \tag{5-9}$$

式中，b 为净收益逐年递减的数额，如净收益第一年为 A，则第二年为 $A-b$，第三年为 $A-2b$，第 n 年为 $A-(n-1)b$。

此公式的假设前提是：①净收益按等差级数递减；②报酬率不等于零，为 r；③收益年限为有限年 n，且 $n \leqslant A/b+1$（当 $n > A/b+1$ 时，第 n 年的净收益为负，以后各年的净收益均为负值，任何一个"理性经营者"在 $A/b+1$ 年后都不会再经营）。

6. 净收益按照一定比率递增（递减）的公式

（1）净收益按一定比率递增　公式有两种情况：一是收益年限为无限年；二是收益年限为有限年。

① 无限年的公式

$$V = \frac{A}{r-g} \tag{5-10}$$

式中，g 为净收益逐年递增的比率；A 为未来第一年的净收益；r 为报酬率。

此公式的假设前提是：a. 净收益按等比级数递增；b. 报酬率 $r > g$；c. 收益年限 n 为无限年。

【例 5-10】　某宗房地产预计未来第一年的净收益为 30 万元，此后每年的净收益会在上一年的基础上增长 2%，收益年限可视为无限年，该类房地产的报酬率为 10%。试求该宗房地产的收益价格。

【解】

$$V = \frac{A}{r-g}$$

$$= \frac{30}{10\% - 2\%}$$

$$= 375 \text{（万元）}$$

② 有限年的公式

$$V = \begin{cases} \dfrac{A}{r-g} \left[1 - \left(\dfrac{1+g}{1+r} \right)^n \right] & r \neq g \\[3mm] \dfrac{A \times n}{1+r} & r = g \end{cases} \tag{5-11}$$

式中，g 为净收益逐年递增的比率；A 为未来第一年的净收益；r 为报酬率；n 为收益年限。

此公式的假设前提是：a. 净收益按等比级数递增；b. 收益年限 n 为有限年。

【例 5-11】　某宗房地产预计该房地产未来第一年的净收益为 20 万元，此后在使用年限 50 年内每年的净收益会在上一年的基础上增长 2%，该类房地产的报酬率为 10%，试求该宗房地产的收益价格。

【解】

$$V = \frac{A}{r-g} \left[1 - \left(\frac{1+g}{1+r} \right)^n \right]$$

$$= \frac{20}{10\% - 2\%} \left[1 - \left(\frac{1+2\%}{1+10\%} \right)^{50} \right]$$

$$=244.26 \text{（万元）}$$

（2）净收益按一定比率递减　净收益按一定比率递减的公式有两种情况：一是无限年；二是有限年。

① 无限年的公式

$$V=\frac{A}{r+g} \tag{5-12}$$

式中，g 表示净收益逐年递减的比率；A 为未来第一年的净收益；r 为报酬率。

此公式的假设前提是：a. 净收益按等比级数递减；b. 报酬率大于零，为 r；c. 收益年限为无限年。

【例 5-12】　某宗房地产预计未来第一年的净收益为 20 万元，此后每年的净收益会在上一年的基础上降低 2％，收益年限可视为无限年，该类房地产的报酬率为 10％。试求该宗房地产的收益价格。

【解】

$$V=\frac{A}{r+g}$$

$$=\frac{20}{10\%+2\%}$$

$$=166.67 \text{（万元）}$$

② 有限年的公式

$$V=\frac{A}{r+g}\left[1-\left(\frac{1-g}{1+r}\right)^{n}\right] \tag{5-13}$$

式中，g 表示净收益逐年递减的比率；A 为未来第一年的净收益；r 为报酬率；n 为有限年收益年限。

此公式的假设前提是：a. 净收益按等比级数递减；b. 报酬率不等于零，为 r；c. 收益年限 n 为有限年。

【例 5-13】　某宗房地产预计该房地产未来第一年的净收益为 20 万元，此后在使用年限 50 年内每年的净收益会在上一年的基础上降低 2％，该类房地产的报酬率为 10％。试求该宗房地产的收益价格。

【解】

$$V=\frac{A}{r+g}\left[1-\left(\frac{1-g}{1+r}\right)^{n}\right]$$

$$=\frac{20}{10\%+2\%}\left[1-\left(\frac{1-2\%}{1+10\%}\right)^{50}\right]$$

$$=166.15 \text{（万元）}$$

二、直接资本化法的计算公式与收益价格估算

1. 直接资本化法的概念与基本公式

直接资本化法是将估价对象未来某一年的某种预期收益除以适当的资本化率或乘以适当的收益乘数来求取估价对象价值的方法。

式（5-14）的年收益通常是采用未来第一年的收益，收益的种类有毛租金、净租金、潜在毛收入、有效毛收入、净收益等。

资本化率（capitalization rate，R）是房地产的某种年收益与其价格的比率，即

$$\text{资本化率}=\text{年收益}/\text{价格} \tag{5-14}$$

利用资本化率将年收益转换为价值的直接资本化法的常用公式是

$$V=NOI/R \tag{5-15}$$

式中，V 为房地产价值；NOI 为房地产未来第一年的净收益；R 为资本化率。

收益乘数是房地产的价格除以其某种年收益所得的倍数，即

$$收益乘数＝价格/年收益 \tag{5-16}$$

利用收益乘数将年收益转换为价值的直接资本化法公式为

$$房地产价值＝年收益×收益乘数 \tag{5-17}$$

2. 几种收益乘数法

对应着不同种类的年收益，收益乘数具体有毛租金乘数（gross rent multiplier，GRM）、潜在毛收入乘数（potential gross income multiplier，PGIM）、有效毛收入乘数（effective gross income multiplier，EGIM）和净收益乘数（net income multiplier，NIM）。相应地，收益乘数法有毛租金乘数法、潜在毛收入乘数法、有效毛收入乘数法和净收益乘数法。

（1）毛租金乘数法　毛租金乘数法是将估价对象未来某一年或某一月的毛租金乘以相应的毛租金乘数来求取估价对象价值的方法，即：

$$房地产价值＝毛租金×毛租金乘数 \tag{5-18}$$

毛租金乘数是市场上房地产的价格除以其毛租金所得的倍数，即：

$$毛租金乘数＝价格/毛租金 \tag{5-19}$$

毛租金乘数也是经常所讲的"租售比价"。当采用月租金转换为价值时，要采用通过月租金与价格的关系求得的毛租金乘数；当采用年租金转换为价值时，要采用通过年租金与价格的关系求得的毛租金乘数。

毛租金乘数法有下列优点：①方便易行，在市场上较容易获得房地产的价格和租金资料；②由于在同一市场上，相似房地产的租金和价格同时受相同的市场力量影响，因此毛租金乘数是一个比较客观的数值；③避免了由于多层次测算可能产生的各种误差的累计。

毛租金乘数法的缺点如下：①忽略了房地产租金以外的收入；②忽略了不同房地产的空置率和运营费用的差异。

毛租金乘数法一般用于土地或出租型住宅（特别是公寓）的估价，但由于它的计算方法比较粗糙，往往作为市场法或其他收益法的一个部分。

（2）潜在毛收入乘数法　潜在毛收入乘数法是将估价对象某一年的潜在毛收入（PGI）乘以潜在毛收入乘数（PGIM）来求取估价对象价值（V）的方法，即

$$V＝PGI×PGIM \tag{5-20}$$

潜在毛收入乘数是市场上房地产的价格除以其年潜在毛收入所得的倍数，即

$$PGIM＝V/PGI \tag{5-21}$$

与毛租金乘数法相比，潜在毛收入乘数法相对全面一些，它考虑了房地产租金以外的收入，但同样没有考虑房地产的空置率和运营费用的差异。

如果估价对象与可比实例房地产的空置率差异是暂时的，并且运营费用比率相似，则使用潜在毛收入乘数法是一种简单可行的方法。但总的来说，该方法也比较粗糙，适用于估价对象资料不充分或精度要求不高的估价。

（3）有效毛收入乘数法　有效毛收入乘数法是将估价对象某一年的有效毛收入（EGI）乘以有效毛收入乘数（EGIM）来求取估价对象价值的方法，即

$$V＝EGI×EGIM \tag{5-22}$$

有效毛收入乘数是房地产的价格除以其年有效毛收入所得的倍数，即

$$EGIM＝V/EGI \tag{5-23}$$

有效毛收入乘数法的优点是不仅考虑了房地产租金以外的收入，还考虑了房地产的空置

率。因此，当估价对象与可比实例房地产的空置率有较大差异，而且这种差异预计还将继续下去时，则使用有效毛收入乘数比使用潜在毛收入乘数更为合适。因为投资者在估算房地产价值时，是会考虑空置率的差异的。有效毛收入乘数法的缺点是没有考虑运营费用的差异，因而也只适用于做粗略的估价。

（4）净收益乘数法　净收益乘数法是将估价对象某一年的净收益（NOI）乘以净收益乘数（NIM）转换为价值的方法，即

$$V = NOI \times NIM \tag{5-24}$$

净收益乘数是房地产的价格除以其年净收益所得的倍数，即

$$NIM = V/NOI \tag{5-25}$$

净收益乘数法能提供更可靠的价值测算。

由于净收益乘数与资本化率是互为倒数的关系，通常很少直接采用净收益乘数法形式，而采用资本化率将净收益转换为价值的形式，即

$$V = NOI/R \tag{5-26}$$

三、报酬率、资本化率和收益乘数的确定

1. 报酬率的确定

确定一个合适的报酬率在收益法中是非常重要也是困难的事情。报酬率的稍微的变动将使收益价格产生重大的差别。因此确定报酬率是收益法中一个十分重要的问题。

（1）报酬率的概念　报酬率（yield rate）也称为回报率、收益率，是一种折现率，是与利率、内部收益率同性质的比率。在使用收益法时，由于估价对象不同，净收益的特性不同，所使用的公式也就不同。如：当净收益每年不变且收益年限无限时，公式为

$$V = A/r$$

当净收益每年不变而收益年限为有限年 n 时，公式为

$$V = \frac{A}{r} \left[1 - \frac{1}{(1+r)^n} \right]$$

当净收益每年按等比级数递增且年期无限时，公式为

$$V = \frac{A}{r - g}$$

如果将购买房地产看成一种投资行为，投资额是房地产的价格，这笔投资在将来的预期收益就是房地产每年产生的净收益，因此，报酬率的本质是投资的收益率。经济学原理告诉我们，在市场正常条件下，资本投资收益率与项目投资的风险是正相关的，即某类项目投资的风险越大，其报酬率也相应越高；风险越小，其报酬率越低。因此，选用报酬率时，应等同于与获取估价对象的净收益具有同等风险投资的收益率。报酬率与投资风险的关系可见图5-2。

由于房地产具有位置固定性等特点，其风险因不同地区而异，而且与房地产的类型或用途、投资者进入房地产市场的时机等因素相关。因此，在实际估价工作中，一定要依据估价对象所处的实际环境来确定报酬率。

（2）报酬率的计算　合理确定报酬率是科学、准确地确定估价结果的关键，在房地产估价实践中，报酬率的计算方法很多，主要介绍以下

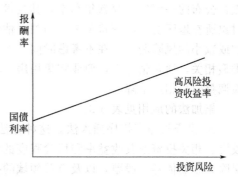

图5-2　报酬率与投资风险的关系

几种方法。

① 市场提取法。市场提取法又称实例法，是通过搜集市场上相类似房地产的净收益、价格等资料，反求出报酬率的方法。运用市场提取法求取资本化率时，所选取的实例必须是与待估房地产相类似的实例；为了避免偶然性所带来的误差，需要抽取多宗类似房地产交易实例来求取。如果房地产市场比较发达，容易获得可靠的房地产交易资料，则市场提取法是一种有效而实用的方法。具体要求是，选择近期发生的三宗以上与估价对象房地产相似的交易实例，搜集类似房地产的价格、净收益和交易情况等资料，分析净收益的现金流量，看实例租金是否偏离市场租金，确保其交易条件符合公开市场原则，这些因素出现偏差都需要修正才可使用，最后选用相应的收益法计算公式，反求出报酬率。

a. 在 $V=A/r$ 的情况下，通过 $r=A/V$ 直接求取，见表 5-1。

表 5-1 选取的可比实例及相关资料

可比实例	净收益/(万元/年)	价格/万元	报酬率/%
1	11	98	11.2
2	20	185	10.8
3	9	86	10.5
4	36	326	11.1
5	86	770	11.2

表 5-1 中 5 个可比实例的报酬率的简单算术平均数为： （11.2%＋10.8%＋10.5%＋11.1%＋11.2%）÷5＝10.96%。

估价对象的报酬率可选取 10.96%，此外，较为精确的计算可用加权平均方法。

b. 在 $V=\dfrac{A}{r}\left[1-\dfrac{1}{(1+r)^n}\right]$ 的情况下，通过 $V-A\left[1-\dfrac{1}{(1+r)^n}\right]=0$ 来求取 r。具体是采用试错法，计算到一定精度后，再采用线性内插法来求取，即 r 是通过试错法与线性内插法相结合的方法来求取，也可通过计算机来完成。

c. 在 $V=\dfrac{A}{r-g}$ 的情况下，是通过 $r=\dfrac{A}{V}+g$ 来求取。

② 安全利率加风险调整值法。安全利率加风险调整值法又称累加法（built-up method），是以安全利率加上风险调整值作为报酬率的方法，其基本公式为

报酬率＝安全利率＋风险调整值

风险调整值＝投资风险补偿＋管理负担补偿＋缺乏流动性补偿－投资带来的优惠

安全利率又称无风险投资的收益率。通常选用同一时期的一年期国债年利率或中国人民银行公布的一年定期存款年利率，其技术关键是风险调整值的确定。风险调整值是根据估价对象所在地区的经济现状及未来预测，估价对象的用途及新旧程度等各种风险因素，确定增加或减小的风险利率。在不考虑时间和地域范围差异的情况下，风险调整值主要与房地产的类型相关，通常情况下，商业零售用房、写字楼、住宅、工业用房的投资风险依次降低，风险调整值也相应下降。

累加法的应用见表 5-2。

③ 投资收益率排序插入法。这种方法的思想是：调查、收集估价对象所在地区的各类投资、相关投资及其收益率和风险程度的资料，如各种类型的银行存款、贷款、政府债券、保险、企业债券、股票，以及有关领域的投资收益率等。将所搜集的不同类型投资的收益率按由低到高的顺序排列，制成图表，估价人员将估价对象与这些类型投资的风险程度进行分

析比较，考虑投资的流动性、管理的难易以及作为资产的安全性等，判断出同等风险的投资，确定估价对象风险程度应落的位置，再根据估价对象风险程度所落的位置，在图表上找出对应的收益率，从而就确定出了所要求的报酬率，如图 5-3 所示。

表 5-2 累加法应用举例

序 号	项 目	数 值
1	安全利率	4.0%
2	投资风险补偿	3.0%
3	管理负担补偿	0.2%
4	缺乏流动性补偿	2.0%
5	投资带来的优惠	1.0%
6	报酬率	8.2%

注：6＝1＋2＋3＋4－5。

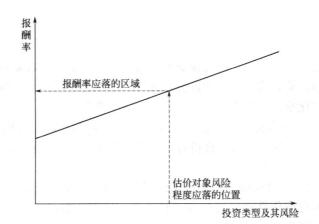

图 5-3 报酬率按低到高的顺序排列示意

报酬率的确定同整个房地产估价活动一样，是科学与艺术的有机结合。需要说明的是，无论采取何种方法求取报酬率，都需要估价人员运用自己掌握的关于报酬率的理论知识，结合实际估价经验和对当地的投资及房地产市场的充分了解等作出综合判断。

2. 资本化率和收益乘数的确定

资本化率和收益乘数都可以采用市场提取法，通过市场上近期交易的与估价对象的净收益流模式（包括净收益的变化、收益年限的长短）等相同的许多类似房地产的有关资料（由这些资料可求得年收益和价格）求取。综合资本化率（R_O）还可以通过净收益率（NIR）与有效毛收入乘数（EGIM）之比、资本化率与报酬率的关系及投资组合技术。

通过净收益率与有效毛收入乘数之比求取综合资本化率的公式为

$$R_O = NIR/EGIM \tag{5-27}$$

由于

$$NIR = 1 - OER$$

所以

$$R_O = (1-OER)/EGIM \tag{5-28}$$

上述公式的来源如下。

因为

$$R_O = NOI/V$$

所以，将上述等式右边的分子和分母同时除以有效毛收入（EGI）得

$$R_O = \frac{NOI/EGI}{V/EGI} = \frac{NIR}{EGIM} \tag{5-29}$$

如果可比实例与估价对象的净收益流模式等相同，可用估价对象的净收益率或运营费用率和可比实例的有效毛收入乘数来求取估价对象的综合资本化率。

四、收益法的派生方法

前面所述，根据房地产净收益求取相应价格是收益法的主要运用。除此之外，还有一些收益法的派生方法：投资组合收益率法、残值法、购买年法、收益倍数法和收益分析法等。

1. 投资组合收益率法

在收益法中，都可以从房地产的物理构成（土地与建筑物）或资金构成（抵押贷款与自有资金）中求出各构成部分的资本化率，或者将其资本化率运用到各构成部分上以测算其价值。

投资组合技术（band of investment technique）主要有土地与建筑物的组合和抵押贷款与自有资金的组合两种。

（1）土地与建筑物的组合　运用直接资本化法估价，由于估价对象不同，例如评估的是房地价值，还是土地价值，或是建筑物价值，采用的资本化率应有所不同，相应的三种资本化率分别是综合资本化率、土地资本化率、建筑物资本化率。

① 综合资本化率。综合资本化率是应用于评估复合房地产时所采用的资本化率。采用综合资本化率估算复合房地产的收益价格时，所对应的净收益也是复合房地产的净收益，即土地和建筑物产生的年净收益之和。

② 建筑物资本化率。建筑物资本化率是运用收益还原法评估建筑物时所采用的资本化率。采用建筑物资本化率估算建筑物的收益价格时，所对应的净收益也是建筑物的年净收益，即从房地的总年净收益中分离出建筑物的收益。

③ 土地资本化率。土地资本化率是运用收益还原法评估土地时所采用的资本化率。采用土地资本化率估算土地的收益价格时，所对应的净收益是土地的年净收益，这个净收益不应包括其他方面带来的部分。如果在求取土地的价值时选用的资本化率不是土地资本化率，即使得出了一个结果，这个结果也不能说是土地价值。

综合资本化率、建筑物资本化率、土地资本化率三者虽然是严格区分的，但又是相互联系的。如果知道了其中的两种资本化率，便可求出另外一种资本化率。此三种资本化率相联系的公式如下：

$$R_O = \frac{R_L V_L + R_B V_B}{V_B + V_L} \tag{5-30}$$

$$R_L = \frac{R_O(V_L + V_B) - R_B V_B}{V_L} \tag{5-31}$$

$$R_B = \frac{R_O(V_L + V_B) - R_L V_L}{V_B} \tag{5-32}$$

式中，R_O 为综合资本化率；R_L 为土地资本化率；R_B 为建筑物资本化率；V_L 为土地价值；V_B 为建筑物价值。

运用上述公式必须确切地知道土地价值和建筑物价值是多少，这有时难以做到。但如果

知道了土地价值占房地产价值的比率，建筑物价值占房地产价值的比率，也可以找出综合资本化率、建筑物资本化率和土地资本化率三者的关系，其公式如下：

$$R_O = LR_L + BR_B = LR_L + (1-L)R_B = (1-B)R_L + BR_B \tag{5-33}$$

式中，L 为土地价值占房地产价值的比率；B 为建筑物价值占房地价值的比率 $L+B=100\%$。

【例 5-14】 某宗房地产，土地价值占总价值的 30%，土地资本化率为 7%，建筑物资本化率为 9%，试求综合资本化率。

【解】
$$
\begin{aligned}
R_O &= LR_L + (1-L)R_B \\
&= 30\% \times 7\% + (1-30\%) \times 9\% \\
&= 8.4\%
\end{aligned}
$$

最后需要指出的是，尽管有上述一些求取资本化率的方法，但这些方法对资本化率的确定都含有某些主观选择性，需要估价人员运用自己掌握的关于资本化率的理论，结合实际估价经验和对当地的投资及房地产市场的充分了解等，来作出相应的判断。

【例 5-15】 某宗房地产年净收益为 50 万元，其中土地价值占总价值的 40%，建筑物价值占总价值的 60%，由可比实例房地产中所求出的土地资本化率为 6%，建筑物资本化率为 8%。试计算综合资本化率和该宗房地产的价值。

【解】 综合资本化率计算如下：
$$
\begin{aligned}
R_O &= L \times R_L + B \times R_B \\
&= 40\% \times 6\% + 60\% \times 8\% \\
&= 7.2\% \\
V &= A/R_O \\
&= 50/7.2\% \\
&= 694.44 \text{（万元）}
\end{aligned}
$$

（2）抵押贷款与自有资金的组合　购买房地产时往往离不开信贷，资金通常由两部分构成：一部分为抵押贷款，另一部分为自有资金（或称权益资本）。因此，房地投资组合的资本化率必须同时满足这两部分资金对投资报酬的要求：贷款者（如贷款银行）要求得到与其贷款所冒风险相当的贷款利率报酬，自有资金投资者要求得到与其投资所冒风险相当的投资报酬。由于抵押贷款通常是分期偿还的，所以抵押贷款与自有资金的组合通常不是利用抵押贷款利率和自有资金资本化率来求取房地产的资本化率，而是利用抵押贷款常数和自有资金资本化率来求取综合资本化率，具体是综合资本化率为抵押贷款常数与自有资金资本化率的加权平均数，即

$$R_O = M \times R_M + (1-M) \times R_E \tag{5-34}$$

式中，R_O 为综合资本化率；M 为贷款价值比率，即抵押贷款金额占房地产价值的比率，一般介于 60%～90% 之间；R_M 为抵押贷款常数；R_E 为自有资金资本化率。

在上述公式中，抵押贷款常数一般采用年抵押贷款常数，它是每年的偿还额（还本付息额）与抵押贷款金额（抵押贷款本金）的比率。如果抵押贷款是按月偿还的，则年抵押贷款常数是将每月的偿还额乘以 12，然后除以抵押贷款金额；或者将月抵押贷款常数（每月的偿还额与抵押贷款金额的比率）乘以 12。在分期等额本息偿还贷款的情况下，抵押贷款常数的计算公式为

$$
\begin{aligned}
R_M &= \frac{Y_M(1+Y_M)^n}{(1+Y_M)^n - 1} \\
&= Y_M + \frac{Y_M}{(1+Y_M)^n - 1}
\end{aligned}
\tag{5-35}
$$

式中，R_M 为抵押贷款常数；Y_M 为抵押贷款资本化率，即抵押贷款利率；n 为抵押贷款期限。

自有资金资本化率是从净收益中扣除抵押贷款还本付息额后的数额（税前现金流量）与自有资金额的比率，通常为未来第一年的税前现金流量与自有资金额的比率，可以由可比实例房地产的税前现金流量除以自有资金额得到。

综合资本化率必须同时满足贷款者对抵押贷款常数的要求和自有资金投资者对税前现金流量的要求，下列几点有助于理解抵押贷款与自有资金组合的公式。

① 可以把购买房地产视作一种投资行为，房地产价格为投资额，房地产净收益为投资收益。

② 购买房地产的资金来源可分为抵押贷款和自有资金两部分，因此有

$$抵押贷款金额＋自有资金额＝房地产价格$$

③ 房地产的收益相应地由这两部分资本来分享，即

$$房地产净收益＝抵押贷款收益＋自有资金收益$$

④ 于是又有

$$房地产价格 \times 综合资本化率 ＝ 抵押贷款金额 \times 抵押贷款常数 ＋ 自有资金额 \times 自有资金资本化率 \tag{5-36}$$

⑤ 于是有

$$综合资本化率 ＝ \frac{抵押贷款金额}{房地产价格} \times 抵押贷款常数 ＋ \frac{自有资金额}{房地产价格} \times 自有资金资本化率$$

$$＝ 贷款价值比率 \times 抵押贷款常数 ＋ (1－贷款价值比率) \times 自有资金资本化率 \tag{5-37}$$

【例 5-16】 某房地产年净收益 15 万元，购买该类房地产，通常抵押贷款占 70%，抵押贷款年利率为 6%，贷款期限为 20 年，按月等额本息偿还，通过可比实例房地产计算出自有资金资本化率为 12%。试计算综合资本化率和该房地产的价格。

【解】

$$R_M = \frac{Y_M(1+Y_M)^n}{(1+Y_M)^n-1}$$

$$= 6\% + \frac{6\%}{(1+6\%)^{20}-1}$$

$$= 8.72\%$$

$$R_O = M \times R_M + (1-M) \times R_E$$

$$= 70\% \times 8.72\% + (1-70\%) \times 12\%$$

$$= 9.70\%$$

$$V = A/R_O$$

$$= 15/9.70\%$$

$$= 154.64 （万元）$$

2. 残余法

所谓残余法，又称剩余技术，就是从房地合为一体所产生的总收益中，扣除归属于土地（或建筑物）的收益，剩余部分即为归属于建筑物（或土地）的纯收益，再将此残余的纯收

益进行资本还原，从而就可求得建筑物（或土地）的收益价格的估价方法。

在理解什么是残余估价法时还应注意，对于从总收益中所扣除的部分收益的求取，必须是根据收益法以外的其他估价方法，如市场比较法或成本法等，先求出该部分的价格，再依相应的还原利率转换成收益。因此，残余法就是应用于土地或建筑物的部分估价的收益法，又可具体分为土地残余法与建筑物残余法两种。

（1）土地残余法　土地与地上建筑物共同产生收益，但如果采用收益法以外的方法（如成本法）能求得建筑物的价值时，则可利用收益法公式求得归属于建筑物的净收益，然后从土地与地上建筑物共同产生的净收益中扣除归属于建筑物的净收益，得到归属于土地的净收益，再除以土地资本化率或选用土地资本化率予以资本化，即可求得土地的价值。

土地残余法的公式为

$$V_L = \frac{A_0 - V_B R_B}{R_L} \tag{5-38}$$

式中，V_L 为土地价值；A_0 为土地与地上建筑物共同产生的净收益（通常是基于房租的净收益）；V_B 为建筑物价值（是采用收益法以外的方法，多数情况下是采用成本法）；R_B 为建筑物资本化率；R_L 为土地资本化率。

另外，如果将土地价值与建筑物价值相加，还可以得到整体房地产的价值。

【例 5-17】 某宗房地产每年净收益为 30 万元，建筑物价值为 200 万元，建筑物资本化率为 12%，土地资本化率为 10%。试计算该宗房地产的价值。

【解】 该宗房地产的价值计算如下：

$$土地价值 = (30 - 200 \times 12\%)/10\%$$
$$= 60（万元）$$
$$该宗房地产价值 = 土地价值 + 建筑物价值$$
$$= 60 + 200$$
$$= 260（万元）$$

土地残余法在土地难以采用其他估价方法估价时，是一种有效的方法。例如，城市商业区内的土地，有时没有可参照的土地交易实例，难以采用市场法估价，成本法往往也不适用，但存在着大量的房屋出租、商业经营行为，此时可以采用土地剩余技术估价。另外，在需要对附有旧建筑物的土地进行估价时，虽然采用市场法可以求得设想该旧建筑物不存在时的空地价值，但对于因附有旧建筑物而导致的土地价值降低到底应减价多少，市场法通常难以解决，这时如果运用土地残余法便可以求得。

（2）建筑物残余法　土地与地上建筑物共同产生收益，但如果采用收益法以外的方法（如市场法）能求得土地的价值时，则可利用收益法公式求得归属于土地的净收益，然后从土地与地上建筑物共同产生的净收益中扣除归属于土地的净收益，得到归属于建筑物的净收益，再除以建筑物资本化率或选用建筑物资本化率予以资本化，即可求得建筑物的价值。这种剩余技术称为建筑物残余法。

建筑物残余法的公式为

$$V_B = \frac{A_0 - V_L R_L}{R_B} \tag{5-39}$$

另外，将建筑物价值与土地价值相加，可以得到整体房地产的价值。

【例 5-18】 有一栋土地面积为 150m²，土地价格为 1250 元/m²（依市场比较法求得），总建筑面积为 80m²，位于一般街区的商业用房，其月租金为 2400 元，正常每月总费用占每月总收入的 30%。当建筑物的还原利率为 10%，土地的还原利率为 8%，耐用年限为 50 年时，以残余法估算建筑物的收益价格。

【解】 年房租收入＝2400×12＝28800（元）

年运营费用＝28800×30％＝8640（元）

年纯收益＝28800－8640＝20160（元）

土地总价格＝1250×150＝187500（元）

土地的年纯收益＝187500 元×8％＝15000（元）

建筑物的年纯收益＝20160－15000＝5160（元）

建筑物的收益价＝5160/10％＝51600（元）

残余法能够作为相对独立的估价方法，不仅是因为它可以对房地产进行部分评估，其意义主要体现在对于附有建筑物的土地可运用这一方法检查土地与建筑物是否均衡，若不均衡，还可以确定出土地价值受建筑物的影响所产生的减价额。在一般情况下，残余估价法的应用范围是受到较大限制的，只有当建筑物比较新，并且处于最优先使用状态，同时陈旧的或无法发挥最大效用的房地产，因总体收益性明显降低，归属与土地或建筑物的收益都异常地低于一般水平。在这种情况下，若运用残余估价法进行评估，将会导致较大的误差，这是这种估价方法所存在的最突出的问题，在估价实务上，应特别注意。

3. 购买年法

购买年法，简单的理解就是使用土地要支付地租，同时土地也具有价格，其价格和地租之间总可以表示为：价格 V＝地租×α。那么，这个数值 α 就是购买年，即以多少年的地租为价格就可购买该土地。

对于某一地区来说，在一定时期内大部分土地的 α 值是比较接近的，因此我们可以用地租与 α 的乘积来计算土地价格，这种方法就是购买年法。

即：地价＝地租×一定的数值，用数学公式可表示为

$$V = A\alpha \tag{5-40}$$

式中，V 为土地价格；A 为年地租额；α 为购买年。

购买年法是以地租与购买年的乘积来反映土地价格的，其中的地租即是土地的收益，因此，它与收益还原法相同，也是用收益（在这里为地租）来反映价格。虽然它不是直接以还原利率将土地的收益还原为价格，而是以"购买年"将土地的收益转换为价格，但是从后面的分析中我们可以看到购买年仍然是由还原利率决定的，是可以用还原利率表示出来的。因此购买年法在实质上也是收益法，是地租资本化的另一种表现形式。

这样，要想彻底说明购买年法是一种土地收益法，其关键问题就已转化为是否真正能够以还原利率来表示"购买年"，对此，我们可通过比较收益法公式与购买年法公式来加以说明。例如，对于地租每年不变，利息率每年也不变，所有者买断土地时，若我们以地租来近似代表土地的年纯收益，依收益法则土地的收益价格为 $V = A/r$（式中，V 为土地价格，A 为地租年额，r 为土地的还原利率），在这种情形下购买年 α 即为还原利率的倒数，即 $1/r$；再如，对于地租每年不变，利息率每年也不变，所有者并非买断土地，而仅是出让一定年限的使用权，若我们还是以地租来近似代表土地的年纯收益，这时，依收益法，土地的价格就可表示为

$$V = A \times \frac{(1+r)^n - 1}{r(1+r)^n} \tag{5-41}$$

式中，n 为使用权出让年限。

在这种情形下，购买年 α 也是可用还原利率 r 表示出来的，即 $\alpha = [(1+r)^n - 1]/r(1+r)^n$。对于其他情形我们也可用收益还原公式来类似地以土地的还原利率表示出购买年。

第四节　收益法运用举例

以下是一份使用收益法评估房地产价格的报告书

（标题：）××市×××电子元件厂工业厂房及配套办公用房估价报告

一、委托方

委托单位：××市×××电子元件厂

地址：××市新华区东风路天地大厦 C 座 19 楼（16 号）

法人代表：×××

联 系 人：×××

联系电话：×××-66666666

二、估价方

估价机构：××房地产评估事务所

地　　　址：××市××区×××路 06 号

资质级别：A 级

资质证书号：××××

法定代表人：×××

联 系 人：　×××

联系电话：×××-99999999

三、评估对象概况

估价对象是××市×××电子元件厂工业厂房及配套办公用房，位于××市××路××号，总用地面积为 4752.00 平方米，总建筑面积包括厂房建筑面积 1023.68 平方米，办公楼建筑面积 626.96 平方米。

土地性质：划拨用地，土地使用期限自 2010 年 8 月至 2060 年 8 月

（概要说明估价对象的状况，包括物质实质状况和权益状况。其中，对土地的说明应包括名称、坐落、面积、形状、四至、周围环境、景观，基础设施完备程度，土地平整程度，地势、地质、水文状况、规划限制条件、利用现状，权属状况；对建筑物的说明应包括名称、坐落、面积、层数、建筑结构、装修、设施设备、平面布置、工程质量、建成年月，维护、保养、使用情况，公共配套设施完备状况，利用现状，权属状况）

四、估价目的

委托估价方在向中国建设银行××市分行申请办理房地产抵押贷款手续过程中提供客观、公正、合理的价格依据。

五、估价时点

2010 年 8 月 25 日

六、价值定义（说明本次估价采用的价值标准或价值内涵）（略）

七、估价依据

根据国家及××市有关部门的规定及估计对象的实际情况进行客观、公正、合理、准确的评估。

评估依据

1. 委托单位提供的本工程预、决算及施工图等。

2. 2010 年中国物价年鉴。

3. ××市建设委员会颁发的《建筑安装工程概算定额》。

4. ××市有关工业厂房及配套办公楼租金标准及参照物的交易价格。

5.《房地产估价规范》（GB/T 50291—1999）。

八、评估原则

我们在本次估价时遵循了以下原则。

① 合法原则

② 客观性、公正性、独立性原则

③ 替代原则

④ 最高最佳使用原则

⑤ 估价时点原则

另外，在土地估价中，我们还遵循了供求原则、公平原则。

九、估价方法选用

根据估价对象的特点和实际情况，认为该房地产同类市场出租较多，采用收益还原法进行估价。

在资本化率不变，年收益不变，收益年期有限的情况下：

$$V=\frac{A}{r}\left[1-\frac{1}{(1+r)^n}\right]$$

式中，V 为房地产价格；A 为房地产年净收益；r 为资本化率；n 为房地产收益年限。

十、估价过程（按每平方米单位面积计算）

1. 确定租金价格

根据该区类似估价对象房地产租赁市场的调查和租赁案例的收集资料显示，其月租金水平厂房一般为 10～18 元/m²、厂区内办公楼为 20～35 元/m²，现根据对估价对象地理位置及装修情况等因素的综合考虑，确定估价对象的月租金为厂房为 13 元/（m²·月）、办公楼为 20 元/（m²·月）。

2. 计算年租金收益

年租金：厂房　13×12×1023.68＝159694.08（元）

办公楼　20×12×626.9＝150470.40（元）

3. 计算年租赁成本

① 房产税。按租金的 12％，则：

厂房　159694.08×12％＝19163.29（元）

办公楼　150470.40×12％＝18056.45（元）

② 营业税附加。按租金的 5.875％，则：

厂房　159694.08×5.875％＝9382.03（元）

办公楼　150470.40×5.875％＝8840.14（元）

③ 管理费。按租金的 1.5％，则：

厂房　159694.08×1.5％＝2395.41（元）

办公楼　150470.40×1.5％＝2257.06（元）

④ 维修费。按建筑物重置价格的 2.0％，根据地区建设安装工程定额和取费标准，参考类似工程的造价，确定该工程的造价为 920 元/m²，则：

厂房　920×1023.68×2％＝18835.71（元）

办公楼　920×626.96×2％＝11536.06（元）

⑤ 保险费。按建筑物重置价格的 1.5‰，则：

厂房　920×1023.68×1.5‰＝1412.68（元）

办公楼　920×626.96×1.5‰＝865.20（元）

⑥ 年租金损失。按半个月租金计算，折算为：

厂房　13×12×1023.68×（1÷24）＝6653.92（元）

办公楼　20×12×626.96×（1÷24）＝6269.60（元）

年租金成本合计：厂房　57843.04 元

办公楼　47824.51 元

4. 计算年纯收益：年净收益＝年总收益－成本

厂房　101851.04 元

办公楼　102645.89 元

5. 确定资本化率

通过安全利率加风险调整值的方法来求取综合资本化率，安全利率取银行一年期存款利率 2.25%，再根据估价对象所处地区社会经济环境及比较投资估价对象与投资其他经济行为的风险后，认为风险调整值取 6% 比较合理，所以，综合资本化率为 8.25%。

6. 确定有效收益年期

根据估价规范，委估建筑物出现于补办土地使用权出让手续之前，其耐用年限早于土地使用权年限而结束时，应按建筑物耐用年限计算折旧。厂房耐用年限为 50 年，办公楼耐用年限为 60 年，因委估物建于 1988 年，厂房剩余使用年限为 33.00 年，办公楼剩余使用年限为 43.00 年。

7. 计算评估标的物现值

厂房：

$$V = \frac{101851.04}{8.25\%} \times \left[1 - \frac{1}{(1+8.25\%)^{33}} \right] = 1144319.81 （元）$$

办公楼：

$$V = \frac{102645.89}{8.25\%} \times \left[1 - \frac{1}{(1+8.25\%)^{43}} \right] = 1203031.44 （元）$$

十一、估价结果

根据计算结果，该房地产评估价格为 2347351.25 元，其中厂房价格为 1144319.81 元，办公楼价格为 1203031.41 元。

十二、评估小组成员与评估单位资格证书（略）

十三、估价作业日期

本估价报告书堪估日期始于 2010 年 8 月 20 日，终于 2010 年 9 月 5 日。

十四、估价报告应用的有效期

本估价报告应用的有效期自完成估价报告之日起原则上规定为一年，即从 2010 年 9 月 5 日起至 2011 年 9 月 5 日止。

思考与练习题 ▶▶

1. 收益法的理论依据是什么？

2. 收益法适用的对象和条件是什么？

3. 收益法估价的操作步骤是什么？

4. 列举收益法的各种计算公式及其应用条件。

5. 估价对象收益期限的如何确定？

6. 净收益求取中应注意哪些问题？

7. 出租型房地产的净收益如何求取？

8. 商业经营型房地产的净收益如何求取？

9. 工业生产型房地产的净收益如何求取？

10. 土地使用年限与建筑物经济寿命结束的时间不一致时，如何确定收益年限？

11. 何谓报酬率？其实质是什么？

12. 报酬率与投资风险的关系如何？

13. 何谓求取报酬率的市场提取法？

14. 何谓求取报酬率的累加法？

15. 何谓求取报酬率的投资收益率排序插入法？

16. 抵押贷款资本化率、自有资金资本化率、综合资本化率三者的含义及相互关系如何？

17. 土地资本化率、建筑物资本化率、综合资本化率三者的含义及相互关系如何？

18. 什么是残余法？

19. 什么是购买年法，其实质是什么？

20. 什么是收益乘数法？

21. 已知某宗房地产在 50 年使用权、报酬率为 10％下的价格为 2000 元/m²，试求该宗房地产在无限年期、报酬率为 12％及 40 年使用权、资本率为 8％下的价格。

22. 某宗房地产 2007 年 10 月的年净收益为 300 万元，预测未来 3 年净收益仍然保持这一水平，2010 年 10 月转售时的价格比 2001 年 10 月上涨 10％，转售时卖方应缴纳的税费为售价的 6％。若该房地产的投资收益率为 9％，试测算该宗房地产 2007 年 10 月的价格。

23. 某单位通过有偿出让方式取得了一宗地的土地使用权，当时购入价为 400 元/m²，宗地占地面积为 10000/m²，出让期为 40 年，在此地块上建设了一饭店，建筑容积率为 3，目前已使用了 10 年，根据当地市场资料，用比较法评估此地块得到目前出让期为 40 年时的地价为 500 元/m²（容积率为 1 时的地价），据当地资料，当容积率每增加 1 时，宗地单位面积地价比容积率为 1 时的地价增加 6％，该饭店现在每月的房地经营收入为 11 万元，当地同类型饭店现在每月的房地产经营净收入为 10 万元。若土地资本化率为 8％，建筑物资本化率为 10％，试评估其不动产的现时价格？

24. 某宾馆总建筑面积 10000m²，一层建筑面积 2000m²，其中 500m² 为宾馆大堂，150m² 出租用于餐厅和咖啡厅，其余各层为宾馆客房、会议室和自用办公室。该宾馆共有客房 190 间（建筑面积 7600m²），会议室 2 间（建筑面积 200m²），自用办公室 3 间（建筑面积 200m²），当地同档次宾馆每间客房每天的房价为 200 元，年平均空置率为 20％；会议室的租金平均每间每次 800 元，平均每间每月出租 20 次；附近同档次一层商业用途房地产的正常市场价格为每平方米建筑面积 15000 元，同档次办公楼的正常市场价格为每平方米建筑面积 8000 元，该宾馆正常经营平均每月总费用占客房每月总收入的 40％，当地宾馆这种类型的房地产的资本化率为 8％。试利用上述资料估计该宾馆的正常总价格。

25. 某商场的土地使用权年限为 40 年，从 2006 年 5 月 31 日起计。该商场共两层，每层建筑面积为 2000m²，可出租面积占建筑面积的 60％。一层于 2008 年 5 月 31 日租出，租期为 5 年，可出租面积的月租金为 180 元/m²，且每年不变；二层现暂空置。附近类似商场一、二层可出租面积的正常月租金分别为 200 元/m²、120 元/m²，出租的成本及税费为租金的 20％，该类房地产的资本化率为 8％。试估计该商场于 2010 年 5 月 31 日租约出售时的正常总价格。

26. 某宗房地产的年净收益为 2.5 万元，购买者的自有资金为 10 万元，资金资本化率为 11％，抵押贷款常数为 0.07，试求该房地产的价格。

27. 有一栋土地面积为 1500m²，土地价格为 1250 元/m²（依市场比较法求得），总建筑面积为 2400m²，位于一般街区的商业用房，其月租金为 72000 元，正常每月总费用占每月总收入的 30％。当建筑物的还原利率为 10％，土地的还原利率为 8％，耐用年限为 50 年时，以残余法估算建筑物的收益价格。

参 考 文 献

[1] 柴强，中国房地产估价学会. 房地产估价理论与方法. 北京：中国物价出版社，2002.

[2] 美国估价学会著. 不动产估价. 不动产估价翻译委员会译. 北京：地质出版社.

[3] 中华人民共和国国家标准房地产估价规范. 北京：中国建筑工业出版社，2005.

［4］　张协奎. 房地产估价. 北京：中国财政经济出版社，2001.
［5］　陈柏东. 房地产估价. 武汉：华中理工大学出版社，1999.
［6］　王克忠等. 房地产估价理论与方法. 北京：高等教育出版社，2001.
［7］　王家庭. 房地产估价. 大连：东北财经大学出版社，2001.
［8］　林英彦. 不动产估价. 第6版. 台北：文望书周，1989.
［9］　霍达等. 房地产估价. 郑州：河南科学技术出版社，1999.
［10］　李恩辕等. 房地产估价. 北京：中国建筑工业出版社，2001.
［11］　史贵镇等. 全国房地产估价师执业资格考试历年真题精析. 北京：机械工业出版社，2011.
［12］　周寅康. 房地产估价. 南京：东南大学出版社，2001.
［13］　王人已，姚玲珍等. 房地产估价. 上海：上海财经大学出版社，1997.
［14］　刘长滨等. 中国房地产估价师执业资格考试全真模拟训练. 北京：中国建筑工业出版社，2001.
［15］　中国房地产估价师与经纪人学会. 房地产估价理论与方法. 北京：中国建筑工业出版社，2011.
［16］　吴庆玲. 房地产价格评估. 北京：中国建材工业出版社，2004.

第六章

假设开发法

第一节　假设开发法的基本原理

假设开发法是将预测的估价对象未来开发完成后的价值，减去未来的正常开发成本、税费和利润等，以此求取估价对象的客观合理价格或价值的方法。假设开发法又称开发法、预期开发法、剩余法、余值法或倒算法（相当于成本法的倒算）。

一、假设开发法的理论依据

假设开发法是一种科学实用的估价方法，其基本的理论依据与收益法相同，都是预期原理。

假设开发法的基本思路同房地产开发商为取得土地使用权而确定投标金额时的思路一样，即对于一块正在进行土地使用权出让的土地而言，开发商首先要分析该土地的坐落位置、交通条件、周围环境等区位条件，并考虑土地面积、形状、规划允许的用途、建筑容积率、建筑高度等自身条件，根据以上分析确定可在其上建造什么样的建筑物（例如开发成商业楼，还是写字楼或住宅楼等）；再预计该项目开发完成后的销售价格；然后从销售总收入中减去为建造建筑物所花费的建筑安装工程费、专业费、销售费、管理费、税金、利息和正常利润等，剩下的就是可用来支付土地使用权出让金的最大数额。如果该开发商以高于该数额的报价投标，那么毫无疑问，该开发商从该项目中获得的利润将低于正常利润，这显然是不合算的。如果该开发商以低于此数额的报价投标，则他中标的可能性将大大降低，因为还有许多竞争者也在参加投标，所以最合理的方案是以该数额为投标金额。

由上也可看出，假设开发法在形式上是评估新开发完成的房地产价格的成本法的倒算法。两者的主要区别是：成本法中的土地价格为已知，需要求取的是开发完成后的房地产价格；假设开发法中开发完成后的房地产价格已事先通过预测得到，需要求取的是土地价格。

由于假设开发法中需要预测开发完成后的房地产价格，因此，在某种程度上假设开发法又可以看作是市场比较法原理和成本法原理的综合运用：通常是先用市场比较法确定开发完成后的房地产价格，再扣除开发期所需的各项投入和税费、利润，此时的计算是采用成本法进行预估算，从而反算出估价对象的价格。

假设开发法最初主要运用于待开发土地价格的评估，而土地价格实际上是地租的体现。所以，假设开发法更深层的理论依据，类似于地租原理。两者的差异是：地租是每年的租金剩余，假设开发法通常估算的是一次性的价格剩余。

二、假设开发法适用的对象和条件

假设开发法适用于对具有投资开发或再开发潜力的房地产的估价，包括下列情形：

① 由生地建造房屋然后租售。

② 由毛地建造房屋然后租售。

③ 由熟地建造房屋然后租售。

④ 由生地开发为熟地然后租售。

⑤ 由毛地开发为熟地然后租售。

⑥ 由旧房装修改造为新房然后租售。

⑦ 在建工程。

前五项可概括为待开发的土地的估价；待开发的土地、在建工程、可装修改造或可改变用途的旧房统称为"待开发房地产"。

三、各类土地的概念

（1）生地　指已完成土地使用批准手续（包括土地使用权出让手续）可用于建筑的土地，该建筑用地无基础设施，或者有部分基础设施，但尚不具备完全的三通（通道路和临时水、电）条件，同时地上地下待拆除的房屋、构筑物尚未搬迁拆除，比如荒地、农地等都属于生地。

（2）毛地　指已完成土地使用批准手续（包括土地使用权出让手续），具有三通（通道路和临时水、电）或者条件更完备的基础设施，但未进行动拆迁的可用于建筑的土地。

（3）熟地　指具有完善的基础设施，且地面平整，可用于建筑的土地。

（4）在建工程　指建筑物已开始建设但尚未建成，不具备使用条件的房地产。如已完成一定的工程量尚未竣工的住宅楼，或者某房地产不一定在建设，可能停工了多年，也属于在建工程。但必须注意，对在建工程采用假设开发法估价有一个前提，即该项目的开发方向是合理的，具体而言就是该在建工程所设计的建筑物用途类型、容积率、高度等是适合其土地的区位的。

运用假设开发法应把握待开发房地产在投资开发前后的状态，以及投资开发后的房地产的经营方式。待开发房地产投资开发前的状态，包括生地、毛地、熟地、旧房和在建工程等；投资开发后的状态，包括熟地和房屋（含土地）等；投资开发后的房地产的经营方式，包括出售（包括预售、建成后出售）、出租（包括预租，但比较少见，多为建成后出租）和自营（如商场、宾馆、度假村、游乐场这类房地产，投资者将其建成后可能自己直接经营）等。

另外，在房地产开发项目的可行性研究中，假设开发法也被广泛采用，除了用于评估项目开发基地的地价外，当土地使用权出让或转让合同已经签署，地价已确定时，又可用来估测开发项目的预期利润。

在此要注意的是，实际操作中，评估方法的选择并非是唯一的，同时，对于同一个估价对象，根据估价对象开发的实际状况，也会选用不同的评估方法来测算估价对象的房地产价格。例如，针对评估土地使用权拍卖底价的特点，宜遵循替代原则、最有效利用原则、预期收益原则和需求与供给原则等。按照评估原则与估价方法衔接一致的要求，评估土地使用权拍卖底价，通常会选用市场比较法和假设开发法两种评估方法。因为市场比较法较充分地考虑了在估价基准日的近期市场上类似房地产的交易行情、市场承受能力，其测算的价格具有现势性，容易为买卖双方认同和接受。假设开发法则充分考虑了规划条件下宗地自身最有效利用方式以及当前房地产市场现状和未来可能带来的收益等。运用这种方法测算的地价，实际上相当于竞买人最终获得拍卖地块所需支付的最高价格，这对于竞买人最终确定购买价或拍卖人最终确定保留价都具有一定的指导作用。

运用假设开发法估价需要对有关参数进行预测，因此，运用假设开发法估价结果的合理性，依赖于有关参数选用的准确性。如前面提到的房地产开发商为取得土地使用权而确定投标金额，其估算投标金额正确与否，直接取决于销售价格、有关成本、税金以及正常利润预测的正确性。在实际的估价中，预测的准确性主要取决于以下因素：一是根据房地产估价的合法原则和最高最佳使用原则，正确地判断房地产的最佳开发利用方式（包括用途、规模、档次等）；二是根据当地房地产市场行情或供求状况，正确地预测未来开发完成后的房地产价值。尽管通过以上途径把握预测的准确性，但是仍然存在较多的可变因素，因而假设开发法一般被认为是一种比较粗略的方法，通常是在市场不够发育、难以采取市场比较法对委估房地产进行估价时才采用，不过，当估价对象具有潜在的开发价值时，假设开发法几乎是惟一实用的估价方法。国际上，关于商业、住宅用地的评估，假设开发法是各种评估方法中用得较多的一种。

四、假设开发法外部环境方面具备的前提条件

运用假设开发法进行估价，预测准确性同时要求有良好的社会经济环境，在外部环境方面必须具备以下前提条件：

① 房地产的投资、开发按市场经济机制运行；
② 有一个明朗、开放及长远的房地产政策；
③ 有一个长远、公开及稳定的土地供给（出让）计划；
④ 有一套统一、严谨及健全的房地产法规；
⑤ 有一个完整、公开及透明度高的房地产资料库；
⑥ 要有一个稳定、清晰及全面的有关房地产投资开发和交易的税费清单。

如果这些条件不具备，在运用假设开发法估价时会使本来就难以预测的房地产市场的客观方面，掺入许多人为的主观影响因素，使未来的房地产市场变得更加不可捉摸，从而对未来开发完成后的房地产价值、开发成本和税费等的预测也会更加困难。

第二节　假设开发法的基本步骤和公式

一、假设开发法求取房地产价格的步骤

1. 调查待开发房地产的基本情况

这是房地产估价的基本步骤之一，是运用任何一种估价方法估价时都必须做的，其目的是为了合理确定待开发房地产的最佳开发利用方式，因此调查的重点要集中在影响开发利用方式的因素方面。

① 区位状况。包括房地产所在城市的类型，如是大城市还是小城市；是国家级的经济中心城市还是区域性的经济中心城市；房地产所在区域的性质，是商业区、住宅区，还是工业区；是老城区还是新城区；房地产的具体坐落，如位于什么路，是否临街，周边环境如何等。

② 实物状况。对于土地，包括面积、形状、地质条件、地形地貌、基础设施配套情况等；对于房屋，包括面积、建造年代、结构状况、新旧程度等；对于在建工程，还包括建筑

工程的情况，如施工设备、施工质量等。

③ 权益状况。包括房地产的权利性质、使用年限；土地使用权的年限、续期、转让、出租、抵押的可能性及条件；房地产规划用途，建筑容积率、建筑覆盖率、建筑高度以及其他行政管制等要求。

④ 市场状况。包括土地的供给计划；房地产的市场情况，如供求状况、空置率、收益率等；近期拟开发的房地产类型、档次、数量、交付日期等。

2. 选择最佳的开发利用方式

即根据房地产的自身条件及外部环境（如市场供需情况、社会经济环境、政策导向等），确定能使该房地产在合法的前提下发挥最高最佳效用的开发利用方式。如对于待建筑的熟地，需确定建筑用途、建筑容积率、覆盖率、装修档次等。如果估价对象是在建工程，这一步的主要任务是分析判断目前的建筑工程是否符合其基地的最佳开发利用方向，继续开发是否可行，以及继续开发的具体方式。

选择最佳的开发利用方式最重要的是选择最佳用途，最佳用途的选择，要考虑土地位置的可接受性及这种用途的现实社会需要程度和未来发展趋势，或者说，要分析当地市场的接受能力，究竟市场在项目建成后最需要什么类型的房地产。例如，某块土地位于城市商业区，城市规划规定的用途可为商业楼，可为住宅楼，可为写字楼，但在实际估价时究竟应选择哪种用途？这首先要调查该块土地所在城市和区域的商业楼、住宅楼、写字楼的供求关系及其走向。如果对商业楼、写字楼的需求开始趋于饱和，表现为商业楼、写字楼出租率呈下降趋势，另一方面，在此商业区工作的多为年轻群体，希望能租到或买到附近公寓住房的人逐渐增加，而近年能提供的数量又较少时，则可以选择该块土地的用途为兴建小户型公寓，总价不高但配备齐全，同时具有极大的投资价值。

3. 估计开发经营期

开发经营期的起点是假设取得估价对象（待开发房地产）的日期，即估价时点，终点是预计未来开发完成后的房地产经营结束的日期。

确定开发经营期的目的，是为了把握开发成本、管理费用、销售费用、销售税费等发生的时间和数额，预测开发完成后的房地产售价或租金，以及各项收入和支出的折现或计算投资利息等。

4. 预测开发完成后的房地产价值

开发完成后的房地产价值，是指开发完成时的房地产状况的市场价值。该市场价值所对应的日期，通常也是开发完成时的日期，而不是在购买待开发房地产时或开发期间的某个日期（但在市场较好时考虑预售和市场不好时考虑延期租售的是例外）。

5. 估算各项成本费用

各项成本费用包括开发成本、管理费用、投资利息、销售税费、开发利润、投资者购买待开发房地产应负担的税费（各项成本费用的计算详见本章第三节假设开发法各项费用的计算）。

6. 进行具体计算，求出待开发房地产的价值

即根据假设开发法的计算公式和以上确定的各项参数，选用某种具体计算方式，求得待开发房地产的价值。

二、假设开发法最基本的公式

假设开发法最基本的公式分为以下两种。

1. 计息方法

待开发房地产的价值＝开发完成后的房地产价值－开发成本－管理费用－
投资利息－销售费用－销售税费－开发利润－
投资者购买待开发房地产应负担的税费

2. 折现方法

待开发房地产的价值＝开发完成后的房地产价值－开发成本－管理费用－销售费用－
销售税费－投资者购买待开发房地产应负担的税费

房地产开发的周期一般比较长，特别是大型房地产开发项目。公式中开发成本、管理费用、销售费用、销售税费、开发利润、开发完成后的房地产价值等实际发生的时间并不相同，因此，《房地产估价规范》规定："运用假设开发法估价必须考虑资金的时间价值。在实际操作中宜采用折现的方法；难以采用折现方法时，可采用计算利息的方法。"

计息方法（也称为静态计算方法）即对各项参数，按其实际发生时点时的数值代入公式，这时对各个项目的时间价值的处理方式是分别计算各项目的利息。可根据计息项目的数额、银行贷款利率和计息期，以单利或复利方式计算（一般采用复利方式）。由于房地产上市出售的时间是一个时间段而不是一个时点，因此，计息期的确定常常是比较粗略的，这也就使得计息方法中计算利息较为粗略，由于同样的原因，在计息方法计算方式下利润的计算也较为粗略，相比而言，折现方法计算方式就没有这些缺点。

折现方法（也称为动态计算方法）是将所有的项目，均按其在实际发生时点的数额贴现到估价时点的值代入公式，这时公式中所有项目都对应于估价时点，而且投资利息和开发利润这两项都不单独显现出来，而是隐含在折现过程中，与计息方法中都单独显现出来有所不同。

三、根据估价对象调整的公式

上述假设开发法最基本的公式，按估价对象状况进行调整的公式如下。

1. 求生地价值的公式

（1）适用于在生地上进行房屋建设的公式

生地价值＝开发完成后的房地产价值－由生地建成房屋的开发成本－管理费用－
投资利息－销售费用－销售税费－开发利润－买方购买生地应负担的税费

（2）适用于将生地开发成熟地的公式

生地价值＝开发完成后的熟地价值－由生地开发成熟地的开发成本－管理费用－投资
利息－销售费用－销售税费－土地开发利润－买方购买生地应负担的税费

2. 求毛地价值的公式

（1）适用于在毛地上进行房屋建设的公式

毛地价值＝开发完成后的房地产价值－由毛地建成房屋的开发成本－管理费用－投资利
息－销售费用－销售税费－开发利润－买方购买毛地应负担的税费

（2）适用于将毛地开发成熟地的公式

毛地价值＝开发完成后的熟地价值－由毛地开发成熟地的开发成本－管理费用－投资利
息－销售费用－销售税费－土地开发利润－买方购买毛地应负担的税费

3. 求熟地价值的公式

熟地价值＝开发完成后的房地产价值－由熟地建成房屋的开发成本－管理费用－
投资利息－销售费用－销售税费－开发利润－买方购买熟地应负担的税费

4. 求在建工程价值的公式

在建工程价值＝续建完成后的房地产价值－续建成本－管理费用－投资利息－

销售费用－销售税费－续建投资利润－买方购买在建工程应负担的税费

5. 求旧房价值的公式

旧房价值＝装修改造完成后的房地产价值－装修改造成本－管理费用－投资利息－销售

费用－销售税费－装修改造投资利润－买方购买旧房应负担的税费

对于公式中具体应减去的项目，掌握的基本原则是设想得到估价对象后，往后至开发完成还需要支出的一切合理、必要的费用、税金及应取得的利润。所以，如果是已经投入的费用，则它就包含在待开发房地产的价值内，不应作为扣除项。例如，土地为熟地，土地本身不需要再开发。若是毛地或生地，则公式中还需扣除开发毛地或生地所需的成本费用。

由于实际情况的复杂性，在运用上述公式估价时需要针对具体情况进行分析，例如，评估毛地的价值，即该土地尚未完成拆迁补偿安置，这时减去的项目中还应包括拆迁补偿安置费；如果评估的是已完成拆迁补偿安置后的土地价值，则就不应扣除拆迁补偿安置费。一般情况下，由于现在实行的招拍挂土地（土地的招标、招商、拍卖和挂牌）交易程序，土地成交的价格中已经包括拆迁安置、补偿费用，开发商在获取土地以后，由政府统一负责拆迁安置、补偿，所需费用已经包括在土地成交的价格中。对于在建工程，评估工作更为繁杂，例如在建工程资产的投资完成额与其实际完成工作量较难一致、在建工程的建设工期长短差别较大等，对于上述不同的情况，评估时必须准确地把握在建工程项目的实际完成进度，即把握其已完成的实物工程量，对于那些未安装并固定在建筑物主体上的材料和设备，就不能纳入在建工程的评估范围。在计算在建工程续建完成后的房地产价值时，对于已领有商品房预售许可证，并已预售了部分楼盘的情况，评估在建工程的价值时，必须将已售部分的在建实物工程量价值和相应的土地使用权价值从整个在建工程的评估值中扣除。

四、根据经营方式调整的公式

1. 适用于开发完成后出售的公式

$$V=V_P-C$$

式中，V 为待开发房地产的价值；V_P 为用市场法或长期趋势法测算的开发完成后的房地产价值；C 为开发成本及费用等。

2. 适用于开发完成后出租、营业的公式

$$V=V_R-C$$

式中，V_R 为用收益法测算的开发完成后的房地产价值。

第三节　假设开发法各项费用的计算

一、开发经营期

开发经营期可分为开发期和经营期。开发期可称为开发建设期、建设期，其起点与开发经营期的起点相同，终点是预计待开发房地产开发完成（竣工）的日期。对于在土地上进行房屋建设的情况来说，开发期又可分为前期和建造期。前期是从取得待开发土地到动工开发（开工）的这段时间。建造期是从动工开发到房屋竣工的这段时间。经营期根据未来开发完成后的房地产的不同经营使用方式而可以具体化。未来开发完成后的房地产的经营使用方式，主要有销售（包括预售，下同）、出租、营业、自用。因此，经营期可以具体化为销售期（针对销售这种情况）和运营期（针对出租、营业、自用这些情况）。销售期是从开始销售已开发完成或未来开发完成的房地产到将其全部销售完毕的日期。销售未来开发完成的房地产，即预售。在有预售的情况下，销售期与开发期有重合。运营期的起点通常是待开发房地产开发完成（竣工）的日期，终点是开发完成后的房地产经济寿命结束的日期。

确定开发经营期的方法可采用类似于市场法的方法，即根据同一地区、相同类型、同等规模的类似开发项目已有的正常开发经营期来估计。

开发期一般能较准确地估计。但在现实中因某些特殊因素的影响，可能使开发期延长。例如，房屋拆迁或土地征用中遇到"钉子户"，基础开挖过程中发现重要的文物，原计划筹措的资金不能按时到位，某些建筑材料、设备不能按时供货，或者劳资纠纷，遭遇恶劣气候，以及政治经济形势发生突变等一系列因素，都可能导致工程停工，使开发期延长。由于开发期延长，开发商一方面要承担更多的投资利息，另一方面要承担总费用上涨的风险。但这类特殊的非正常因素在估计开发期时一般不考虑。经营期特别是销售期，通常是难以准确估计的，在估计时应考虑未来房地产市场的景气状况。

二、开发完成后的房地产价值

开发完成后的房地产价值一般是通过预测来求取。对于销售的房地产，通常是采用市场法，并考虑类似房地产价格的未来变动趋势，或采用市场法与长期趋势法相结合，即根据类似房地产过去和现在的价格及其未来可能的变化趋势来推测。例如，假设现在是 2004 年 8 月，有一宗房地产开发用地，拟建成小高层公寓，开发期为 2 年，如果要推测该公寓在 2006 年 8 月建成时的价格，则可以通过搜集当地该类房地产过去若干年和现在的价格资料以及未来可能的变化趋势来推测确定。

对于出租和直接经营的房地产，如写字楼、宾馆、商店、餐馆，预测其开发完成后的价值，可先预测其租赁或经营收益，再采用收益法将该收益转化为价值。

评估管理政策法规中规定：在运用假设开发法估价时，不应高估未来开发完成后的价值。房地产估价行业组织已公布报酬率、资本化率、利润率等估价参数值的，应当优先选用；不选用的，应当在估价报告中说明理由。

【例 6-1】 有一生地，使用年限为 50 年，拟开发为写字楼，开发期为 2 年。根据当前市场调查分析，估计未来建成的写字楼每年有 100 万元的总收益，年资本化率为 10%，估算该房地产未来的总价值。

【解】
$$未来的总价值 = \frac{a}{R}\left[1 - \frac{1}{(1+R)^n}\right]$$
$$= \frac{100}{10\%}\left[1 - \frac{1}{(1+10\%)^{50-2}}\right] = 989.69（万元）$$

【例 6-2】 根据当前的市场租金水平，预测未来建成的某写字楼的月租金为每平方米使用面积 100 元，可供出租的使用面积为 50000 平方米，出租率为 80%，运营费用占租金的 30%，报酬率为 10%，运营期为 47 年，求该写字楼的未来总价值。

【解】
$$未来的总价值 = \frac{a}{Y}\left[1 - \frac{1}{(1+Y)^n}\right]$$
$$= \frac{100 \times 12 \times 50000 \times 80\% \times (1-30\%)}{10\%}\left[1 - \frac{1}{(1+10\%)^{47}}\right]$$
$$= 33219.04（万元）$$

【例 6-3】 根据当前市场调查分析，预测建成后的餐馆 4 年的纯收益为 10 万、12 万、

15万、20万，第4年以后开始往后的纯收益将维持在第4年的水平上，运营期为48年，年资本化率为15%，求该餐馆的未来总价值。

【解】 未来的总价值 $= \sum_{i=1}^{t} \frac{A_i}{(1+R)^i} + \frac{A}{R(1+R)^i} \left[1 - \frac{1}{(1+R)^{n-t}} \right]$

$= \frac{10}{1+15\%} + \frac{12}{(1+15\%)^2} + \frac{15}{(1+15\%)^3} +$

$\frac{20}{15\% \times (1+15\%)^3} \times \left[1 - \frac{1}{(1+15\%)^{48-3}} \right]$

$= 115.14$（万元）

三、开发成本与管理费用

房地产开发发生的成本，亦即在土地、房屋、配套设施、在建工程开发过程中所发生的各项成本。其成本项目一般包括土地征用及拆迁补偿费、前期工程费、基础设施费、建筑安装工程费、配套设施费等，具体如下。

① 土地征用及拆迁补偿费：指因开发房地产而征用土地所发生的各项费用，包括征地费、安置费以及原有建筑物的拆迁补偿费。

② 前期工程费：指土地、房屋开发前发生的规划、设计、可行性研究以及水文地质勘察、测绘、场地平整等费用。

③ 基础设施费：指土地、房屋开发过程中发生的供水、供电、供气、排污、排洪、通信、照明、绿化、环卫设施以及道路等基础设施费用。

④ 建筑安装工程费：指土地房屋开发项目在开发过程中按建筑安装工程施工图施工所发生的各项建筑安装工程费和设备费。

⑤ 配套设施费：指在开发小区内发生，可计入土地、房屋开发成本的不能有偿转让的公共配套设施费用，如水塔、居委会、派出所、幼托、消防、自行车棚、公厕等设施支出。

管理费用是指在整个项目运行过程中为组织和管理开发经营活动而发生的费用，如公司员工（除销售）工资、福利、差旅费及业务招待费等。

由于假设开发法在形式上相当于成本法的倒算，所以，在实际估价中计算开发成本、管理费用时可根据当地的房地产价格构成情况来分项计算，计算的方法也与成本法中的相同，所不同的是需要预测。

四、销售费用与销售税费

销售费用是指销售开发完成后的房地产所需的市场推广、销售代理、销售办公等费用，包括广告费、销售外卖场租金、销售人员工资、奖金及销售提成等。

销售税费是指销售开发完成后的房地产应缴纳的税金及附加，以及交易手续费等其他销售税费。销售费用和销售税费通常是按照开发完成后的房地产价值的一定比率来计算。

五、投资利息

投资利息计算只有在计息方法中才需要，计算投资利息的方法与成本法利息的计算相同。在计息方法的计算公式中应计息的项目包括：未知需要求取的待开发房地产的价值、投资者购买待开发房地产应负担的税费、开发成本和管理费用。销售费用和销售税费一般不计息。另外，计息期起点是该项费用发生的时间点，其终点通常是开发期结束的时间点，既不考虑预售，也不考虑延迟销售。

在计息方法中提到一般以复利计算利息，计算公式为

$$I = P[(1+i)^n - 1]$$

式中，I 为利息；P 为投入资金；i 为利率；n 为计息期。

针对不同的需要计息的项目，其具体的利息计算如下。

① 未知需要求取的待开发房地产的价值和投资者购买待开发房地产应负担的税费的计息，计息基数为未知需要求取的待开发房地产的价值、投资者购买待开发房地产应负担的税费这两项费用，计息期为这两项费用支付时间（通常为同一时间点）到开发完成时间，由此可以求得利息。

② 开发成本和管理费用的计息，计息基数为开发成本和管理费用，利息计算根据投资情况有以下处理方法。

a. 开发成本和管理费用在整个开发期内均匀投入。为了计算方便，可以看作是将全部投资集中在开发期的中间时点一次性投入，即计息期为开发期的一半，而不是将投资分散在开发期各个时点分别计算。

【例 6-4】　总投资为 1000 万元，开发期为 1 年，投资在开发期内均匀投入，同期银行贷款年利率为 10%，求投资利息。

【解】　投资在整个开发期内均匀投入，计息期为开发期的一半，在此开发期为 1 年，投资可以看作是在开发开始半年的时点上一次性投入，因而计息期为 0.5 年：

$$利息 = 1000 \times [(1+10\%)^{0.5} - 1] = 48.81（万元）$$

b. 开发成本和管理费用在开发期内分期投入。各期投入的资金分别计算利息，这要格外注意各期投入的时间点和计息期的处理。

【例 6-5】　总投资 2500 万元，开发期 2 年，第一年投入总投资的 60%，第二年投入 40%，同期银行贷款年利率为 10%，求投资利息。

【解】　按各期投入的资金分别计算利息，在此各期没有投入的具体起始时间，那么可以看作是在各期开始半年的时点上一次性投入，所以第一期的计息期为 1.5 年，第二期的计息期为 0.5 年；如果说明投入的具体起始时间，则按其相应的具体投入时间计算，如在此例题中改为第一年年初投入总投资的 60%，则第一期的计息期为 2 年，在此要注意各期投入的时间点的不同其计息期的不同处理。

$$投资利息 = 2500 \times 60\% \times [(1+10\%)^{1.5} - 1] + 2500 \times 40\% \times [(1+10\%)^{0.5} - 1]$$
$$= 279.34（万元）$$

六、开发利润

开发利润计算只有在计息方法中才需要。计算开发利润的方法与成本法中的相同，通常是以一定基数乘以利润率。《房地产估价规范》规定：开发利润的计算基数可取待开发房地产价值与开发成本之和，或取开发完成后的房地产价值。利润率可取同一市场上类似房地产开发项目相应的平均利润率。

七、投资者购买待开发房地产应负担的税费

投资者购买待开发房地产应负担的税费，是指投资者一旦购买了待开发房地产，在交易时作为买方应负担的有关税费，主要包含契税、交易手续费等，其中契税是以所有权发生转移变动的不动产为征税对象，向产权承受人征收的一种财产税，对国有土地使用权出让、土地使用权转让（包括出售、赠与和交换）等均需征收契税，契税税率为 3%~5%，具体适用税率由省、自治区、直辖市人民政府在此幅度内根据本地区的实际情况确定。而房地产交易手续费属经营服务性收费，由经批准建立的房地产交易机构提供交易服务、办理交易手续

时收取。交易手续费通常按交易总额的规定比例（根据总额分段计算）向交易双方分别收取。

因此，投资者购买待开发房地产应负担的税费的计算方法通常是待开发房地产价值乘以以上各种相关税费相应的税费率。

 思考与练习题 ▶▶

1. 假设开发法的理论依据是什么？

2. 假设开发法适用的对象有哪些？

3. 运用假设开发法进行估价，其外部环境方面具备哪些前提条件？

4. 简述假设开发法估价的操作步骤。

5. 试列出假设开发法的两种最基本公式。

6. 假设开发法中计息方法与折现方法的主要区别有哪些？

7. 试列出假设开发法按估价对象状况进行调整的公式。

8. 确定开发经营期的目的是什么？

9. 假设开发法外部环境方面具备的前提条件是什么？

10. 有一成片荒地需要估价，获知该成片荒地的面积为 2.5km²，适宜进行"五通一平"的开发后分块有偿转让；可转让土地面积的比率为 70%；附近地区与之位置相当的"小块""五通一平"熟地的单价为 1000 元/m²；开发期需要 3 年；将该成片荒地开发成"五通一平"熟地的开发成本、管理费用等经测算为 2 亿元/km²；贷款年利率为 8%；投资利润率为 15%；当地土地转让中卖方需要缴纳的税费为转让价格的 6%，买方需要缴纳的税费为转让价格的 4%。试用计息方法测算该成片荒地的总价和单价。

11. 某地块拟开发成综合性、多功能的商务大厦，地块占地 15000m²，总建筑面积 80000m²，预计开发期为 3 年，大厦的出售价格为 18000 元/m²，建成后一年全部售出，销售税率和销售费用分别是 5% 和 3%。该地块为生地，需进行基础设施建设和场地拆迁，预计这部分费用为 2000 元/m²，建安工程费为 5000 元/m²，专业费按建筑费的 6% 计算，上述三项费用第一年均匀投入 20%，第二年均匀投入 50%，第三年均匀投入 30%。另外购买该宗地相关税费为地价的 4%。今用假设开发法折现方法评估该块地的出让价格（折现率 14%）。

12. 某旧厂房的建筑面积为 6000m²。根据其所在地点和周围环境，适宜装修改造成商场出售，并可获得政府批准，但需补交土地使用权出让金等 500 元/m²（按建筑面积计），同时取得 40 年的土地使用权。预计装修改造期为 1 年，装修改造费为每平方米建筑面积 1200 元；装修改造完成后即可全部售出，售价为 4500 元/m²；销售费用和销售税费为售价的 8%；购买该旧厂房买方需要缴纳的税费为其价格的 4%。试利用上述资料用折现方法测算该旧厂房的正常购买总价和单价（折现率为 12%）。

13. 某在建工程开工于 2010 年 4 月 1 日。总用地面积 5000m²，规划总建筑面积 40000m²，用途为写字楼。土地使用年限为 50 年，从开工之日起计，当时取得土地的花费为楼面价 1200 元/m²。该项目的正常开发期为 3 年，建设费用（包括前期工程费用、建筑安装工程费、管理费等）为建筑面积 2800 元/m²。至 2011 年 10 月 1 日实际完成了主体结构，已投入 40% 的建设费用，但估计至建成尚需 2 年，还需投入 60% 的建设费用，建成后半年可租出，可出租面积的月租金为 80 元/m²，可出租面积为建筑面积的 70%。正常出租率为 80%，出租的运营费用为有效毛收入的 30%。当地购买在建工程买方需要缴纳的税费为购买价的 3%，同类房地产开发项目的销售税费为售价的 6%，试利用上述资料用折现方法估算该在建工程 2011 年 10 月 1 日的正常购买总价和按规划建筑面积折算的单价为多少（报酬率为 8%，折现率为 10%）。

14. 建写字楼于 2010 年 3 月 10 日取得 50 年的土地使用权，总建筑面积 20000m²，于 2010 年 9 月 10 日开工，至估价时点 2011 年 9 月 10 日完成主体结构，距建成尚需一年半，并需投入 2500 元/m² 的建设费用。预计该写字楼建成后即可出租，出租的前 4 年净租金收入 300 万元、350 万元、400 万元、500 万元，第 5 年开始往后净租金收入维持在第 4 年的水平。购买在建工程应交纳的税费为购买价格的 3%，建成后转让税费为转让价格的 6%。试利用上述资料用折现方法估算该在建工程 2011 年 9 月 10 日的正常购买总价和单价为多少（年资本化率为 8%，折现率为 12%）。

参 考 文 献

［1］　柴强，中国房地产估价学会. 房地产估价理论与方法. 北京：中国物价出版社，2002.

［2］　美国估价学会著. 不动产估价. 不动产估价翻译委员会译. 北京：地质出版社.

［3］　中华人民共和国国家标准房地产估价规范. 北京：中国建筑工业出版社，2005.

［4］　张协奎. 房地产估价. 北京：中国财政经济出版社，2001.

［5］　陈柏东. 房地产估价. 武汉：华中理工大学出版社，1999.

［6］　王克忠等. 房地产估价理论与方法. 北京：高等教育出版社，2001.

［7］　王家庭. 房地产估价. 大连：东北财经大学出版社，2001.

［8］　霍达等. 房地产估价. 郑州：河南科学技术出版社，1999.

［9］　李恩辕等. 房地产估价. 北京：中国建筑工业出版社，2001.

［10］　中国房地产及住宅研究会，房地产评估委员会. 房地产评估实例选编（上、下）.

［11］　史贵镇等. 全国房地产估价师执业资格考试历年真题解析. 北京：机械工业出版社，2011.

［12］　周寅康. 房地产估价. 南京：东南大学出版社，2001.

［13］　王人已，姚玲珍等. 房地产估价. 上海：上海财经大学出版社，1997.

［14］　刘长滨等. 中国房地产估价师执业资格考试全真模拟训练. 北京：中国建材工业出版社，2001.

［15］　中国房地产估价师与经纪人学会. 房地产估价理论与方法. 2005.

［16］　吴庆玲. 房地产价格评估. 北京：中国建材工业出版社，2004.

［17］　林英彦. 不动产估价. 第 6 版. 台北：文堂书周，1989.

第七章

路线价法

第一节 路线价法概述

城市繁华街道两侧的土地，由于它们的临街深度、宽度、形状、临街状况等不同，其价格也有所不同。临街土地的价格总是比较昂贵，离街道远一些的宗地价格下降，根据土地价值随距街道距离增大而递减这一特点可以估算出街道两侧不同进深的土地的价格。与市场比较法、成本法、收益法、假设开发法等估价方法相比，这种方法能对大量土地迅速估价，如课税估价、征地拆迁补偿估价等，是评估大量土地时常用的一种方法。

一、路线价法的基本概念

路线价法是在特定的街道上设定标准临街深度，从中选取若干标准临街宗地求其平均价格，将此平均价格称为路线价，然后利用临街深度价格修正率和其他价格修正率，计算出该街道其他临街土地价值的一种估价方法。在美国，这种估价方法在技术上相当完善，主要用于课税标准价格评定，日本在 1923 年最初采用这种方法，在关东大地震后为复兴城市办理市地重划事业时，用于确定科学的补偿金额标准，以后在课税方面也采用这种方法估价，在技术上也有独到之处。

临街深度是指宗地离街道的垂直距离。标准宗地是指城市某一区域中沿主要街道的宗地中深度、宽度、形状均标准的宗地。标准深度是指标准宗地的临街深度。里地线是指标准深度处的连线。里地线与道路之间的区域称为临街地或表地，里地线以外的区域称为里地。

可及性是临接同一街道的宗地距离城市内各类设施的接近程度。路线价法相关概念的图解见图 7-1。

二、路线价法的基本原理

路线价法的基本原理是区位理论和替代原理。

1. 区位理论

城市土地的位置决定着它的使用效果和经济效益，尤其是商业用地，对位置的敏感性超过其他用途的土地。对于分布在街道两旁的商业用地来说，即使它们的位置相邻、形状相同、面积相等，但由于临街状况不同，例如长方形土地是长的一边临街还是短的一边临街，梯形土地是宽的一边临街还是窄的一边临街，三角形土地是一边临街还是一顶点临街，以及是一面临街还是前后两面临街等，价值会有所不同，而且差异可能很大。凭直觉就可以作出以下判断：在图 7-2（a）中，地块 A 的价值大于地块 B 的价值；（b）中，地块 C 的价值大

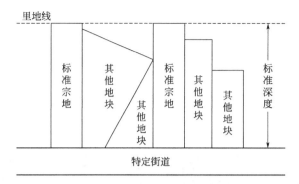

图 7-1　路线价法相关概念的图解

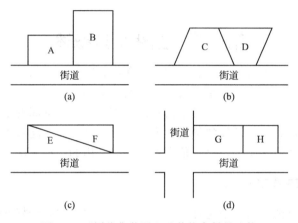

图 7-2　不同临街状况土地价格高低的比较

于地块 D 的价值；(c) 中，地块 E 的价值大于地块 F 的价值；(d) 中，地块 G 的价值大于地块 H 的价值。

可及性可视为区位条件的一种表示，因此对于商业用地来说，可及性是决定其价格高低的主要因素。这样就可以根据可及性的大小，将同一街道的临街宗地划分成不同的地价区段：同一地价区段，可及性基本相等，路线价相等；不同地价区段，可及性不同，路线价不同。在同一路线价区段内，虽然可及性基本相等，但由于宗地的深度、宽度、形状、面积、位置等仍有差异，宗地之间利用状况相差很大，导致不同宗地的地价存在差异。因此，必须在路线价的基础上，经过深度、宽度等各种因素修正才能得到各具体宗地的地价。

2. 替代原理

从本质上讲，路线价法是一种市场比较法，是市场比较法的派生方法，其理论依据也是替代原理。在路线价法中，"标准宗地"可视为市场比较法中的"可比实例"；"路线价"是若干"标准宗地"的平均价格，可视为市场比较法中经过交易情况修正、市场状况调整后的"可比实例价格"；临接同一街道的其他土地的价格，是以路线价为基准，考虑其临街深度、土地形状（如矩形、三角形、平行四边形、梯形、不规则形）、临街状况（如一面临街、前后两面临街、街角地，以及长方形土地是长的一边临街还是短的一边临街，梯形土地是宽的一边临街还是窄的一边临街，三角形土地是一边临街还是一顶点临街）、临街宽度等，进行适当的修正求得，这些修正实际上可视为市场比较法中的"房地产状况调整"。

路线价法与一般的市场比较法主要有三点不同。一是路线价法不做"交易情况修正"和"交易日期调整"。这是因为求得的路线价——若干标准宗地的平均价格已是正常价格，求得的路线价所对应的日期，与欲求取的其他临街土地价格的日期一致，都是估价时点时的价格。二是路线价法先对多个"可比实例价格"进行综合，然后再进行"房地产状况调整"；而市场比较法是先分别对每个"可比实例价格"进行有关修正、调整，然后再进行综合。三是路线价法利用相同的"可比实例价格"——路线价，同时评估出许多"估价对象"——该街道其他临街土地的价格，而市场比较法是通过多个"可比实例价格"进行综合评估出一个"估价对象"的价格。

三、路线价法的基本公式

一般把标准临街宗地的单位价格作为路线价，路线价法的基本公式为：

$$宗地总价＝路线价×深度价格修正率×宗地面积$$

如果宗地条件特殊，如宗地属街角地、两面临街地、三角形地、梯形地、不规则形地等，还需做进一步价格修正，则需依下列公式计算：

$$宗地总价＝路线价×深度价格修正率×其他条件价格修正率×宗地面积$$

或　　$$宗地总价＝（路线价×深度价格修正率±其他条件价格修正额）×宗地面积$$

四、路线价法的适用范围和条件

路线价法主要适用于城市商业街道两侧土地的估价，尤其适用于城市土地整理、征地拆迁、土地重划、房地产税收等需要在大范围内同时对大量土地进行估价的情况，可省时、省力，相对公平合理。一般的房地产估价方法，如市场比较法、成本法、收益法、假设开发法等主要适用于单宗土地的估价，而且需要花费较长的时间。路线价法则被认为是一种快速、可以同时对许多宗土地进行批量估价的方法。

路线价法的应用是否准确、可靠，需满足一定的前提条件：

① 有完善的城市规划，街道较规整，临街各宗土地的排列较整齐；

② 要有一套科学合理的深度修正表和其他各种修正率表；

③ 需要较多的交易案例，并且房地产市场比较规范，否则计算结果将会存在较大的误差。

第二节　路线价法的估价步骤

按照路线价法的基本原理和估价要求，其估价步骤一般可分为以下几步：①划分路线价区段；②设定标准临街深度；③选取标准临街宗地；④调查评估路线价；⑤制作深度价格修正率表和其他因素价格修正率表；⑥计算各临街宗地的价格。

一、划分路线价区段

采用路线价法估价，首先要确定该宗土地所在的路线价区段。路线价区段是指具有同一个路线价的地段。划分路线价区段是路线价法的基础，路线价区段的划分直接关系到路线价法估算土地价格的准确性。

在划分路线价区段时，应将可及性相当、地块相连的土地划为同一个路线价区段。原则上，通常以一街区长度为单位，以十字路口或丁字路口中心为分界线，相邻两路口间的地段为一个路线价区段。路线价区段的具体长度可根据土地的用途和繁华程度的不同而不同：在繁华商业区，由于地价位置的敏感度高，往往将同一个街道两路口之间的地段划分为几个路线价区段，分别附设不同的路线价；而在住宅区、工业区或不太繁华的地区，可将多个街道合并为一个路线价区段。另外，在同一条街道上，如果两侧的繁华程度、地价水平有显著差异，应以街道中心为分界线，将该街道的两侧各自视为一个路线价区段，分别附设不同的路线价。

二、设定标准临街深度

标准临街深度通常简称标准深度，它是街道对地价影响的转折点：由此接近街道的方向地价逐渐升高，由此远离街道的方向地价可视为基本不变。实际估价中，为了简化路线价的计算，标准临街深度的设定，通常是路线价区段内临街各宗土地临街深度的众数。例如，同一路线价区段内大部分临街宗地的临街深度为 16m，则应将该区段内的标准深度设定为 16m。如果不以众数作为标准深度，则会增加修正的工作量。标准深度的确定直接关系到路线价的确定及深度指数的确定。

三、选取标准临街宗地

确定标准深度后，可确定临街的标准宗地。标准宗地是路线价区段内具有代表性的宗地。选取标准宗地的具体要求是：①一面临街；②土地形状为矩形；③临街深度为标准深度；④临街宽度为标准宽度（可为同一路线价区段内临街各宗土地的临街宽度的众数）；⑤临街宽度与临街深度比例适当；⑥用途为所在路线价区段具有代表性的用途；⑦容积率为所在路线价区段具有代表性的容积率（可为同一路线价区段内临街各宗土地的容积率的众数）；⑧其他方面，如土地使用年限、土地生熟程度等也应具有代表性。

四、调查评估路线价

路线价的确定是运用路线价法进行估价的一个关键。通常在同一路线价区段内选择一定数量的标准宗地，运用收益法（通常是其中的土地剩余技术）、市场比较法等，分别求其单位地价或楼面地价，然后求这些地价的众数、中位数、简单算术平均数或加权算术平均数等，即可得该路线价区段的路线价。

路线价的表示方法要便于理解、使用，通常有绝对货币额和相对数两种表示方法。例如用相对数来表示，将一个城市中最高路线价区段的路线价用 1000 点表示，其他路线价区段的路线价以此来确定。用相对数表示的路线价便于测算，可避免由于货币的市场波动而引起的一些麻烦。用绝对货币额表示的路线价比较容易理解，直观性强，便于土地交易时参考。我们一般以土地单价、货币来表示路线价。

五、制作深度价格修正率表和其他因素价格修正率表

在路线价已定的情况下，宗地的价格则取决于深度价格修正率和其他因素价格修正率。而深度价格修正率表的制作是路线价法的重点，也是难点。深度价格修正率表又称深度百分率表、深度指数表，是基于深度价格递减率制作出来的。深度价格递减率又是基于临街土地中各部分的价值随远离街道而有递减现象，或者说，距街道深度愈深，可及性愈差，价值也就愈低。深度价格修正率表的制作在第三节中详细论述。另外，还需在深度价格修正的基础上，进行宽度、朝向、容积率、临街状况等其他因素的修正，制作其他因素价格修正率表。

六、计算各临街宗地的价格

依据路线价、深度价格修正率表和其他因素价格修正率表，运用路线价法估价计算公式，即可以计算出各临街宗地的价格。

第三节 深度价格修正率表的制作

同一路线价区段内的各宗土地，虽然路线价相同，但如果在深度、宽度、形状、面积等方面存在差异，单位地价显然不会相同，所以必须在路线价的基础上，对各种影响因素进行适当修正，才能得到各宗地的价格。在这些影响因素当中，深度对地价的影响程度最大，用深度指数表示。深度指数是指随距离街道深度的不同价格变化的比率。将深度与深度指数的对应关系编制成一张表格，则称为深度价格修正率表，也称为深度百分率表、深度指数表。除了进行深度修正外，还应进行其他因素修正，如宽度修正、宽深比率修正、朝向修正等，这样的表格称为其他因素价格修正率表。

一、深度价格修正的原理

一宗临街土地中各个部分的价值随着其远离街道而有递减现象，距街道越远可及性越差，价值也就越低。如果将临街土地划分为许多与街道平行的细条，由于越接近街道的细条的利用价值越大，越远离街道的细条的利用价值越小，则接近街道的细条的价值高于远离街道的细条的价值。

如图 7-3 （a）所示，有一宗临街深度为 n 米的矩形土地，假设以某个单位（在此为 1米）将其划分为许多与街道平行的细条。可知各细条的形状和面积是相同的，并且越接近街道的细条价值越大。如果从临街方向起按顺序以 a_1，a_2，a_3，$\cdots$，a_{n-1}，a_n 来表示各细条的价值，则有 a_1 大于 a_2，a_2 大于 a_3，$\cdots$，a_{n-1} 大于 a_n。另外，虽然深度都为 1m 之差，但 a_1 与 a_2 之差最大，a_2 与 a_3 之差次之，之后逐渐缩小，至 a_{n-1} 与 a_n 之差可视为接近于零。如果把总价转化为单价的形式，因为各细条的面积相同，所以各细条单位地价的变化遵从相同的规律，单位地价随临街深度的变化可以用图 7-3（b）表示，曲线弯曲程度越大，表明土地价值对临街深度的变化越敏感，弯曲程度越小，表明土地价值对临街深度的变化越不敏感。如果将各细条的价值折算为相对数，如假设图 7-3（a）中 a_1，a_2，a_3，$\cdots$，a_{n-1}，a_n 来表示各细条的价值占整块土地价值的比率，便可以制成临街深度价格修正率表。实践中应用的深度指数有三种：单独深度指数、累计深度指数、平均深度指数。

1. 单独深度指数

单独深度指数是指在不考虑周围地块价格相互影响的条件下，某地块价格受其深度影响的变化情况，图 7-3（a）中，a_1，a_2，a_3，$\cdots$，a_{n-1}，a_n 就是相应细条地块的单独深度指数。显然有：$a_1 > a_2 > a_3 > \cdots > a_{n-1} > a_n$。

2. 累计深度指数

累计深度指数是指两个以上深度单位的地块，其价格常受到两个以上深度影响的变化情

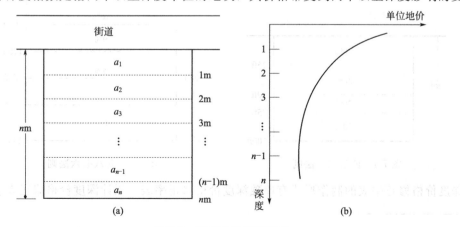

图 7-3 深度价格递减比率

况，图 7-2（a）中，a_1，a_1+a_2，$a_1+a_2+a_3$，$\cdots$，$a_1+a_2+a_3+\cdots+a_n$ 就是相应地块的累计深度指数，并有下列特性：$a_1<a_1+a_2<a_1+a_2+a_3<\cdots<a_1+a_2+a_3+\cdots+a_n$，即同一地块的累计深度指数呈递增现象。

3. 平均深度指数

平均深度指数是指地块地价受到若干深度的平均影响程度，图 7-2（a）中，a_1，$\dfrac{a_1+a_2}{2}$，$\dfrac{a_1+a_2+a_3}{3}$，$\cdots$，$\dfrac{a_1+a_2+a_3+\cdots+a_n}{n}$ 就是相应地块的平均深度指数，并有下列特性：$a_1>\dfrac{a_1+a_2}{2}>\dfrac{a_1+a_2+a_3}{3}>\cdots>\dfrac{a_1+a_2+a_3+\cdots+a_n}{n}$，即同一地块的平均深度指数呈递减现象。

二、深度价格修正率表的制作方法

路线价法很早在欧美国家产生并流行，逐步形成了较为典型并具有参考价值的多种深度价格修正率表，下面介绍几种制作方法。

1. 四三二一法则

最简单且最容易理解的深度价格递减率是四三二一法则。该法则又称慎格尔法则，它是由 J. A. Zangerle 在其所著的《不动产估价原则》一书中提出的，在估价实践中最早使用。该法则是将临街深度 100ft[❶] 的土地，划分为与街道平行的四等份，各等份由于离街道的远近不同，价值有所不同。从街道方向算起，第一个 25ft 等份的价值占整块土地价值的 40%，第二个 25ft 等份的价值占整块土地价值的 30%，第三个 25ft 等份的价值占整块土地价值的 20%，第四个 25ft 等份的价值占整块土地价值的 10%，如图 7-4 所示。

如果超过 100ft，则以九八七六法则来补充，即超过 100ft 的第一个 25ft 等份的价值为临街深度 100ft 的土地价值的 9%，第二个 25ft 等份的价值为临街深度 100ft 的土地价值的 8%，第三个 25ft 等份的价值为临街深度 100ft 的土地价值的 7%，第四个 25ft 等份的价值为临街深度 100ft 的土地价值的 6%，如图 7-5 所示。

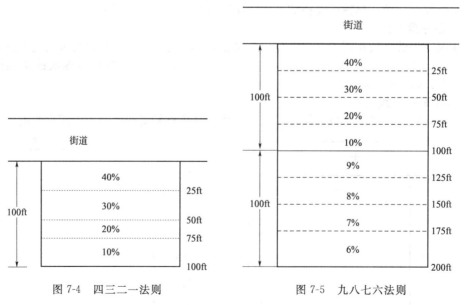

图 7-4　四三二一法则　　　　　图 7-5　九八七六法则

深度价格修正率表的制作形式有单独深度价格修正率表、累计深度价格修正率表和平均

❶ 1ft=0.3048m。

深度价格修正率表三种。

以四三二一法则为例，单独深度价格修正率为：

$40\% > 30\% > 20\% > 10\% > 9\% > 8\% > 7\% > 6\%$

累计深度价格修正率为：

$40\% < 70\% < 90\% < 100\% < 109\% < 117\% < 124\% < 130\%$

平均深度价格修正率为：

$40\% > 35\% > 30\% > 25\% > 21.8\% > 19.5\% > 17.7\% > 16.25\%$

制作深度价格修正率表的要领是：①设定标准临街深度；②将标准临街深度分为若干等份；③制定单独深度价格修正率，或将单独深度价格修正率转换为累计深度价格修正率或平均深度价格修正率，并用表格反映。

临街 25ft 土地的价格

$$P_1 = \frac{40\%V}{\frac{1}{4}S} = 160\%\frac{V}{S}$$

临街 50ft 土地的价格

$$P_2 = \frac{40\%V + 30\%V}{\frac{1}{4}S + \frac{1}{4}S} = 140\%\frac{V}{S}$$

临街 75ft 土地的价格

$$P_3 = \frac{40\%V + 30\%V + 20\%V}{\frac{1}{4}S + \frac{1}{4}S + \frac{1}{4}S} = 120\%\frac{V}{S}$$

为简明起见，将上述用表来说明，见表 7-1。

表 7-1 四三二一法则深度价格修正率

临街深度/ft	25	50	75	100	125	150	175	200
四三二一法则/%	40	30	20	10	9	8	7	6
单独深度价格修正率/%	40	30	20	10	9	8	7	6
累计深度价格修正率/%	40	70	90	100	109	117	124	130
平均深度价格修正率/%	40	35	30	25	21.8	19.5	17.7	16.25
转换后的平均深度价格修正率/%	160	140	120	100	87.2	78.0	70.8	65.0

注：表中转换后的平均深度价格修正率是由平均深度价格修正率乘以 4 得到的。

由于各国或地区具有不同的用地习惯和情况，需根据实际需要制定相应的深度价格修正率表。但是无论如何编制，所遵循的基本原理都是地价随着宗地临街深度的增大而减少。深度价格修正率的计算见图 7-6。

【例 7-1】 某临街深度为 30.48m（即 100ft）、临街宽度 20m 的矩形土地，总价为 121.92 万元。试根据四三二一法则，计算其相邻临街深度 15.24m（即 50ft）、临街宽度 20m 的矩形土地的总价。如果相邻临街土地的临街深度为 45.72m（即 150ft）、临街宽度 20m，则该相邻临街土地的总价为多少万元？

【解】 相邻临街深度 15.24m（即 50ft）、临街宽度 20m 的矩形土地的总价计算如下：

121.92×（40%＋30%）＝85.34（万元）

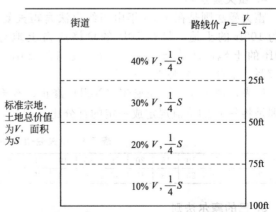

图 7-6 深度价格修正率的计算示意

相邻临街深度 45.72m（即 150ft）、临街宽度 20m 的矩形土地的总价计算如下：

$$121.92 \times (40\% + 30\% + 20\% + 10\% + 9\% + 8\%) = 142.65（万元）$$

2. 哈柏法则

哈柏法则最早创设于英国，该法则认为一宗土地的价格与其临街深度的平方根成正比。若标准深度为 100ft，则各宗土地的深度指数为其深度平方根的 10 倍，即

$$深度指数 = (10 \times \sqrt{深度})\%$$

如果标准深度不是 100 英尺，应进行修正，即：

$$深度指数 = \frac{\sqrt{所给深度}}{\sqrt{标准深度}} \times 100\%$$

【例 7-2】 某一路线价区段的标准深度为 50ft，其路线价为 2000 元/ft，试求该区域内深度为 34ft、宽度为 20ft 的临街宗地的价格。

【解】 深度指数 $= \dfrac{\sqrt{所给深度}}{\sqrt{标准深度}} \times 100\% = \dfrac{\sqrt{34}}{\sqrt{50}} \times 100\% = 82.46\%$

$$宗地总价 = 2000 \times 82.46\% \times 20 = 32984（元）$$

3. 苏马斯法则

苏马斯法则由美国评估师 Somers 于 1886 年提出，1910 年开始运用于土地课税价格的估价。由于该法则在美国俄亥俄州克利夫兰市的应用最为著名，因此也称为克利夫兰法则。该法则认为，临街深度为 100ft 的土地价格，前面一半即临街 50ft 的部分，占土地总价的 72.5%，后面 50ft 的部分则占土地总价的 27.5%。若再深入 50ft，则该土地价格仅增加 15%，具体百分率如表 7-2 所列。

表 7-2　苏马斯法则深度指数

深度/ft	百分率%	深度/ft	百分率%	深度/ft	百分率%
5	14.35	60	79.5	130	109.05
10	25	70	85.6	140	113
15	33.22	75	88.3	150	115
20	41	80	90.9	160	116.8
25	47.9	90	95.6	175	119.14
30	54	100	100	180	119.8
40	64	110	104	200	122
50	72.5	120	107.5		

4. 霍夫曼法则

霍夫曼法则是在 1866 年由纽约市法官霍夫曼（Hoffman）创立。该法则认为，标准深度为 100ft 的土地，最初 50ft 的价格应占土地总价的 2/3，即 67%，这样，临街深度为 100ft 的土地，从临街方向开始，最初的 25ft 占总价的 37.5%，50ft 占 67%，75ft 占 87.7%，全部 100ft 则为 100%。

后来，霍夫曼法则经尼尔（Neil）修正、补充后，形成了著名的霍夫曼-尼尔法则，此法则是将各 ft 的价值规定成一定的百分比，曾在纽约市施行，如表 7-3 所列。

表 7-3　霍夫曼-尼尔法则深度指数

深度/ft	5	10	15	20	25	30	40	50	60	70	75	80	90	100	130	150	175	200
百分率%	17	26	33	39	44	49	58	67	74	81	84	88	94	100	112	118	122	125

5. 巴的摩尔法则

巴的摩尔法则又称为"前面 1/3 里面 2/3 法则"，因由巴的摩尔市的评估师 Bened 创立

而得名。前面 1/3 里面 2/3 法则的含义是，将标准深度为 150ft 的普通临街地三等分，从临街线算起靠近街道的 1/3 部分，即 50ft，其土地单价为路线价的 50%，其余 2/3 部分，即 100ft，其土地单价为路线价的另外 50%。

三、其他因素价格修正

除了进行深度修正外，还应进行其他因素修正，主要有以下几项。

1. 宽度修正

就临街土地，特别是临街商业用地而言，地块的临街宽度不同，地价也不相等。由于临街商业店铺的宽窄不一，商店吸引顾客光顾的能力就有差异，从而影响商店营业额。因此，在运用路线价法估价时，必须对临街宽度加以修正。宽度修正法是用来自同一路线价区段、进深相等的样本，反映在不同宽度的条件下土地价格的变动状况，最后确定在不同宽度条件下的修正系数。

2. 宽深比率修正

在通常情况下，大型商业用建筑物有较大的临街深度，而所占用的土地的价格随着宗地深度的增大逐渐降低。但是，由于商店规模较大，铺面宽度大，大门较醒目，会增强对消费者的吸引力，因此，如果对大型商店单独采用铺面宽度和深度修正，不太符合实际，同时又不必要地增加了估价工作量。基于上述考虑，在估价中采用商店的宽度与深度的比率，即宽深比率系数来进行修正，以便消除宽度和深度异常造成的影响，有利于采用同一路线价估算。

3. 容积率修正

路线价通常只是代表一定容积率水平下的地价。随着容积率的增加，地价一般会增高。为了消除不同容积率对地价的影响，应在同一路线价区段中抽样调查，并计算在不同容积率指标下的平均地价，求得容积率修正系数，以便正确估算地价。

4. 出让、转让年期修正

在我国实行有偿有限期的国有土地使用制度改革以后，国有土地使用权出让有年限限制。而不同的出让年限、转让年限会影响地价水平，需要对出让、转让年限进行修正，求得宗地的出让、转让年期修正系数。通常用收益法计算地价的公式为

$$V = \frac{a}{r}\left[1 - \frac{1}{(1+r)^n}\right]$$

式中，V 为地价；a 为土地年纯收益；r 为资本化率；n 为出让、转让年期。

5. 朝向修正

就住宅用地而言，住宅的朝向对其销售价格产生一定程度的影响。从住宅售价中扣除成本等必要项目后所余下的地价，也会因为朝向不同而有所差别。需进行地块朝向等的环境条件影响修正，计算出朝向修正系数，为估算地价服务。

6. 地价分配率修正

地价分配率是将土地单价（或平面地价）调整、分摊到各楼层的比率。一般而言，随着楼层数的加大，分配到楼层上的地价呈减少的趋势；当楼层数加大到一定数值后，分配到楼层上的地价不但不减少，反而呈现出增加的趋势。为了满足估价的需要，需编制出一个统一的地价分配率表。

第四节　路线价法的应用举例

下面以标准临街宗地的单价作为路线价、采用平均深度价格修正率为例，说明临街土地价格的计算，并且假定临街土地的容积率、使用期限等与路线价的内涵一致。在实际估价中，如果估价对象宗地条件与路线价的内涵不一致，还应对路线价进行相应的调整。

一、一面临街矩形土地价格的计算

计算一面临街矩形土地的价格，是先查出其所在区段的路线价，再根据其临街深度查出相应的深度价格修正率。其中，单价是路线价与临街深度价格修正率之积，总价是再乘以土地面积。

【例7-3】 图7-7中是一临街深度15.24m（即50ft）、临街宽度20m的矩形土地，其所在区段的路线价（土地单价）为2000元/m²。根据表7-1中的临街深度价格修正率，计算该块临街土地的单价和总价。

【解】 由于路线价是用土地单价表示的，计算时采用表7-1中的深度价格修正率，具体应为平均深度价格修正率。因此

$$该宗土地的单价＝路线价×平均深度价格修正率$$
$$＝2000×140\%＝2800（元/m²）$$
$$该宗土地的总价＝土地单价×土地面积$$
$$＝2800×20×15.24＝85.34（万元）$$

【例7-4】 某临街各宗土地的路线价为3000元/ft，该路线价的标准临街深度为1000ft。宗地 b_1、b_2、b_3、b_4、b_5、b_6 的临街深度与宽度见图7-8，试利用四三二一法则和九八七六法则计算各宗地的总地价。

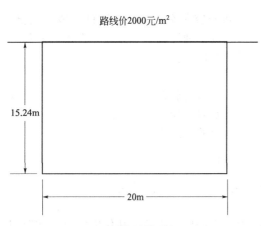

图7-7 一面临街的矩形土地（一）

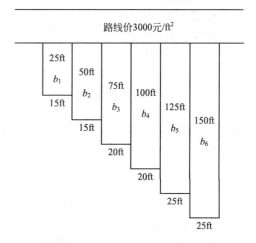

图7-8 一面临街的矩形土地（二）

【解】
$$b_1＝3000×160\%×25×15＝180（万元）$$
$$b_2＝3000×140\%×50×15＝315（万元）$$
$$b_3＝3000×120\%×75×20＝540（万元）$$
$$b_4＝3000×100\%×100×20＝600（万元）$$
$$b_5＝3000×87.2\%×125×25＝817.5（万元）$$
$$b_6＝3000×78\%×150×25＝877.5（万元）$$

二、前后两面临街矩形土地价格的计算

计算前后两面临街矩形土地的价格，通常是采用"重叠价值估价法"，即先确定高价街（也称前街）与低价街（也称后街）的影响范围的分界线，再以此分界线将前后两面临街矩形土地分为前后两部分，然后根据该两部分各自所临街道的路线价和临街深度分别计算价格，再将此两部分的价格加总。

分界线的求取方法如下：

$$高价街影响深度 = \frac{高价街路线价}{高价街路线价 + 低价街路线价} \times 总深度$$

$$低价街影响深度 = \frac{低价街路线价}{高价街路线价 + 低价街路线价} \times 总深度$$

$$低价街影响深度 = 总深度 - 高价街影响深度$$

【例 7-5】 图 7-9 中是一块前后两面临街、总深度为 150ft、宽度为 100ft 的矩形土地，前街路线价（土地单价）为 2000 元/ft^2，后街路线价（土地单价）为 1000 元/ft^2，假设标准深度为 100ft。请利用四三二一法则按重叠价值估价法计算其前街和后街影响深度及土地总价。

【解】

$$前街影响深度 = \frac{前街路线价}{前街路线价 + 后街路线价} \times 总深度$$

$$= \frac{2000}{2000 + 1000} \times 150 = 100 \text{（ft）}$$

$$后街影响深度 = 总深度 - 前街影响深度 = 150 - 100 = 50 \text{（ft）}$$

$$土地总价 = 2000 \times 100\% \times 100 \times 100 + 1000 \times 140\% \times 50 \times 100 = 2700 \text{（ft）}$$

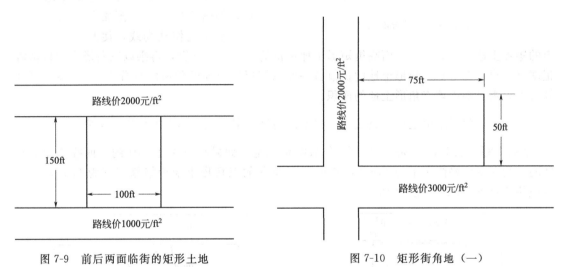

图 7-9 前后两面临街的矩形土地　　　　　图 7-10 矩形街角地（一）

三、矩形街角地土地价格的计算

街角地是指位于十字路口或丁字路口的土地，其价值通常采用"正旁两街分别轻重估价法"计算。该方法是先求取高价街（也称为正街）的价格，再计算低价街（也称为旁街）的影响加价，然后加总。

街角地地价 = 正街路线价 × 正街深度价格修正率 + 旁街路线价 × 旁街深度价格修正率 × 旁街影响加价率

【例 7-6】 图 7-10 中是一块矩形街角地，正街路线价（土地单价）为 3000 元/ft^2，旁街路线价（土地单价）为 2000 元/ft^2，临正街深度为 75ft，临旁街深度为 50ft。根据表 7-1 中的临街深度价格修正率，另假设旁街影响加价率为 20%，计算该块土地的单价和总价。

【解】 该块土地的单价 = 3000 × 140% + 2000 × 120% × 20% = 4680（元/ft^2）

该块土地的总价 = 4680 × 75 × 50 = 1755（万元）

【例 7-7】 图 7-11 中有几块矩形街角地，正街路线价（土地单价）为 5000 元/m^2，旁街路线价（土地单价）为 4000 元/m²。假设临街深度价格修正率见表 7-4。

表 7-4 临街深度价格修正率

临街深度/m	≤4	4~8	8~12	12~16	16~18	>18
平均深度价格修正率/%	130	125	120	110	100	40

图 7-11 矩形街角地（二）

另设旁街对街角地的影响深度以 4.5m 为一级距，旁街影响加价率依次为旁街路线价的 40%、20% 和 10%，请计算图 7-11 中宗地 B 的单价。

【解】

宗地 B 的单价＝5000×120％＋4000×120％×20％＝6960（元/m²）

四、三角形土地价格的计算

计算一边临街直角三角形土地的价格，如图 7-12 所示，通常是先将该直角三角形土地作辅助线，使其成为一面临街的矩形土地，然后依照一面临街矩形土地单价的计算方法计算，再乘以三角形土地价格修正率（一边临街直角三角形土地的价值占一面临街矩形土地的价值的百分率）。如果需要计算总价，则再乘以该三角形土地的面积。

三角形土地地价＝路线价×深度价格修正率×三角形土地价格修正率

【例 7-8】 图 7-13 中是一块三角形 *ABC* 的土地。如果临街深度 80ft 的一面临街矩形土地的平均深度价格修正率为 116％，临街深度 80ft 的三角形土地价格修正率为 63％，试计算该块三角形 *ABC* 土地的价值。

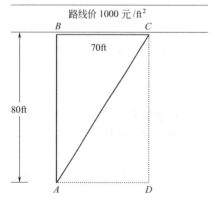

图 7-12 一边临街直角三角形土地

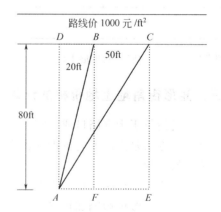

图 7-13 一边临街的三角形土地

【解】 在图 7-13 上作辅助线 *AD*、*AE*、*CE* 及 *BF*，则有：

三角形 *ACD* 土地的总价＝1000×116％×63％×70×80÷2＝2046240（元）
三角形 *ABD* 土地的总价＝1000×116％×63％×20×80÷2＝584640（元）
三角形 *ABC* 土地的总价＝三角形 *ACD* 土地的总价－三角形 *ABD* 土地的总价
＝2046240－584640＝1461600（元）

五、其他形状土地价格的计算

计算其他形状土地的价格,通常是先将其划分为矩形、三角形土地,然后分别计算这些矩形、三角形土地的价格,再相加减。因此,一般只要掌握了一面临街矩形土地、前后两面临街矩形土地、街角地及三角形土地这几种基本形状土地价格的计算,其他形状土地价格计算问题便可迎刃而解。

【例7-9】 图7-14中沿街有A、B、C、D、E、F、G、H共8宗土地,路线价为10000元/m²,标准深度为18m,各宗土地的有关数据标注在各地块上,试依据表7-5、表7-6提供的深度价格修正率求各宗土地的单价。

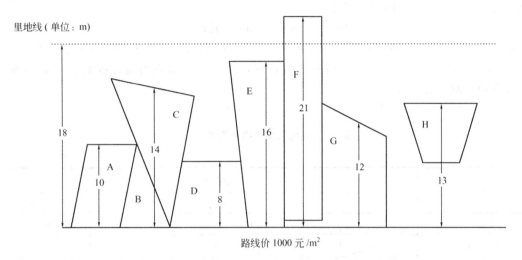

图7-14 沿街8宗土地

表7-5 临街地深度价格修正率

临街深度/m	$h<4$	$4\leqslant h<8$	$8\leqslant h<12$	$12\leqslant h<16$	$16\leqslant h<18$	$h\geqslant18$
平均深度价格修正率/%	130	125	120	110	100	40

【解】 A宗地:平行四边形的宗地,以其高度为临街深度,查表7-4得深度价格修正率为120%,则该宗地单价为

$$10000\times120\%=12000(元)$$

B宗地:正立三角形(三角形的一边临街)的宗地,以其高度的1/2为临街深度,查表7-4得深度价格修正率为125%,则该宗地单价为

$$10000\times125\%=12500(元)$$

C宗地:逆三角形(三角形的一顶点在临街线)的宗地,以其在临街线上的顶点与底边中点距离的1/2作为起始深度,以其在临街线上的顶点与底边中点的距离为起讫深度(即7~14m),比照袋地办法,查表7-5得深度价格修正率为71%,则该宗地单价为

$$10000\times71\%=7100(元)$$

D宗地:平行边与临街线一致的梯形宗地,以其高度为临街深度,查表7-5得深度价格修正率为120%,因该宗地临街边较长、利用价值较高,故其单价依临街地标准计算后以一成(或二成为限)加价修正为

$$10000\times120\%\times(1+0.1)=13200(元)$$

E宗地:平行边与临街线一致的梯形宗地,以其高度为临街深度,查表7-4得深度价格修正

率为100%，因该宗地临街边较短、利用价值较低，故其单价依临街地标准计算后以一成（或二成为限）减价修正为

$$10000 \times 100\% \times (1-0.1) = 9000(元)$$

F宗地：一面临街的矩形，宗地深度较深而超过里地线，以里地单价与临街地单价按面积比例平均计算其单价，查表7-4得临街地深度价格修正率为100%，里地深度价格修正率为40%，则该宗地单价为

$$10000 \times 100\% \times \frac{18}{21} + 10000 \times 40\% \times \frac{3}{21} = 9143(元)$$

G宗地：平行边与临街线垂直的梯形宗地，以非平行的两边中点的连线为其临街深度，查表7-4得深度价格修正率为110%，则该宗地单价为

$$10000 \times 110\% = 11000(元)$$

H宗地：底边平行于临街线的梯形袋地，起讫深度为4m和13m，查表7-6得深度价格修正率为71%，因该宗地临街边较短、利用价值较低，故其单价依临街地标准计算后以一成（或二成为限）减价修正为

$$10000 \times 71\% \times (1-0.1) = 6390(元)$$

表7-6　袋地深度价格修正率

单位：%

起深度/m	讫深度/m				
	$h<4$	$4 \le h<8$	$8 \le h<12$	$12 \le h<16$	$16 \le h<18$
$h<4$	78	77	75	73	70
$4 \le h<8$		75	74	71	68
$8 \le h<12$			72	69	66
$12 \le h<16$				66	63
$16 \le h<18$					60

思考与练习题

1. 路线价法的基本原理是什么？
2. 路线价法的适用范围及适用条件是什么？
3. 路线价法估价的操作步骤有哪些？
4. 标准宗地的条件有哪些？
5. 深度百分率有哪几种表现形式？

参 考 文 献

[1] 柴强. 房地产估价. 第6版. 北京：首都经济贸易大学出版社，2008.

[2] 张红日. 房地产估价. 北京：清华大学出版社，2011.

[3] 戴学珍. 房地产估价教程. 第2版. 北京：清华大学出版社，2011.

[4] 王景升，王来福. 房地产评估. 大连：东北财经大学出版社，2010.

[5] 王家庭. 房地产估价. 第2版. 大连：东北财经大学出版社，2004.

[6] 高幸奇. 房地产估价. 北京：中国物价出版社，2003.

[7] 王克忠，张维然，杨国诚. 房地产估价理论与方法. 北京：高等教育出版社，1998.

[8] 王人已，姚玲珍. 房地产估价. 上海：上海财经大学出版社，1997.

第八章

基准地价修正法

第一节 基准地价评估的基本原理

基准地价评估是我国当前土地管理制度的重要组成部分。基准地价反映土地市场中的区域地价总体水平和变动趋势，为政府有效制定管理措施和投资者投资提供依据。建立一个科学合理的基准地价评估体系在合理制定土地政策、指引城市土地市场的健康发展、促进地方经济发展、防止国有资产流失、完善国家土地储备政策、保证地方政府财政收入等方面都有很重要的意义。

一、基准地价的内涵与特点

1. 基准地价的含义

基准地价是指在宗地估价的基础上评估出的各个级别或各个区域土地的平均价格，它包括城镇用地基准地价和农用地基准地价。

按照城市土地级别或均质地域划分区片，并分别评估出其商业、住宅、工业等各类用地土地使用权均价和综合的土地级别使用权均价。基准地价是已知的，政府会进行公布，并定期修正，一般几年修正一次。

2. 基准地价的特点

（1）**基准地价是区域性价格** 基准地价不是一种宗地价格，而是区域性的价格，它总是与一定的区域相联系的。

这个区域可以是级别区域，也可以是区段，因而基准地价的表现形式通常为区片价和路段价，或两者结合起来共同反映某种用途的土地使用权价格。

基准地价按评估区域的形式可分为级别基准地价、区片基准地价和区段基准地价。

（2）**基准地价是一种分用途的价格** 城镇基准地价的主要用途类型为商业、住宅、工业、旅游；农用地基准地价的主要用途类型为耕地、园地、林地、水域、荒草地。

（3）**基准地价是有限年期的价格** 因为基准地价是土地使用权的价格，而我国土地使用权是有年期限制的，因此基准地价是有限年期的价格。城镇：各用途基准地价的年期以各用途的最高出让年期为准。农用地：一般取 30 年为农用地基准地价的年期。

（4）**基准地价必定是平均价格** 基准地价反映的只是各区域各类用地的平均价格水平。在基准地价的基础上，根据建立的基准地价修正系数体系，评估具体宗地的价格。

（5）**基准地价是单位土地面积的地价，与土地开发利用程度有关** 土地开发利用程度对地价有影响，基准地价是一种平均意义上的地价，因此土地开发利用程度对基准地价也有影响。为了便于比较，基准地价必须设定开发利用程度，并根据不同的开发利用程度（如三通一平、五通一平或七通一平等）制定该项的修正系数。

由于各个城市之间土地开发利用程度存在差异，又要便于比较，所以采取分类确定基准地价的开发利用程度是合理的。

（6）基准地价具有时效性，是评估出的一定时期内的价格　基准地价反映的只是一定时期的地价标准。为了保持基准地价的现实性，每隔一定时期应对基准地价进行更新。因此，基准地价的评估时点很重要。

3. 基准地价的作用

基准地价是标定地价评估的基础，是确定土地最低出让价、土地收购价、土地出让底价等价格水平的依据，是对土地利用、流转进行引导，合理制定土地政策的依据。一般具有如下作用。

（1）具有政府公告作用　基准地价可以为政府出让土地使用权提供一个价格标准。另外，也将为土地使用权转让、出租、抵押时评估地价提供依据。科学的基准地价体系充分考虑了国家、投资者和开发者的利益，使各方的收益程度都限制在一个较为合理的水平上，它的建立会引导地产市场的健康发展，在价格上理顺市场关系与市场秩序。

（2）是宏观调控地价水平的依据　有了基准地价，可以通过对基准地价的修正来估价，这种方法具体可称为基准地价修正法。该方法定义为：在政府确定公布了基准地价的地区，通过具体区位、土地使用权年限、建筑容积率、土地形状、临街状况等的比较，由估价对象宗地所在地段的基准地价调整到估价对象宗地价格的一种估价方法。

具体的修正方法与市场比较法类似，在市场比较法中，若求取待估宗地的价格，将待估宗地与选取的比准实例进行比较，量化两者的差异，并将比准实例的价格修正成比准价格。

在基准地价修正系数法求宗地价格中，是将待估宗地与基准地价内涵中给出的标准地块的条件相比较，量化二者的差异，并将标准地块的价格修正成待估宗地的价格。

（3）是国家征收城镇土地税收的依据　征收土地使用税、土地增值税均应从价征收，基准地价可为其科学征收提供依据。土地增值税的征收，虽然国家公布了征收细则，但是各地在执行过程中均遇到了不少阻力，其中一条很重要的原因是细则中关于土地增值税的计算较为复杂，一般的税务人员或代收的单位操作起来比较困难，如果城市的各个区域有时效性比较强的基准地价体系，以发生转让行为的地块的地价差额为基数来缴纳一定比例的增值税，将大大简化该税种的征收难度。在现阶段已有征收细则的情况下，可以在预征土地增值税中发挥一定作用。

（4）是政府参与土地有偿使用收益分配的依据　通过行政划拨方式取得土地使用权的企业账面资产中不包括土地资产部分，不能正确反映土地资产的现值，致使企业、单位在组建三资企业、股份制企业改造以及企业兼并、破产清算中，土地资产无法作价或随便作价和投资入股。同时由于土地资产占有量没有与国有土地使用者效益挂钩，造成土地利用率低，多占少用、占而不用的现象相当普遍，国有土地收益流失严重。进行企业清产核资，可促使企业的经营管理者注意到土地资产对生产的影响和贡献，它同时也是使政府了解土地资产总量的必要手段。这项工作的一个重要环节就是对土地的清查估价，可以依据城市基准地价体系评估土地资产总量。

（5）引导土地资源在行业部门间的合理配置　基准地价评估可以充分利用地价的价格杠杆作用，促使土地资源沿着优化配置的方向合理利用。例如在某城市，对政府规划的未来城市中心区，则应适当地调低该处住宅和商业的地价，引导商品房开发和商业建设来投资，拔高工业的地价，使得工业地价高出工业用途的承受能力，使城市的发展沿着科学合理的方向进行。

（6）是调节土地利用，引导土地合理流转的依据　合适的地价水平，既能吸引外资发展本地区经济又不至于因低地价造成国有资产流失或造成投资者对政府的不信任。

二、基准地价评估原理与原则

1. 基准地价评估原理

① 土地收益是基准地价评估的基础。

② 各行业对土地质量的要求不同，是形成各类用地基准地价的基础。

③ 各类用途在空间地域上都有其最佳区位，使得各类用地的基准地价具有不同的空间分布规律。

④ 土地利用的相对稳定性和动态性，是基准地价相对稳定和不断变化的前提。

2. 基准地价评估原则

① 土地使用价值评定和土地价格测算相结合的原则（以级控价，以价验级）。

② 以现实的土地用途为主，适当考虑规划的原则。

③ 各类用地分别评估，多种方法综合运用的原则。

④ 与社会经济水平相适合、相协调的原则。

⑤ 因地制宜，选择基准地价评估的技术路线。

三、基准地价评估的技术路线

1. 我国现行技术路线

基准地价是指在定级估价范围内，对现状利用条件下不同级别或不同均质区域的土地，分别评估确定某一估价期日上法定最高使用年期下的土地使用权区域平均价格。基准地价可以显示城市范围内不同区域的地价总体水平，为政府宏观控制城市地价总体水平提供基础。

基准地价的评估过程包括定级和估价两大块，其中基准地价评估是建立在土地定级的基础上的，首先对土地按级别（或均值区域）进行划分，再对同一级别（或均值区域）内的土地进行估价是现行城市土地定价的主要思路。

现行基准地价评估的主要做法，是按照我国《城镇土地分等定级规程》和《城镇土地估价规程》中的方法，依靠土地估价人员的经验实现对地价影响因素的选取和因素权重的确定，由于影响因素繁复，通常借助数据分析模型进行评估，现在比较常用的是回归模型、经济学模型、神经网络模型等。

2. 国外研究进展

在西方国家，由于长期的市场经济，拥有大量土地价格数据。在此基础上，利用 GIS（地理信息系统）技术对地价分片划区进行定级，以便于城市土地的管理。在定价方面，市政府工作人员以实地调查的形式决定土地价格。分区基准地价体系和标准宗地地价体系是市场经济发达国家普遍采用的基准地价体系，强调的是对区域土地功能的细分和综合利用。

韩国根据《国土利用管理法》建立了"基准地价制度"。根据这一制度，土地基准地价的调查评估方法是在全境范围内选择 2 万个标准地，由不动产评价专业人员依据规章，参照市场交易情况评估，再经土地评价委员会审议最后确定，并以公报形式每年定期公布。

德国《联邦建设法》规定，地方政府要定期评估并公布当地的土地公开参考价，以反映土地市场中地价的分布状况和变化趋势。各州每隔一到两年，要由估价委员会把各城市分区域的地产交易价格进行整理，分区域求算平均价格并公布于众，这种平均价格称为公开参考价格，类似于我国的基准地价。在确定公开参考价格时，估价委员会要求全部委员参加会议，会上准备了工作图，图上标有各区域地产交易样点价格和建议的地产公开参考价格。委员会对建议的公开参考价格进行讨论和做出决定，然后将决定结果制成标准地价表和地价图公布和出售。

日本在 1970 年就颁布实施了《地价公示法》。日本地价公示制度的主要内容有：地价公示必须首先选定若干标准宗地。按照《地价公示法》规定的条件选定标准宗地，标准宗地的分布密度是商业区每 0.4km² 有一宗，住宅区每平方公里有一宗。标准宗地须遵循代表性、中庸性、安定性、确定性等几个原则。最后标准宗地的价格由土地鉴定委员会交由两名不动产鉴定人员选用市场比较法、收益还原法、原价法 3 种方法，根据 3 种方法综合确定评估结果，并由土地鉴定委员会对评估结果进行审查或调整，确定最终结果。

四、建设用地基准地价评估的一般步骤

城市基准地价是以一个城市为对象，在该城市一定区域范围内，根据用途相似、地块相连、地价相近的原则划分地价区段，调查评估出的各地价区段在某一时点的平均价格。城市基准地价评估的方法和步骤如下。

1. 基准地价评估区域的确定

确定基准地价评估的区域范围，是以一个具体城市为对象来确定，例如是该城市的整个行政区域，还是规划区、市区或建成区等。评估的区域范围大小，主要是根据实际需要和可投入评估的人力、财力、物力等情况来定。

所谓地价区段，是将用途相似、地块相连、地价相近的土地加以圈围而形成的一个个区域。一个地价区段可视为一个地价"均质"区域。通常可将土地划分为 3 类地价区段：①商业路线价区段；②住宅片区段；③工业片区段。划分地价区段的方法通常是就土地的位置、交通、使用现状、城市规划、房地产价格水平及收益情形等做实地调查研究，将情况相同或相似的相连土地划为同一个地价区段。各地价区段之间的分界线应以道路、沟渠或其他易于辨认的界线为准，但商业路线价区段应以标准深度为分界线。

（1）划分基准地价均质区域的作用

① 基准地价是均质区域平均地价，划定区域是基准地价的内在要求。

② 划定均质区域是基准地价评估的基础。

③ 突出重点区域的交易样点资料调查，保证调查样点的数量和精度。

④ 保证所划分的均质区域内的样点地价信息差异不大，便于统计测算。

⑤ 有助于分析地价与影响因素的关系。

（2）划分基准地价均质区域的方法　目前，划分基准地价均质区域的方法有两种：一是多因素综合评判法，通过选择多个对不同用途土地影响差异较大的因素，综合评价定级范围内各土地单元的综合分值，将综合分值差异相对较小的区域划分为同一土地级别（均质区域）的方法；二是直接在城镇土地利用分区的基础上，按区域内土地条件的差异，划分出不同的均质区域。

（3）划分基准地价均质区域的步骤

① 选择划分区域的因素。

② 确定区域划分标准。

③ 调查有关资料。

④ 初步划分区域。

⑤ 实地校核调整。

⑥ 确定区域边界。

2. 基准地价评估资料的调查

是在划分出的各地价区段内，选择数宗具有代表性的宗地，再由估价人员调查搜集这些宗地的相关经营收益资料、市场交易资料或开发费用资料等，运用收益法、市场法、成本法、假设开发法等适宜的估价方法评估出这些标准宗地在合理市场下可能形成的正常市场价值，通常应求出单价或楼面地价。

（1）准备工作

① 图件准备。基准地价工作底图为：大城镇 1：10000～1：20000；中等城镇 1：5000～1：10000；小城镇以下 1：1000～1：5000。

按路线价评估基准地价的区域，局部商业用地的基准地价图可采用更大比例尺图件。国家鼓励应用计算机技术进行基准地价评估和更新。

② 设定基准地价内涵（标准宗地的条件，地价定义）。地价内涵内容包括评估范围，基准日、土地开发程度、土地用途设定（分工业、住宅、商业三种类型），土地使用权类型为出让土地使用权。

（2）资料调查的一般要求

① 调查、收集到有关的地价资料要按实地位置标注到估价工作底图上，并建立地价样本数据库；各地价样本的属性及图形数据，必须采用国家规定的编码规则。

② 调查以土地级或均质地域为单位进行。

③ 样本抽样采用分类不等比抽样调查。

④ 样本要有代表性，样本分布要均匀，样本数据以三年内发生为宜。

⑤ 调查总样本数、每级土地及各类土地调查样本数，要符合数学检验和数学分析的要求。

⑥ 所选样本应能同时获得地价或利用效益和相对应的土地条件资料。

⑦ 出让、转让、出租、入股等地价和企业单位土地利用效益资料以元为单位，准确到小数点后一位。

⑧ 调查资料必须填入相应的调查表格。

（3）资料调查的内容

① 土地定级成果资料。包括土地级别图，土地定级工作报告和技术报告，其他能用于土地估价的定级成果及资料。

② 土地利用效益资料。包括不同行业资金利润率标准，同一行业不同规模的资金利用效益资料，不同行业不同规模的企业劳动力标准，行业经济效益资料，单位或企业土地利用效益资料。

③ 地租、地价资料。土地使用权出让、转让、出租、入股等资料，房屋买卖、出租资料，土地征用及房屋拆迁补偿标准资料、房屋拆迁补偿标准、房屋造价标准、房屋重置价标准、房屋经营及管理标准、固定资产作价标准等资料，宗地用途、出租时间、容积率、有关税费征收标准，土地开发费用标准，资本的利息、利润标准，其他资料，如还原利率等。

④ 影响地价的因素资料。

⑤ 其他资料。历史地价资料，有关经济指数及建筑材料价格上涨指数，土地开发与经营的政策法规、条例、规定，有关土地房屋的税收种类、税率等，城镇规划等有关资料。

3. 资料整理

（1）市场交易资料整理

① 样点地价计算（分别根据土地使用权出让或转让资料、土地出租资料、房屋买卖资

料、房屋出租资料等）。

② 样点地价修正（年期修正、交易期日修正、容积率修正、样点地价其他修正）。

③ 样点地价资料整理（分类统计与分布图的编制）。

（2）土地利用效益资料整理

① 土地利用类型的划分。

② 单元土地质量指数的计算。

③ 企业标准资本额的计算。

④ 企业合理工资量的计算。

4. 样点数据检验

（1）样点资料归类　将初步审查合格的样本资料，分别按土地级别或均质地域、土地用途、企业用地效益、地价的交易方式和地价计算方法进行归类。当样本数量少于规定要求时应进行样本的补充调查。

（2）样本总体分布类型检验　同一土地级或均质地域中，同一交易方式的样本地价要通过样本同一性检验。同一均质地域中样本数量不能满足总体检验的需要时，需对均质地域进行差别判别归类，按类进行样本总体同一性检验。

同一均质地域中，不同交易方式计算的样本地价，也要通过样本总体同一性的检验。

（3）剔除异常样本数据　逐表审查调查资料，将缺少主要项目、填报数据不符合要求和数据明显偏离正常情况的样本剔除。

5. 利用样本地价评估基准地价

区段地价是某个特定地价区段的单价或楼面地价，它代表或反映着该地价区段内土地价格的正常和总水平。区段地价的计算，是分别以一个地价区段为范围，求各该地价区段内所抽查评估出的标准宗地单价或楼面地价的平均数、中位数或众数。计算出的区段地价，对于商业路线价区段来说是路线价，对于住宅片区段或工业片区段来说是区片价。

在上述区段地价计算的基础上做适当的调整后即是基准地价。在确定基准地价时，应先把握各地价区段间的好坏层次（通常是从好到差排序），再把握其间的地价高低层次，以避免出现条件较差的区段的基准地价高于条件较好的区段的基准地价。各类用地基准地价评估一般程序详见图8-1、图8-2、图8-3。

（1）利用样点地价资料评估基准地价

① 有样本区域或级别地价的模型选择及基准地价计算。在有样本区域或级别内，根据不同用途样本地价的分布规律，如呈正态分布，则可用样本地价的平均值作为该区域的基准地价。公式如下：

$$P_{1a} = \frac{\sum\limits_{i=1}^{M} P_{1i}}{M} \tag{8-1}$$

或

$$P_{1a} = \frac{\sum\limits_{i=1}^{M} P_{1i} S_i}{\sum\limits_{i=1}^{M} S_i} \tag{8-2}$$

式中，P_{1a} 为某均质地域或级别内的分用途单位面积基准地价；P_{1i} 为某均质地域或级别内各用途各有效样本的单位面积地价或众数样本单位面积地价；M 为均质区域或级别内可利用的有效地价样本数；S_i 为样本宗地面积。

其中，式（8-1）和式（8-2）的主要区别在于式（8-1）采用算术平均法，而式（8-2）则采

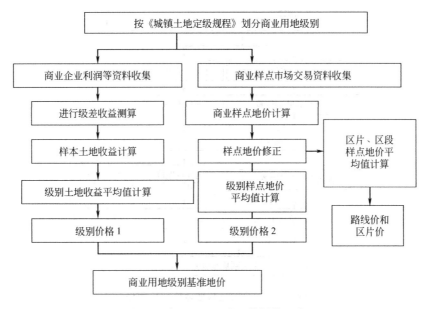

图 8-1 商业用地基准地价评估程序

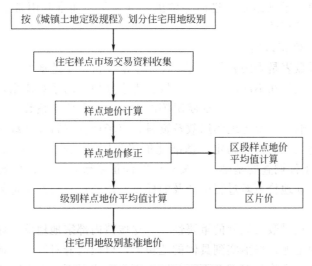

图 8-2 住宅用地基准地价评估程序

用了以样本宗地面积为权重的加权平均法。实际操作中应根据样本宗地情况区别采用。

② 没有交易价格资料或交易价格资料较少区域或级别的基准地价评估。没有交易资料的区域或级别，基准地价在评估时可采用在与相近区域同级别地块比较的基础上进行比例系数修正的方法进行评估。评估程序为：

a. 对已评估出基准地价的区域或级别，建立地价与影响价格的土地条件对照表；

b. 将没有交易资料或数量不足的区域或级别，进行土地条件调查和量化；

c. 比较待估价区域或级别同有地价区域或级别的接近程度，评估其基准地价；

d. 因素差异大的区域，在比较的基础上，采用系数修订法评估区域基准地价；

e. 通过确定各种用途基准地价在不同区域或级别内的比例关系，评估其他用途的基准地价。

（2）利用用地效益资料评估基准地价 在同一土地级别或类型的区域中，利用取得的土

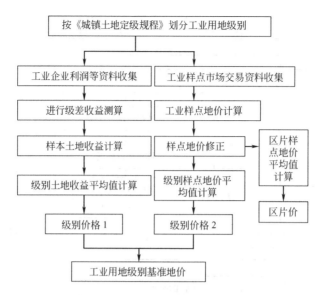

图 8-3 工业用地基准地价评估程序

地超额利润、已成交的地租和地价资料，测算出不同行业用地在不同土地级别和土地条件均质区域上形成的土地收益或地价，进而评估出基准地价。通常利用常数模型、多元线性模型、多元非线性模型进行计算。

6. 编制基准地价修正体系

基准地价修正系数表是采用替代原理，建立基准地价、宗地地价及其影响因素之间的相关关系，编制出基准地价在不同因素条件下修正为宗地地价的系数体系，例如具体区位、土地使用年限、容积率、土地形状、临街状况等的修正方法和修正系数。根据区域因素、个别因素和其他因素的影响，以及土地利用效益资料、市场地价资料和定级分值等方法，分别针对不同用地类型影响因素的特点制定《基准地价修正因素说明表》和《基准地价修正系数表》，以便能在宗地条件调查的基础上，按对应的修正系数，快速、高效、及时地评估出宗地地价。同时，在基准地价更新过程中涉及的样点地价的计算与修正也需在基准地价修正系数表的辅助下完成。

(1) 基准地价修正系数表编制的重要性　建立城镇内部宗地地价的评估体系，其意义不仅在于使政府制定的土地价格落实到具体的地块上，以便政府对城镇土地价格进行管理与控制，使土地价格更趋于准确和合理，而更关键和更有意义的是为城镇土地有偿出让和转让、出租、抵押价格的评定以及企业土地资产量的确定和动态管理提供了科学依据。

(2) 影响地价的因素分析与基准地价修正因素

① 影响地价的因素分类。基准地价与宗地样点地价的差异，一般是由于影响地价的区域因素和个别因素差异造成的。内部不同地块宗地地价的因素主要有区域因素和个别因素。其中区域因素主要是指影响城镇内部区域之间地价水平的城镇繁华程度及区域在城镇中的位置、交通条件、公用设施及基础设施水平、区域环境条件、土地使用限制和自然条件等。个别因素主要是指与宗地直接有关的自然条件、开发程度、宗地形状、长度、宽度、面积、使用限制和宗地临街条件等。

② 商业用地地价影响因素

a. 商服繁华度。主要包括企业经营类别、企业规模、距商业中心的距离。

b. 内部交通条件。主要包括距交通站点的距离、交通线路数、道路级别、步行街（人行便道）面积。

c. 外部交通条件。主要包括距火车站的距离、距港口的距离、距机场的距离、距长途汽车站的距离。

d. 基础设施保证度。主要包括上水保证度、下水保证度、电力保证度、通信保证度。

e. 人口密度条件。

f. 宗地条件。主要包括宗地的临街状况，宗地临近主、次干道的状况，宗地临街宽度，宗地自身深度和宗地的整形度等。

③ 住宅用地地价影响因素

a. 交通便捷度。主要包括距最近商业中心的公交站点的距离、交通线路数、道路级别、停车场地。

b. 基础设施保证度。主要包括上水保证度、下水保证度、电力保证度、天然气保证度、通信保证度。

c. 公用设施完备度。主要包括学校、幼儿园、医院、公园及文体娱乐设施。

d. 环境条件。包括住宅区人文环境以及宗地周围有无污染。

e. 宗地条件。主要包括宗地位置、面积、形状、地质地貌、规划限制等。

④ 工业用地地价影响因素

a. 交通便捷度。主要包括区域内交通方便程度、区域内部道路级别、距火车站的距离、距码头的距离、距机场的距离。

b. 基础设施条件。主要包括动力能源保证度、供水保证度、排水设施完善度、通信保证度。

c. 产业集聚规模。主要包括规划限制、企业规模及相关企业数量。

d. 环境质量。主要包括区域内有无污染源、企业自身有无污染源。

e. 宗地坡度。

（3）基准地价修正系数表的编制　土地级别基准地价修正系数表的编制步骤如下。

① 确定级别内商业、住宅、工业用地的基准地价。

② 选择编制基准地价修正系数表的因素。

③ 样点地价、土地收益资料的整理。

④ 各级土地中各行业用地修正幅度的确定。

⑤ 基准地价修正系数表的编制及因素条件的说明。

均质区域基准地价修正系数表的编制步骤如下。

① 确定区域基准地价。

② 选择修正因素。

③ 样点地价的整理。

④ 计算各区中的地价修正幅度。

⑤ 编制基准地价修正系数表。

7. 基准地价的确定与公布

以一种方法测算城镇基准地价的，用该种方法确定的级别商业、居住、工业用途的基准地价为城镇基准地价。以两种以上方法测算城镇分用途基准地价的，应以级别或区域为单位，用不同方法的测算结果，根据当地土地市场状况和地价水平，确定级别或区域中各用途的基准地价。

（1）基准地价确定的原则

① 以实际数据测算的结果为准，以比较、修正的结果为辅。

② 土地市场发达的以市场交易资料测算结果为准，级差收益测算结果验证。

③ 土地市场不发达的以级差收益测算结果为准，市场交易资料测算结果验证。

④ 体现地产管理政策。

（2）基准地价成果的整理　基准地价成果的整理包括以下内容。

① 要求。要求内容整理得全面、准确、精练，言简意赅，力求使目标阅览人通过报告能够直接掌握基准地价修正的基础信息和一般方法。

② 成果图件整理。包括基准地价评估资料图和基准地价评估成果图，基准地价图应有编制要求、内容、表示方法、清绘和整饰。

③ 整理基准地价表和基准地价因素修正系数表。

④ 编写基准地价评估报告。编写工作报告和技术报告，应包含编制目的、编写要求、主要内容。

（3）基准地价成果的验收及公布

① 基准地价成果的验收。检查验收的组织、程序、标准。

② 基准地价与标定地价公布。基准地价与标定地价评估成果可采用图、表两种形式公布。

五、农用地基准地价评估的方法

1. 评估步骤

采用样点地价评估基准地价，是在农用土地定级基础上，调查农用地投入产出样点资料和市场交易样点资料，并计算样点地价，以样点地价的平均值评估并确定农用地基准地价。具体评估步骤如下。

① 资料调查。

② 按农用地级别确定农用地的土地利用类型。

③ 投入产出资料抽样调查。

④ 利用投入产出资料分析计算土地利用纯收益，并以此计算样点地价。

⑤ 利用市场交易案例资料计算样点地价。

⑥ 根据所测算的样点地价资料计算各级别基准地价。

2. 资料调查的内容和要求

（1）资料和外业调查的内容　农用地定级成果资料，包括土地级别图、土地定级工作报告和技术报告、其他能用于土地估价的定级成果及资料；农用土地承包、转包、出租、拍卖、抵押、联营入股等交易资料，农地征用的补偿标准文件及实际支付标准资料等；社会经济及土地利用资料，包括当地农村经济发展状况资料，农业和社会经济发展统计资料，土地利用总体规划资料，基本农田保护区资料等；其他资料，如农用地历史地价资料、农业开发和农业生产的政策资料等。

（2）资料和外业调查要求　资料调查应以区片为单位进行，按土地级别或行政区域进行归类整理；调查、收集的有关地价样点资料要按实地位置标注到估价工作底图上，并建立样本资料数据库；农用地承包、转包、出租、拍卖、抵押、联营入股等交易资料和农用地效益资料中的价格指标均以元为单位，面积指标均以平方米为单位，指标数值准确到小数点后一位；样点调查应符合数理统计要求。

3. 确定土地利用类型

根据土地利用现状分区同时考虑土地利用总体规划的土地利用分区及土地用途管制的土地利用类型要求，确定各级别的主要用地类型。

4. 投入产出样点和市场交易资料调查

农用地投入产出样点资料调查采用抽样调查方式。市场交易样点资料调查，在市场资料充足的情况下，采用抽样调查；在市场资料不足的情况下，采用全面调查。

（1）调查样点的要求　样点单位可以是一定面积的地块，也可以是某一农户种植的相同用地类型的地块，地块面积应适中；样点抽样采用分类抽样调查，即按用地类型分别进行抽样调查；样点要有代表性，样点分布要均匀，样点数据应调查最近的连续三年的资料；样点单位总数、调查样点单位总数、各类样点单位数及调查样点单位数，应符合下式的要求：

$$E_{ni}/E_n = E_{Ni}/E_N$$

式中，E_{ni} 为第 i 类用地抽取的样点单位数；E_n 为各类用地抽取的样点单位总数；E_{Ni} 为第 i 类用地的样点单位数；E_N 为各类用地的样点单位总数。

（2）样点资料的整理

① 样本资料补充完善或剔除。对所有调查的样本资料均应逐表审查，对主要数据不全或不准确的，应进行补充调查，完善内容；将缺少主要项目、填报数据不符合要求和数据明显偏离正常情况而又不容易补充的样本进行剔除。

② 样本资料归类。将初步审查合格的样本资料，分别按土地级别、土地用途、用地效益等进行归类，当样本数量少于规定要求时应进行样本的补充调查。

5. 投入产出资料和市场交易资料分析计算

（1）投入产出样点资料的分析计算　样点地价的计算方法可以收益还原法的步骤和要求进行计算。

（2）市场交易样点资料的分析计算　根据样点类型，采用相应的估价方法计算市场交易样点地价。

6. 样点地价的修正及样点地价处理

样点地价的修正主要是把样点地价修正成为基准地价内涵条件下的正常地价，主要包括年期修正、期日修正及其他修正等。样点地价处理是指绘制样点地价图及进行样点数据检验等。

（1）样点地价的年期修正　不同年期的样点地价资料应修正到基准地价的有限年期，计算公式为

$$P_m = P_{m1}/[1 - 1/(1+r_d)m_1]$$

式中，P_m 为修正后的土地价格；m_1 为样点地价的实际年期；P_{m1} 为样点地价；r_d 为土地还原率。

（2）样点地价的期日修正　不同交易时间的样点地价，只有修正到基准地价期日的地价，才能用于基准地价评估。修正过程中应区别不同土地用途，计算地价的变化幅度。在已建立地价指数系统的地区，可利用地价指数进行修正。

计算公式如下：

$$K_{ij} = P_{is}/P_{ij}$$

式中，K_{ij} 为第 i 类用地第 j 期地价修正到基准地价估价期日的系数；P_{is} 为第 i 类用地基准地价估价期日土地交易平均价（或地价指数）；P_{ij} 为第 i 类用地第 j 期土地交易平均价（或地价指数）。

对不同时期发生的交易地价修正到估价期日的地价计算公式如下：

$$P_{ls} = K_{ij}P_{ij}$$

式中，P_{ls} 为修正为基准地价评估期日的宗地价格；P_{ij} 为第 j 期第 i 类宗地的实际成交地价；K_{ij} 意义同上。

（3）样点地价的其他修正

① 交易情况修正。把交易情况不正常的样点地价，修正到正常条件下的交易地价。

② 农用地开发程度修正。在不同农田基本设施配套程度下的样点地价，必须修正到基准地价评估所设定的农田基本设施配套程度下的地价。基准地价评估中的农田基本设施配套程度，可按各级农田基本设施配套现状程度的平均水平设定。

③ 权利修正。是指对承包、转包、出租、拍卖、抵押、联营入股等不同权利状况的修正。

（4）样点数据检验　同一土地级别中，同一交易方式的样点地价要通过样点同一性检验。同一级别中样点数量不能满足总体检验的需要时，需对级别进行差别判断归类，按类进行样点总体同一性检验。

同一级别中，不同交易方式计算的样点地价，也要通过样点总体同一性检验。

用 t 检验法或均值-方差法对样点进行异常值剔除。当检验后的数据不能满足需要时，应增加抽样数据，按以上方式重新进行数据检验。

（5）样点地价分布图的绘制　所调查和计算出的样点地价，要在工作底图上绘制样点地价分布图。按不同用途分布绘制样点资料分布图；土地级别界线要反映在图上；直接在图上表示样点地价；样点地价资料多时，采用分级图例表示地价点标准；样点资料应有编码，编码应反映不同用地类型、样点类型和样点序号等。

（6）数据整理　将经过修正及样点数据处理以后的样点，按土地级别、用地类型和交易方式的顺序进行整理，并填入相应的表格。

7. 计算级别基准地价

（1）样点数量的确定　合格样点量应符合数理统计要求。

（2）基准地价计算　以级别为单位，按不同用途采用样点地价的简单算术平均值、加权平均值、中位数、众数等作为该级别的基准地价。

第二节　基准地价修正方法和步骤

一、基准地价修正法的含义

基准地价修正法（land datum value method）也称为基准地价系数修正法，它是我国土地估价中重要的应用估价方法之一，是利用城镇基准地价和基准地价修正系数等评估成果，按照替代原理，将待估宗地的区域条件和个别条件等与其所处区域的平均条件相比较，并对照修正系数表选取相应的修正系数对基准地价进行修正，从而求取待估宗地在估价基准日价格的一种估价方法。

基准地价修正法是一种间接的估价方法，是在政府确定并公布了基准地价的地区，利用有关调整系数将估价对象宗地所处土地级别或地价区段的基准地价调整为估价对象宗地价格的方法。其估价结果准确性主要取决于基准地价的准确性及各种调整系数的科学性。

二、基准地价修正法的基本原理

城镇基准地价修正系数法的基本原理是替代原则，即在正常的市场条件下，具有相似土地条件和使用价值的土地，在交易双方具有同等市场信息的基础上，应当具有相似的价格。根据基准地价和基准地价修正系数表等评估成果，将被估宗地的区域条件和个别条件等与其所处区域的平均条件相比较，并对照修正系数表选取相应的修正系数对基准地价进行修正求取被估宗地在评估基准日的价值。土地估价中的替代原则可概括如下。

① 土地价格水平由具有相同性质的替代土地的价格所决定。

② 土地价格水平是由最了解市场行情的买卖者根据市场的交易案例的情况相互比较后所决定的价格。

③ 土地价格可通过比较地块的条件和其使用价值来确定。

由于土地的不可移动性、个别性及交易量少的特点，在估价时很难寻找到像一般商品那样完全相同的替代品。因此，一般都要进行期日、年期和土地条件等修正后，才能按替代原理确定待估宗地价格。

基准地价修正法与市场法的原理是一致的，只是参照物价格采用的是基准地价。该方法的精度取决于基准地价及其修正系数的精度，一般作为辅助方法，可以快速方便地进行宗地地价评估。

三、基准地价修正法的特点与适用范围

基准地价系数修正法，是在短时间内评估多宗土地或大量土地价格的一种估价方法，其估价精度与基准地价及宗地价格修正系数体系密切相关。它适用于具备基准地价及宗地价格修正系数体系成果的城镇的土地价格评估，特别适用于土地出让底价、土地抵押价格、课税地价和国有企业兼并等行为中的土地资产评估。

① 适用于完成基准地价评估的城镇的土地估价。

② 可在短时间内大批量进行宗地地价评估。

③ 一般在宗地地价评估中不作为主要的评估方法，而作为一种辅助方法。

四、基本公式

利用级别或区域基准地价评估宗地地价时，基准地价系数修正法是通过对待估宗地地价影响因素的分析，利用宗地地价修正系数，对各城镇已公布的同类用途同级或同一区域土地基准地价进行修正，估算待估宗地客观价格的方法。

1. 一般公式

被估宗地地价＝待估宗地所处地段的基准地价×年期修正系数×

期日修正系数×容积率修正系数×其他因素修正系数

2. 基本公式

$$V = V_{lb} \times (1 \pm \sum K_i) \times K_j$$

式中，V 为待估宗地的价格；V_{lb} 为该宗地用途土地在其土地级别上的基准地价；$\sum K_i$ 为宗地基准地价修正系数；K_j 为估价期日、容积率、土地使用年期等其他修正系数。

五、基准地价修正法估价的一般步骤

运用基准地价修正法估价的一般程序包括：搜集有关基准地价的资料；确定估价对象所处地段的基准地价；进行交易日期修正；进行区域因素修正；进行个别因素修正；求出估价对象宗地价格，应按下列步骤进行。

1. 收集、整理当地基准地价成果

在估价前必须收集当地有关基准地价资料，主要包括土地级别图、土地级别表、基准地价图、基准地价表、基准地价因素修正系数表和相应的因素条件说明表等，并根据估价的需要加以整理，作为宗地估价的基础。

2. 宗地级别及基准地价的确定

根据待估宗地的位置、用途，对照前面所收集的土地级别图表、基准地价图表等，确定待估宗地所处的土地级别、该级别土地平均开发程度和基准地价内涵。

3. 宗地影响因素调查分析与修正系数确定

根据已经确定的宗地级别和基准地价内涵，对待估宗地进行一般因素和区域因素等相关因素分析，以确定地价修正的基准和需要调查的影响因素项目。

根据待估宗地各因素的状况，分别在宗地地价修正系数表中查找各因素修正系数，并按下式计算宗地因素修正值：

$$k = \sum_{i=1}^{n} k_i$$

式中，k 为宗地地价影响因素修正值；n 为基准地价修正系数的个数；k_1，k_2，$\cdots$，k_n 分别为宗地在第 $1,2,\cdots,n$ 个因素条件下的修正系数。

4. 年期修正的公式与方法

基准地价对应的使用年期，是各用途土地使用权的最高出让年期，而具体宗地的使用年期可能各不相同，因此必须进行年期修正。土地使用年期修正系数可按下式计算：

$$k_y = \frac{1 - \left(\frac{1}{1+r}\right)^m}{1 - \left(\frac{1}{1+r}\right)^n}$$

式中，k_y 为宗地使用年期修正系数；r 为土地还原率；m 为待估宗地可使用年期；n 为该用途土地法定最高出让年期。

5. 期日修正的依据和参数确定方法

基准地价评估期日地价水平随时间迁移会有所变化，必须进行期日修正，把基准地价对应的地价水平修正到宗地地价评估期日。期日修正一般根据地价指数的变动幅度进行，期日修正系数可按下式计算：

$$y = 宗地估价期日的地价指数 / 基准地价评估期日的地价指数$$

6. 容积率修正的依据和参数确定方法

基准地价评估时对应的容积率是均质区域内的平均容积率，各宗地的容积率可能各不相同，而同时，容积率对地价的影响极大，难以在编制基准地价修正系数表时考虑进去。因此，如果在因素修正系数表中未能考虑容积率影响，就必须进行进一步修正，将平均容积率修正到实际容积率水平。容积率修正系数按下式计算：

$$K_{ij} = k_i / k_j$$

式中，K_{ij} 为容积率修正系数；k_i 为待估宗地容积率对应的地价水平系数；k_j 为级别或均质地域内该类用地平均容积率对应的地价水平指数。

7. 开发程度及其他因素修正

比较待估宗地价格定义与基准地价内涵，当二者内涵一致，开发程度相同时，则不必进行土地开发程度差异修正，当二者不一致时，则需进行土地开发程度差异修正，将基准地价修正为与待估宗地地价设定的土地开发程度。

如某市二级住宅用地的基准地价为 1000 元/m²，对应的土地开发程度为五通一平（通路、通上水、通下水、通电、通燃气管线，场地平整），待估宗地为七通一平（通上水、通电、通路、通信、通下水、通热力管线、通燃气管线和场地平整）。据调查，该级别土地通信、通热力管线的开发费分别是 50 元/m² 和 100 元/m²，则该级别七通一平条件下的基准地价为 1000＋50＋100＝1150 元/m²，并依此作为下一步评估的基准。

8. 通过各因素修正确定宗地价格

根据前面所求得的各项修正系数，对待估宗地对应的基准地价修正，运用基准地价系数修正法的基本公式，即可求得宗地地价。

第三节 基准地价系数修正法应用举例

【**例 8-1**】 S市有一面积为 4000m² 的国有出让土地，用途为城镇混合住宅用地，拟在 2007 年 1 月 1 日进行土地使用权转让，试根据以下资料估算该宗地于转让日期的单位面积价格和总价格。

① 证载土地使用期至 2070 年 1 月 1 日，但限定商业用途最高土地使用年限 40 年。

② 宗地形状为规则平行四边形，规划容积率≤3.3。宗地实际用途为城镇混合住宅用地，根据具体规划指标，确定商、住比例为 1∶9。开发程度实际与设定均为宗地红线外"五通"（即通路、通上水、通下水、通电、通信）和宗地红线内场地平整。

③ 该市基准地价 2005 年公布，基准日设定为 2005 年 1 月 1 日，土地开发程度设定为红线外"五通"（即通路、通电、通上水、通下水、通信），红线内场地平整，商业、住宅、工业用地年限分别设定为 40 年、70 年、50 年。该宗地属商业四级、住宅四级用地，其对应的基准地价为商业 800 元/m²，住宅 450 元/m²。

④ 其他相关资料如下。

a. 该地市同类用地价格在 2005 年 1 月至 5 月没有变化，2005 年 6 月至 2006 年 12 月每月递增 0.5%。

b. 商业用地、居住用地的还原利率均为 6%。

c. 根据容积率修正系数表，该市同类型土地在平均容积率为 2.5 时，对应的地价水平指数为 100，容积率每增高或降低 0.1，则地价向上或向下修正 1%。

d. 根据基准地价因素条件分析，该地块影响因素修正幅度商业为 －2%，住宅为 3%。

e. 基准地价系数修正公式为：

宗地地价＝基准地价×（1＋影响因素修正系数）×年期修正系数×期日修正系数×
　　　容积率修正系数＋土地开发程度修正额

【**解**】（1）计算商业部分地价

① 确定宗地所在土地级别及基准地价标准。处于四级商业地价区，基准地价为 800 元/m²。

② 确定影响因素修正系数

$$影响因素修正系数＝1＋（-2\%）＝0.98$$

③ 确定年期修正系数

$$年期修正系数＝\{[1-1/(1+6\%)^{33}]/[1-1/(1+6\%)^{40}]\}＝0.9458$$

④ 确定期日修正系数

$$期日修正系数＝[(1+0.5\%)19]＝1.0994$$

⑤ 确定容积率修正系数

$$容积率修正系数＝[(1+1\%)8]＝1.0829$$

⑥ 确定开发程度修正额。该宗地开发程度为宗地红线外"五通"和红线内场地平整，与基准地价内涵一致，故土地开发程度修正额为 0。

⑦ 计算商业部分地价

商业部分单位地价＝基准地价×(1＋影响因素修正幅度)×年期修正系数×

期日修正系数×容积率修正系数

＝800×0.98×0.9458×1.0994×1.0829

＝882.79(元/m²)

商业部分总地价＝单位地价×总面积×商业部分所占比例

＝882.79×4000×10％

＝353116（元）

（2）计算住宅部分地价

① 确定其所在土地级别及基准地价标准。处于四级住宅地价区，住宅基准地价为450元/m²。

② 确定影响因素修正系数

影响因素修正系数＝1＋3％＝1.03

③ 确定年期修正系数

年期修正系数＝[1－1/(1＋6％)⁶³]/{1－[1/(1＋6％)⁷⁰]}＝0.9913

④ 确定期日修正系数

期日修正系数＝(1＋0.5％)¹⁹＝1.0994

⑤ 确定容积率修正系数

容积率修正系数＝(1＋1％)⁸＝1.0829

⑥ 确定开发程度修正额。该宗地开发程度为宗地红线外"五通"和红线内场地平整，与基准地价内涵一致，故土地开发程度修正额为0。

⑦ 计算住宅部分地价

住宅部分单位地价＝基准地价×(1＋影响因素修正幅度)×年期修正系数×

期日修正系数×容积率修正系数

＝450×1.03×0.9913×1.0994×1.0829

＝547.01(元/m²)

住宅部分总地价＝单位地价×总面积×住宅部分所占比例

＝547.01×4000×90％＝1969236（元）

（3）计算宗地总价

宗地总价＝商业用地总价＋住宅用地总价

＝353116＋1969236＝2322352（元）＝232（万元）

宗地单价＝用地总价÷用地面积＝2322352÷4000＝581（元/m²）

【例 8-2】 某公司在 S 市开发区拥有一块工业用地，拟在 2006 年 7 月 1 日通过土地使用权抵押贷款，试根据下面的资料估算该宗地于贷款日期的单位价格和总价格。

土地情况为：该土地通过征用后出让获得，当时征用时包括代征的 500m² 的绿化用地在内总面积共计 5500m²。土地出让手续于 2002 年 7 月 1 日办理，当时获得的使用年期为 50年，允许的建筑面积为 6000m²，红线外基础设施条件为"五通"（通上水、通下水、通路、通电、通信），红线内基础设施条件为"五通一平"（通上水、通下水、通路、通电、通信，场地平整）。由于市政建设需要，该地块红线内靠近绿地有 2m 宽、60m 长的地带下埋有高压电缆，土地出让时已经按照长每米 500 元在出让价中扣减（该扣减数额是当地同类问题补偿标准，近几年未进行调整）。

其他有关资料如下。

① 以 2003 年 7 月 1 日为基期，该市工业用地价格在 2003 年 7 月 1 日至 2006 年 7 月 1

日期间，平均每月上涨 0.5%。

② 该市 2005 年 7 月 1 日公布并执行国有土地基准地价的更新成果。基准地价的估价期日为 2005 年 1 月 1 日；基准地价为各类用途在法定最高出让年期，各级别土地平均容积率和平均开发程度下的土地使用权区域平均价格。

③ 根据基准地价更新成果，得知该宗地位于五级工业地价区，基准地价水平为 500 元/m²，土地开发程度设定为红线外"五通"（通上水、通下水、通路、通电、通信）、红线内"场地平整"；红线内每增加一通，土地开发费平均增加 10 元/m²。

④ 根据基准地价因素条件说明表和优劣度表，计算得到该宗地地价影响因素总修正幅度为 5%。

⑤ 该市五级工业用地的平均容积率为 1.0，对应的地价水平指数为 100。

根据容积率修正系数表，平均容积率修正系数为 1.0，容积率每增高或降低 0.1，均向上修正 2 个百分点。

⑥ 土地还原率为 6%。

⑦ 基准地价系数修正法公式为

待估宗地地价＝宗地对应的基准地价×(1+影响因素修正幅度)×年期修正系数×
期日修正系数×容积率修正系数＋土地开发程度修正额

【解】 该宗地价格评估过程如下。

① 确定宗地所在土地级别及基准地价水平。该宗地处于五级工业地价区，基准地价水平为 500 元/m²。

② 确定宗地影响因素修正系数。根据本题所提供的资料，得知该宗地地价影响因素总修正幅度为 5%。

③ 确定年期修正系数。评估基准日为 2006 年 7 月 1 日，该宗地 2002 年 7 月 1 日办理土地出让手续，出让年期为 50 年，于估价期日的土地剩余使用年期为 46 年，工业用地法定最高出让年期为 50 年，土地还原率为 6%，则使用年期修正系数为

$$Y=[1-1/(1+6\%)^{46}]/[1-1/(1+6\%)^{50}]=0.9849$$

④ 确定期日修正系数。该市工业用地价格在 2003 年 7 月 1 日至 2006 年 7 月 1 日期间，平均每月上涨 0.5%。基准地价的估价期日为 2005 年 1 月 1 日，宗地估价期日为 2006 年 7 月 1 日，则：期日修正系数＝$(1+0.5\%)^{18}=1.0939$。

⑤ 确定容积率修正系数。根据本题所提供的资料，五级工业用地的平均容积率为 1.0，对应的容积率修正系数为 1，以此为基准容积率每增高或降低 0.1，均向上修正 2 个百分点。

$$待估宗地容积率＝建筑面积/土地面积＝6000/5000=1.2$$
$$容积率修正系数＝1+2×0.02=1.04$$

⑥ 土地开发程度修正。该宗土地开发程度为红线外"五通"，红线内"五通一平"，与基准地价内涵不一致，需进行宗地开发程度修正。

$$开发程度修正额＝10×5=50(元/m²)$$

⑦ 计算宗地价格

待估宗地单位地价＝宗地对应的基准地价×(1+影响因素修正幅度)×年期修正系数×
期日修正系数×容积率修正系数＋开发程度修正额
$$=500×(1+5\%)×0.9849×1.0939×1.04+50=638(元/m²)$$

$$宗地总价＝638×(5500-500)/10000=319(万元)$$

⑧ 地下电缆减价修正

$$地下电缆减价＝500×60=3（万元）$$

$$最后地价＝319-3＝316（万元）$$
$$单位地价＝316/0.5＝632（元/m^2）$$

【例 8-3】 评估宗地位于××市人民西路北，红山村南，二级出让住宅用地，使用年期 70 年，用地面积为 3692.30m²，容积率为 1.8，该区域住宅用途 70 年期的基准地价（级别价）为 1240 元/m²。

××市基准地价已经××省国土资源厅验收通过，基准地价内涵为评估基准日于 2005 年 1 月 1 日评价区各级别商业、居住、工业用地在达到宗地红线外"五通"（通路、通上水、通下水、通电、通信）和宗地红线内场地"一平"（场地平整）开发条件下、法定最高出让年期的出让国有土地使用权的平均价格，其中住宅标准容积率为 1.8。

【解】 ① 确定期日修正系数（K_1）。该基准地价成果的价格时点为 2005 年 1 月 1 日，自 2005 年 1 月 1 日至估价期日，评估宗地所在地段地价基本无变动，该宗地的期日修正系数取 1。

② 确定土地使用权年期修正系数（K_2）。由于待估地为待出让土地，本次评估按住宅法定最高使用年限 70 年进行年期修正，土地年期修正系数 K_2 的计算公式为：

$$K_2＝[1-1/(1+r)]^m/[1-1/(1+r)^n]$$

式中，K_2 为土地使用年期修正系数；n 为住宅用地法定出让年限 70 年；m 为住宅用地剩余使用年限 70 年；r 为土地还原利率为 6%。

③ 确定容积率修正系数 K_3。

④ 计算宗地地价。容积率大于 1 的宗地地价单价计算公式：

待估宗地地价单价＝基准地价级别价×容积率×(1±∑区域及个别因素修正体系)×

$$年期修正系数×期日修正系数×容积率修正系数$$
$$＝1240×1.8×(1-2.58\%)×1×1×1＝2174(元/m^2)$$

$$宗地面积＝3692.30（m^2）$$
$$宗地总价＝宗地单位地价×宗地面积＝2174×3692.30＝802.71（万元）$$

【例 8-4】 某地块位于市区路×号，土地用途为商业用地，面积为 3940m²，容积率 4，处于一级地段，已完成三通一平。土地取得方式为出让，使用年限为 50 年，取得日期为 2007 年 5 月 1 日，权利人为市房地产开发公司。现拟用基准地价修正法评估该宗土地于 2008 年 4 月 30 日的土地使用权市场价格。

【解】 ① 市一级商业用地基准地价为 3500 元/m²，所对应的平均容积率为 3.5。

② 宗地因素修正见表 8-1。

表 8-1　宗地因素修正

因素名称	比较条件	评估等级	修正系数
商服繁华度	地处市级商服中心一般繁华地段	较优	0.0250
交通条件	临主干道,附近有公交站点,临轨道交通	较优	0.0195
宗地临街状况	一面临街	一般	0.0000
目前利用状况	目前为净地,拟建商业性综合物业	较优	0.0059
宗地自身条件	面积使用率高,形状规则,对土地利用有利	优	0.0251
规划限制	利用类型无限制,建筑容积率较大	较优	0.0075
其他因素	无明显利弊	一般	0.0000
综合			0.0830

③ 交易日期修正系数。根据统计资料，该市 2007 年 5 月至 2008 年 5 月，土地市场的价格平均每月上涨 0.5%，故交易日期修正系数为：

$$K_日＝(1+0.5\%)^{12}＝1.06168$$

④ 年期修正系数。待估价宗地剩余使用年限为 $50-1=49$ 年，根据该市房地产市场状况，土地资本化率综合确定为 8%，故年期修正系数为：

$$K_\text{年} = \frac{1-\left(\dfrac{1}{1+8\%}\right)^{49}}{1-\left(\dfrac{1}{1+8\%}\right)^{50}} = 0.99826$$

⑤ 容积率修正系数。该市该地段不同容积率下的地价水平指数见表 8-2。

表 8-2 不同容积率下的地价水平指数

容积率	2.5	3	3.5	4
修正系数	0.8	1	1.1	1.2

故该宗地的容积率修正系数为

$$K_\text{容} = \frac{1.2}{1.1} = 1.09091$$

$$\begin{aligned}
\text{估价对象宗地单价} &= \text{对应的基准地价} \times K_\text{日} \times (1 \pm K) \times K_\text{年} \times K_\text{容} \\
&= 3500 \times 1.06168 \times (1+0.0830) \times 0.99826 \times 1.09091 \\
&= 4382.51(\text{元}/\text{m}^2)
\end{aligned}$$

待估价宗地总价 $= 4382.51 \times 3940 = 1726.71$（万元）

【例 8-5】 ××房地产开发有限公司拟向××银行××支行申请办理土地使用权及在建工程抵押贷款，特委托××不动产评估有限公司对其所属的位于××市××区××街××号的××在建工程及其分摊的土地使用权进行价格评估，为其办理抵押贷款提供价格参考。估价时点是 2006 年 6 月 24 日，土地设定用途为商业，土地开发程度达到宗地红线外通路、通电、通信、通上水、通下水、通燃气、通热力及宗地红线内土地平整（以下简称"七通一平"），土地剩余使用年限为 40 年，容积率为 2.5。

【解】 基准地价系数修正法是评估该地块价格的方法之一，其评估过程如下。

① 收集估价对象所在地的基准地价及其相应的宗地地价修正系数体系。估价对象为××市一级商业用地，其基准地价为 6500 元/平方米。该市基准地价的基准日为 2006 年 6 月 30 日，土地开发程度为"七通一平"，容积率为 2.5。该市一级商业用地宗地地价修正系数表及其说明表分别见表 8-3 和表 8-4。

表 8-3 ××市一级商业用地宗地地价区域因素修正系数

因素	因子	优	较优	一般	较劣	劣
繁华程度	距市级商服中心/m	0.0521	0.0261	0	−0.0261	−0.0521
	距区级商服中心/m	0.0478	0.0239	0	−0.0239	−0.0478
交通条件	临道路类型	0.0219	0.0109	0	−0.0109	−0.0219
	公交状况/条	0.0204	0.0102	0	−0.0102	−0.0204
	距长途汽车站/m	0.0090	0.0045	0	−0.0045	−0.0090
	距客运码头/m	0.0053	0.0027	0	−0.0027	−0.0053
基础公用设施状况	供电状况/%	0.0049	0.0025	0	−0.0025	−0.0049
	供水状况/%	0.0068	0.0034	0	−0.0034	−0.0068
	排水状况/%	0.0068	0.0034	0	−0.0034	−0.0068
	供气状况/%	0.0054	0.0027	0	−0.0027	−0.0054
	距邮局/m	0.0056	0.0028	0	−0.0028	−0.0056
	距银行/m	0.0086	0.0043	0	−0.0043	−0.0086
	距农贸市场/m	0.0085	0.0042	0	−0.0042	−0.0085
人口状况	流动人口密度/(人/km²)	0.0201	0.0100	0	−0.0100	−0.0201
	常居人口密度/(万人/km²)	0.0223	0.0112	0	−0.0112	−0.0223

表 8-4　××市一级商业用地宗地地价区域因素修正系数指标说明

因素	因子	优	较优	一般	较劣	劣
繁华程度	距市级商服中心/m	≤100	(100,300]	(300,500]	(500,800]	>800
	距区级商服中心/m	≤100	(100,300]	(300,500]	(500,800]	>800
交通条件	临道路类型	生活型主干道	混合型主干道	生活型次干道	混合型次干道	支路
	公交状况/条	≥9	[7,9)	[5,7)	[3,5)	<3
	距长途汽车站/m	≤200	(200,350]	(350,500]	(500,1000]	>1000
	距客运码头/m	≤3500	(3500,3800]	(3800,4000]	(4000,4500]	>4500
基础公用设施状况	供电状况/%	≥95	[85,95)	[75,85)	[60,75)	<60
	供水状况/%	≥95	[85,95)	[75,85)	[60,75)	<60
	排水状况/%	≥95	[85,95)	[75,85)	[60,75)	<60
	供气状况/%	≥95	[85,95)	[75,85)	[60,75)	<60
	距邮局/m	≤100	(100,250]	(250,500]	(500,1000]	>1000
	距银行/m	≤100	(100,250]	(250,500]	(500,1000]	>1000
	距农贸市场/m	≤100	(100,250]	(250,500]	(500,1000]	>1000
人口状况	流动人口密度/(人/km²)	≥600	[500,600)	[350,500)	[150,350)	<150
	常居人口密度/(万人/km²)	≥1.2	[1.1,1.2)	[1,1.1)	[1,0.9)	<0.9

②　确定估价对象宗地价格影响因素的修正系数。由于估价对象宗地的个别因素与基准地价的平均条件一致，所以不必进行个别因素修正。根据评估人员的实地勘察，得到估价对象宗地价格的区域因素条件，并与表 8-4 进行比较，从而得到估价对象宗地价格区域因素的修正系数及总修正系数，见表 8-5。

表 8-5　估价对象宗地价格区域因素的条件及修正系数

因素	因子	估价对象宗地条件	优劣程度	修正系数/%
繁华程度	距市级商服中心/m	≤100	优	0.0521
	距区级商服中心/m	(500,800]	较劣	−0.0239
交通条件	临道路类型	生活型主干道	优	0.0219
	公交状况/条	≥9	优	0.0204
	距长途汽车站/m	(350,500]	一般	0
	距客运码头/m	(3800,4000]	一般	0
基础公用设施状况	供电状况/%	≥95	优	0.0049
	供水状况/%	≥95	优	0.0068
	排水状况/%	≥95	优	0.0068
	供气状况/%	≥95	优	0.0054
	距邮局/m	≤100	优	0.0056
	距银行/m	≤100	优	0.0086
	距农贸市场/m	(100,250]	较优	0.0042
人口状况	流动人口密度/(人/km²)	≥600	优	0.0201
	常居人口密度/(万人/km²)	≥1.2	优	0.0223
总修正系数				0.1552

③　采用基准地价系数修正法求取估价对象宗地的价格。估价对象宗地的土地使用权价格为

$$6500 \times (1+0.1552) = 7508.80 (元/m^2)$$

思考与练习题 ▶▶

1. 城镇土地定级的含义是什么？定级的基本思路是怎样的？

2. 基准地价的概念和作用是什么？

3. 基准地价评估的基本思路是怎样的？

4. 基准地价修正法的含义、特点和适用范围是什么？

5. 基准地价修正法的估价步骤包括哪些？

参 考 文 献

［1］　孔维华. 城镇土地基准地价评估研究（硕士论文）. 山东科技大学，2003.

［2］　卫欣. 基准地价更新研究——以重庆市主城区为例（硕士论文）. 西南师范大学，2003.

［3］　刘锐. 城镇土地定级与基准地价研究（硕士论文）. 四川大学，2006.

［4］　樊翔云. 基于GIS的城镇基准地价更新研究——以吉林省松原市为例（硕士论文）. 首都师范大学，2005.

［5］　邹文霞. 基准地价用途分类体系研究（硕士论文）. 浙江大学，2008.

［6］　崔力源. 城镇基准地价修正系数法研究（硕士论文）. 河南大学，2009.

［7］　柯晓霞. 城镇基准地价评估中容积率修正系数的确定——以九江市星子县为例. 科技广场，2011，2：84-86.

［8］　刘洁，李红，高敏华. 农用地定级与基准地价评估研究——以吐鲁番市为例. 中国农业资源与区划，2011，32（2）：6-12.

［9］　杨素悦. 基于GIS的农用地分等定级与估价技术. 安徽农业科学，2011.

［10］　揣小伟，黄贤金，许益林. 农村集体建设用地基准地价初步研究——以安徽省良玉村为例. 经济地理，2012，32（2）：121-126.

［11］　杨传然，孙清娟. GIS系统在开封市农用地定级估价中的应用探究. 中国新技术新产品，2012，3：27-28.

第九章

房地产估价实务和估价报告

第一节　房地产估价技术路线

一、房地产估价技术路线概述

1. 房地产估价技术路线的概念

房地产估价技术路线是评估出估价对象房地产的价值所应遵循的根本途径，是指导整个房地产估价过程的技术思路，是估价人员对估价对象房地产的价格形成过程的认识。

确定房地产估价技术路线，要对估价对象房地产本身有充分的认识，还要对交易各方的情况和交易过程有充分的了解。

2. 房地产估价技术路线与房地产价格内涵和价格形成过程

房地产估价是估价人员模拟房地产价格形成过程以确定房地产价值的过程，房地产估价技术路线就是估价人员模拟房地产价格形成过程、揭示房地产价格内涵时的思路。因此，房地产估价技术路线体现的是估价对象房地产的价格形成过程，反映的是估价对象房地产的价格内涵。

3. 房地产估价技术路线与房地产估价方法

（1）房地产估价技术路线与房地产估价方法的密切关系　房地产估价技术路线是估价人员对房地产价格形成过程的认识，而房地产估价方法本身也反映了人们对房地产价格形成过程的认识。每种房地产估价方法都体现了一种技术路线。

同一个估价对象，采用不同的估价方法，实际上是在模拟不同的价格形成过程，体现的是不同的估价技术路线。房地产估价技术路线与房地产估价方法是一种密不可分的关系。

（2）把握房地产估价技术路线有助于正确运用房地产估价方法　由于房地产估价技术路线反映了房地产价格形成过程和价格内涵，而房地产估价方法的实质也是模拟房地产价格的形成过程确定估价对象的价格，所以把握房地产估价技术路线有助于正确理解和运用房地产估价方法，并且不会由于房地产估价方法在表现形式上的不同而迷惑。

4. 确定房地产估价技术路线要首先确定估价的价值标准

（1）房地产估价的公开市场价值标准　房地产估价的价值标准要解决的是房地产估价的最根本问题，即房地产估价是"评估什么前提条件下的房地产价值"。房地产估价的价值标准问题是一个影响房地产估价全过程的重要问题，从估价方法的运用到估价结论的确定，都要受到房地产估价的价值标准的影响。

（2）公开市场价值标准决定估价方法的实质　在进行房地产估价时，确定了估价的技术路线才能进一步根据估价对象决定采用何种估价方法，而公开市场价值标准本身就决定了各种估价方法的实质。

按照公开市场价值标准的规定，采用市场比较法对估价对象的公开市场价格进行估价是顺理成章的事，市场法也是最直观地体现公开市场价值标准的一种估价方法。其他各种房地产估价方法究其实质，都是市场法的变形，是对市场法的补充，因此这些估价方法同样体现了公开市场价值标准。

二、房地产估价技术路线的确定

1. 房地产估价技术路线的确定

（1）确定房地产估价技术路线要对估价基本事项有充分的认识　确定房地产估价技术路线首先要对估价基本事项有充分的认识，即要充分了解估价对象、估价目的、估价时点。

① 确定房地产估价技术路线时要充分了解估价对象。估价技术路线反映了估价对象房地产的价格形成过程，如果不了解估价对象本身的情况，确定估价技术路线就无从谈起。

例如，某估价对象原为在农村宅基地上建设的"集资房"，在不影响城市总体规划、能够形成基础设施配套等前提下，经市政府批准，补交土地使用权出让金后，可以发给房地产证，自发证之日起 5 年以后可以上市。现由于债务纠纷，法院判决将估价对象抵债，估算其价值。估价时点距离可以上市之日还有 6 个月时间，此时的估价技术路线应该是：先确定估价对象可以上市之日的快速变现价值，再折现到估价时点。

这里对估价对象情况的了解就非常重要，如果不是这样一个特殊的估价对象，就无法提出"先确定估价对象可以上市之日的快速变现价值，再折现到估价时点"这样的技术路线。

② 确定房地产估价技术路线时要充分了解估价目的。估价目的决定了价格内涵，进而决定了估价技术路线。例如，银行需要对抵押人提供抵押的一宗房地产进行估价，而且该房地产的土地是划拨取得，此时银行要了解的是：当因为抵押人所担保的债权不能按时清偿时，银行能够通过变卖抵押房地产获得的最大价值是多少，因此在"抵押评估"的目的下对该房地产进行估价时，就要向估价委托人（银行）说明在处分该抵押房地产时将要向国家交付多少土地使用权出让金。或者换句话说，该房地产在"抵押评估"的目的下所估算的房地产价格的内涵中应该扣除应向国家交付的土地使用权出让金。

又如，为了保险目的进行的房地产估价，其价格内涵将不包括土地的价格，因为保险估价的价值主体（保险公司）所关心的仅仅是房屋的价格，在出险时土地是不会受到损失的。

③ 确定房地产估价技术路线时要充分了解估价时点。确定房地产估价技术路线就是要确定房地产价格的内涵和价格形成过程，而房地产价格内涵与价格形成过程都与估价时点密切相关。

关于估价技术路线与估价时点的关系，详见本节"房地产估价技术路线与估价时点原则"。

下面我们再从一个案例来看房地产的估价基本事项与房地产价格内涵和价格形成过程以及与房地产估价技术路线之间的相互关系。

【例 9-1】　甲方（开发公司）于 2007 年 7 月委托乙方（建筑公司）建设两幢（分别称为 a 座和 b 座）8 层共 5000m² 的商品房，至 2007 年 12 月止甲方共支付乙方工程款 1500 万元，此时 a 座建至四层，b 座建至五层，工程到此停工，甲、乙双方此后为工程款发生纠纷，甲方认为工程款实际发生 1400 万元，乙方尚应返还 100 万元；乙方则认为工程款实际发生 1580 万元，甲方尚应再付 80 万元。双方争执不下，至 2009 年 7 月甲方向法院起诉，法院委托估价机构对甲方实际应支付给乙方的工程款进行评估。

【解】 ① 确定评估结论的依据应该是：

a. 以 1500 万元作为估价值；

b. 以 (1400＋1580)/2＝1490 万元作为估价值；

c. 以 2007 年 7～12 月的预算定额、材差等资料为依据，按两幢商品房到停工之日止实际发生的工程量计算估价值；

d. 以 2009 年 7 月的预算定额、材差等资料为依据，按两幢商品房到停工之日止实际发生的工程量计算估价值。

② 如果该开发公司拥有全部合法开发手续，欲将整体项目转让，估价时点应确定为：

a. 2007 年 12 月；

b. 2009 年 7 月；

c. 项目转让日期；

d. 项目建成日期。

③ 该商品房预计 2012 年 5 月建成，要估测建成时的售价，估价对象的状况和房地产市场情况应该如何选择：

a. 估价对象状况及房地产市场情况均为 2009 年 7 月的状态；

b. 估价对象状况及房地产市场情况均为 2012 年 5 月的状态；

c. 估价对象状况为 2012 年 5 月、房地产市场情况为 2009 年 7 月的状态；

d. 估价对象状况为 2007 年 7 月、房地产市场情况为 2012 年 5 月的状态。

本例提出的三个问题反映了三种不同的估价目的，需要了解的估价基本事项不同，相应的估价技术路线也各异。

第一问涉及的估价目的是确定甲方实际应支付给乙方的工程款，因此其估价技术路线是：以 2007 年 7～12 月的预算定额、材差等资料为依据，按两幢商品房到停工之日止实际发生的工程量计算估价值，估价时点是 2007 年 12 月工程停工之日，而不是 2009 年 7 月甲方向法院起诉之日。

第二问是确定项目转让的价格，因此其估价技术路线应该是采用假设开发法确定项目在转让时点的价格，这个价格与第一问提到的"甲方实际应支付给乙方的工程款"是完全无关的。

第三问是确定估价对象 2012 年 5 月建成时的售价，因此要按照估价对象状况及房地产市场情况均为 2012 年 5 月的状态来确定其届时的价格。

在这个例题中，估价目的、估价时点、估价对象的状况、房地产市场情况等估价基本事项与估价对象的价格内涵和价格形成过程，以及与估价技术路线之间的关系体现得非常充分。

(2) 确定房地产估价技术路线要遵循房地产估价原则 房地产估价技术路线所反映的是房地产价格的形成过程，而房地产估价原则体现的也正是房地产价格的形成原理，因此在确定房地产估价技术路线时要遵循房地产估价原则也就是十分自然的事了。

① 房地产估价技术路线与合法原则。遵循合法原则，要求房地产估价应以估价对象的合法产权、合法使用、合法处分为前提。

所谓合法，是指符合国家的法律、法规和当地政府的有关规定。

房地产价格实质上是房地产权益的价格，而房地产权益是由法律法规所确定的，估价所要考虑的也只能是合法的权益的价格。又由于房地产价格是在其使用和处分的过程中形成的，因此在确定房地产的价格时，就必须坚持其使用和处分的合法性。

合法原则给我们提供了这样的估价技术路线：估价时必须首先确认估价对象具有合法的产权，其次要求估价对象的用途必须是合法的，同时还要求在估价中如果涉及估价对象的交易或处分方式时，该交易或处分方式必须是合法的。

按照"确认估价对象具有合法产权"的估价技术路线，我们在估价时就必须先确认估价对象房地产具有哪些权利、权利是否完整以及权利是否合法。例如已经签订了租约的房地产，在租约有效期内，其占有权和使用权已经让渡给承租人，因此用收益法估价测算收益时，租期内的收益应根据租约所确定的租金计算；又如违章建筑，对其拥有的占有权是得不到法律保护的，因此是没有价格的。

按照"确定估价对象的合法用途"的技术路线，我们在估价时就要核查估价对象的现状用途是否与其法定用途相符。例如现状用途是商业，而法定用途是住宅，我们只能按照其法定用途确定其价格，而不能考虑其现状用途；又如在采用假设开发法估价时，需要设定估价对象未来的用途，在设定该用途时，就必须保证该用途的合法性，例如必须符合城市规划限制的要求。

按照"确定合法的交易或处分方式"的估价技术路线，在涉及划拨土地使用权单独设定抵押的估价时，就必须考虑到划拨土地使用权在得到土地行政主管部门的批准并补交土地使用权出让金或向国家上缴土地收益之后才能设定抵押，此时该目的下的估价对象才具有合法性。

② 房地产估价技术路线与替代原则。遵循替代原则，要求估价结果不得明显偏离类似房地产在同等条件下的正常价格。

替代原则的理论依据是同一市场上相同物品具有相同市场价值的经济学原理。替代原则是保证房地产估价能够通过运用市场资料进行和完成的重要理论前提：只有承认同一市场上相同物品具有相同市场价值，才有可能根据市场资料对估价对象进行估价。

替代原则也反映了房地产估价的基本原理和最一般的估价过程：房地产估价所要确定的估价结论是估价对象的客观合理价格或价值。对于房地产交易目的而言，该客观合理价格或价值应当是在公开市场上最可能形成或者成立的价格，房地产估价就是参照公开市场上足够数量的类似房地产的近期成交价格来确定估价对象的客观合理价格或者价值的。

在确定房地产估价技术路线时，无论我们采用什么估价思路和估价方法，都必然首先承认替代原则：市场比较法是用相同或类似房地产的成交价格来"替代"估价对象的价格，收益法是用估价对象未来的收益"替代"估价对象在估价时点的价格，成本法是用估价对象各组成部分的价格来"替代"估价对象的价格，等等。

③ 房地产估价技术路线与最高最佳使用原则。遵循最高最佳使用原则，应以估价对象用于最高最佳使用为前提估价。

房地产估价中所确定的客观合理价格或价值，其实质是房地产的经济价值，而房地产的经济价值是在房地产的使用过程中实现的。最高最佳使用原则要求在估价时应确定估价对象处于最高最佳使用状态时的价值，因此最高最佳使用原则本身就给我们提供了这样一个确定房地产估价技术路线的基本思路：在估价时首先要确定房地产的最高最佳使用状态，进而才能确定房地产在这种状态下的价值。

④ 房地产估价技术路线与估价时点原则。估价时点原则强调的是估价结论具有很强的时间相关性和时效性。

估价结论首先具有很强的时间相关性，这主要是考虑到资金的时间价值，在不同的时间点上发生的现金流对其价值影响是不同的。所以，在房地产估价时统一规定：如果一些款项的发生时点与估价时点不一致，应当折算为估价时点的现值。在确定估价技术路线涉及估价对象房地产的价格形成过程时，也就要注意到这一点，不能直接将不同时间点上发生的现金流直接相加，而要进行资金时间价值换算以后再相加。

估价结论同时具有很强的时效性，这主要是考虑到房地产市场价格的波动性，同一估价对象在不同时点会具有不同的市场价格。所以强调估价结果是估价对象在估价时点的价格，不能将该估价结果作为估价对象在其他时点的价格。因此在确定估价技术路线时，就要注意要根据不同的估价时点确定估价所依据的房地产市场情况，进而确定在此种房地产市场情况下的房地产总体价格水平。

估价时点原则的另外一层含义是估价对象在不同的估价时点的状态是不同的，相应就会有不同的价格。例如一宗房地产在其未完工时的状态与竣工后的状态不同，相应地就有不同的价格。在确定估价技术路线时，就要注意准确把握估价对象在所规定的估价时点时的状态，进而决定估价对象在该状态下的价格内涵。

2. 估价技术路线与估价方法

（1）房地产估价技术路线与房地产估价方法的密切关系　房地产估价技术路线是估价人员对房地产价格形成过程的认识，而房地产估价方法本身也反映了人们对房地产价格形成过程的认识，可以说，每种房地产估价方法都体现了一种技术路线。

例如市场法，它所体现的是这样一种对价格形成过程的认识：房地产的正常市场价格是该房地产在公开市场上最可能的成交价格，或者说是被大多数买家和大多数卖家认可的价格。正是按照这样对价格形成过程的认识，市场法采用"选取类似房地产的实际成交价格经过处理后作为评估价值"的技术路线。

成本法反映的估价技术路线是：在无法通过市场直接得到估价对象的正常市场价格的情况下，我们可以通过对估价对象房地产的价格组成部分进行分解，了解各价格组成部分的正常市场价格，再累加（积算）作为估价对象的正常市场价格。也就是说，成本法认可这样一种价格形成过程：房地产的价格是由其各组成部分的价格累加而成的。

收益法体现了对价格形成过程的这样一种认识：可以将购买房地产作为一种投资，将该投资未来可以获得的所有净收益折现之后累加，用所得结果作为估价对象的房地产价格。收益法所体现的估价技术路线是：房地产现时的价格是由房地产未来可获得的收益决定的。

假设开发法所体现的房地产价格形成过程也即估价技术路线是：未完成的房地产价格取决于它完成后的价格与从未完成到完成阶段所需增加的各项投入以及相应的利息、利润、税费的差额。

同一个估价对象，采用不同的估价方法，实际上是在模拟不同的价格形成过程，体现的是不同的估价技术路线。例如对一宗尚未完成的房地产开发项目的估价，我们可以采用成本法，求取获取土地的价格、已投入的建造成本和各项相关费用、利息、利润、税费，累加即得到其价格。这既是成本法的估价过程，也体现了一种技术路线。它所反映的价格形成过程是产品的价格是由构成产品价格的各组成部分积算而形成的。我们还可以采用假设开发法，先确定该项目完成后的市场价格，再扣除由未完成状态继续建造至完成所需的各项投入和利息、利润、税费，由此也可得出估价对象的价格，这种方法所反映的价格形成过程是未完成产品的价格最终取决于它开发建设完成后的市场价格，由后者可以推算出前者。所以说，房地产估价技术路线与房地产估价方法是一种密不可分的关系。

（2）把握房地产估价技术路线有助于正确运用房地产估价方法　由于房地产估价技术路线反映了房地产价格形成过程和价格内涵，而房地产估价方法的实质也是模拟房地产价格的形成过程确定估价对象的价格，因此，把握房地产估价技术路线有助于正确理解和运用房地产估价方法，并且不会由于房地产估价方法在表现形式上的不同而迷惑。下面通过例 9-2 来说明这一点。

【例 9-2】 ××股份有限公司土地使用权估价结果报告（节选）

（一）委托方：（略）

（二）估价方：（略）

（三）估价对象

1. 坐落

估价对象地块为一幅，坐落于××市××新区境内。该地块位于××商贸区内，地处××路南，××路西，××信息中心大楼北，××大厦东。

2. 产权状况

估价对象土地使用权为原××市土地管理局根据国家和××市的有关法规出让给××贸易区开发公司和××加工区开发公司，然后××股份有限公司（以下简称××公司）通过市场转让方式取得。

该地块于 1993 年 2 月与××贸易区开发公司签订转让合同受让取得，至估价时点尚余使用年限 48 年。

3. 规划限制条件（略）

（四）估价目的：企业股份制改造土地使用权市场价值评估

（五）估价时点：1995 年 12 月 31 日

（六）价值定义：本次估价采用公开市场价值标准

（七）估价依据：（略）

（八）估价原则：合法原则、最高最佳使用原则、替代原则、估价时点原则

（九）估价方法：本次估价采用市场比较法、假设开发法和以地换房法

（十）估价结果

估价对象土地总价值为人民币柒仟玖佰叁拾柒万柒千壹佰贰拾元整（RMB79377120）。

（十一）估价人员：（略）

（十二）估价作业日期：1996 年 3 月 27 日至 4 月 21 日

（十三）估价报告应用的有效期：（略）

××股份有限公司土地使用权估价技术报告（节选）

（一）个别因素分析（略）

1. 坐落（略）

2. 产权状况（略）

3. 规划限制条件（略）

4. 城市基础设施条件（略）

5. 建筑物扩初设计简况及工程进度（略）

（二）区域因素分析

自 1990 年党中央国务院决定开发××新区以后，由于基础设施投资持续增长，投资环境逐渐优化，来新区投资的国内外企业不断增加，尤其是 1992～1994 年新区土地开发量急剧上升，土地使用权出让和转让市场交易活跃。但自 1995 年以来受宏观经济调控的影响，土地市场逐渐进入调整、消化吸纳阶段，目前尚无明显回升迹象。

（三）市场背景分析

该地块所在的××地区，至 1995 年底共推出综合用地 130 幅，其中除少部分楼宇已建成推向市场外，其余大多为在建工程，而该地区外销综合楼市场吸纳能力有限，供大于求，出现了有价无市的现象，成交量锐减，土地市场价格水平约比 1993 年市场最旺时下跌

5%～10%。根据目前的市场情况分析，该地区外销房价格明显下落，有部分要转向国内市场寻求出路，总体上看该地区目前高级办公楼售价价位为每平方米 12000～15000 元人民币，且在两三年内不会有所突破。

（四）最高最佳使用分析（略）

（五）估价方法选用

本次估价所采用的市场法是在××新区范围内选择近期内已经发生交易的类似房地产加以比较对照，从而得出估价对象房地产的价格。其中××出口加工区内地则以该区近期成交价的平均价作为比较对象。

本次估价所采用的假设开发法的基本公式为：

熟地价格＝开发完成后的房地产价格－由熟地建造房屋的开发成本－管理费用－投资利息－销售税费－开发利润－买方购买熟地的税费

其中"买方购买熟地的税费"在本次估价中设定为零。

以地换房法的公式如下：

熟地价格＝××公司所得××大厦房地产的销售价格－由熟地建成房屋的开发成本－管理费用－投资利息－销售税费－风险损失

（六）估价测算过程

评估中各项有关数据参考委托方提供的资料及评估方掌握的信息，其中人民币兑美元的汇率为 8.31∶1，贴现率取一年期存款利率 10.98%。

1. 根据估价人员掌握的资料以及本项目的自身实际情况，再参考《房地产估价规范》中的规定，对本项目的估价采用假设开发法和市场法，以确定本房地产项目的价格。

（1）以地换房法　××公司与×××公司合作开发的××大厦建成后，××公司将取得大厦 34% 产权，并已部分预售，其中：地上部分有 7000m² 已协议预售给×××公司，协议售价为 1020 美元/m²，后者已支付了 105 万美元（约占售价的 15%）的售房定金，并将于 1998 年 6 月和 1998 年 12 月前分别支付售房款的 35% 和剩余额。

另外××公司所分得大厦的十四、十五层共 2272m²，已由该公司协议预售给马来西亚的××先生，协议售价为 1258 美元/m²，后者已支付了 27 万美元（约占售价的 9%）作为首期购房款，并将于 1998 年 6 月和 1998 年 12 月前分别支付售房款的 41% 和剩余额。

××公司所得大厦的 34% 房地产中除以上预售部分以外，剩余 3482m² 的地上建筑和地下车库评估中预计于 1997 年底大厦建成后半年至一年全部售出，根据市场调查，参照市场上同类地区同性质的综合楼的售价及其未来可能的变化趋势，并假定其于 1998 年 6 月、1998 年 12 月前分别支付应付款项的 50% 和剩余额，推测××大厦在建成之日并在一年内全部售完的销售价如下。

① ××公司所得的××大厦 34% 房地产的销售价格：

协议预售给×××公司的房地产销售价（pv 值）

＝单位面积售房价×预售的建筑面积×复利现值率

＝$7000 \times 1020 \times 8.31 \times [50\%/(1+10.98\%)^{2.5} + 50\%/(1+10.98\%)^3]/8.31$

＝$714 \times (0.385 + 0.366)$

＝536.2(万美元)

协议预售给××先生的房地产销售价（pv 值）

＝单位面积售房价×预售的建筑面积×复利现值率

＝$2272 \times 1258 \times 8.31 \times [50\%/(1+10.98\%)^{2.5} + 50\%/(1+10.98\%)^3]/8.31$

＝$285.8 \times (0.385 + 0.366)$

＝214.6（万美元）

××公司所得34％房地产中剩余地上部分销售价（pv值）

＝单位面积售房价×预售的建筑面积×复利现值率

＝3482×（30％×2000＋70％×1500）×8.31×

　　[50％/(1＋10.98％)$^{2.5}$＋50％/(1＋10.98％)^3]/8.31

＝574.5×（0.385＋0.366）

＝431.4（万美元）

××公司所得34％地下车库销售价（pv值）

＝单位车位售价×车位数×复利现价率

＝130×34％×25000×8.31×[50％/(1＋10.98％)$^{2.5}$＋50％/(1＋10.98％)^3]/8.31

＝110.5×（0.385＋0.366）

＝83.0（万美元）

××公司所得的××大厦34％房地产的销售价格

＝协议预售给××公司的房地产销售价＋协议预售给××先生的房地产销售价＋

　　××公司所得34％房地产中剩余地上部分销售价＋

　　××公司所得34％地下车库销售价

＝536.2＋214.6＋431.4＋83

＝1265.2（万美元）

② 销售费用、管理费用、专业费用、经营税收分别为销售价格的1％、1.5％、3％和5.0655％，共计为10.5655％。

③ 根据该地块的实际开发状况，该地块原定1995年10月完成地下部分建设，但至估价时点已推迟半年工期，若以工程进度延缓一年计，项目风险率可达3.5％。

④ 该地块土地价值＝××公司所得大厦34％房地产的销售价格－销售费用－

　　　　管理费用－专业费用－税收－风险损失

　　　　　＝1265.2×（1－14.065％）

　　　　　＝1087.2（万美元）

⑤ 由于××公司已将所得××大厦34％的房地产协议预售了9272m^2，并且已收取了132万美元的定金，故该地块价值为：1087.2－132＝955.2（万美元）

（2）市场比较法

① 可比实例的选择。通过市场调查了解和向有关部门查询，收集了与估价对象有关的可比实例若干，根据替代原理，按用途相同、地区相同（或同一供需范围）、价格类型相同、估价时点接近、交易情况正常的要求，从交易实例中选择如下地块作为可比实例。

可比实例	地址	成交单价/美元	交易日期
a	××商贸区2-10-1××国际大厦地块	250	1993.8.10
b	××商贸区2-9-3××大厦地块	309	1994.9.26
c	××商贸区2-10-4××招商大厦地块	233	1993.6.25
d	××商贸区2-11-3××大厦地块	300	1994.7.12

② 比较因素的选择。根据可比实例与估价对象的实际差异情况，对所选比较因素分析如下。

a. 区域因素。即总体区位条件：包括估价对象所在地区的交通、繁华程度、景观、规划、开发状况等影响土地价格的因素。因可比实例与估价对象同处××商贸区，各地块的区位条件大致相同，故本次评估不进行区域因素修正。

b. 交易日期。可比实例为 1993 年、1994 年成交，而估价对象的估价时点为 1995 年 12 月 31 日。根据估价时点原则，房地产价格是某一时点的价格，不同交易日期对价格会有不同的影响，在进行价格比较时必须充分考虑时间因素，按市场实际变化状况和变化趋势进行交易日期修正。

c. 交易情况。因××开发区开放的需要，××开发公司在招商引资时采取了一些优惠政策，使地价不同程度地低于市场价格。根据受让对象不同，优惠的幅度也有所不同，故在进行价格比较时，应对由于交易情况带来的价格偏差进行修正，以求取统一标准下的正常市场价格。本次评估中，交易情况的修正显得非常必要。

d. 个别因素。因地块的面积、容积率、位置临街状况等因素不同，对地价会产生一定的影响，在评估中，将个别因素作为修正内容之一。

③ 各因素修正说明

a. 交易日期修正。有资料表明，××地区 1992 年下半年开始大规模开发，1993 年推出大批地块，扣除交易情况影响因素，地价从 1993 年上半年至 1994 年下半年一年半中上涨了约 10%，达到高峰。1995 年以来，由于市场不景气，该地区地价下跌 5%～10%，故在进行交易日期修正时，对上涨与下跌因素综合考虑，取 1993 上半年至估价时点修正幅度为 ＋4%，1994 年上半年至估价时点修正幅度为 ＋3%。

b. 交易情况修正。根据××地区土地转让实际情况，在交易情况修正时，a、c 地块的修正系数为 100/90。

c. 个别因素修正。可比实例 a 地块因面积小，形状不如估价对象规则，地块有效利用率低于估价对象取 −7%，但因临街面宽且绿化环境好而取 ＋3%，综合取 −4%，修正系数为 100/96；b 地块个别因素与估价对象基本类似，不作个别因素修正；c 地块因与 a 地块情况类似，但其地块位置不如 a 地块，取修正系数为 100/93；d 地块临中央轴线大道，位置、交通条件和商业价值好于 a 地块，取修正系数为 100/102。

④ 可比实例的比准价格计算。在各因素的修正系数确定之后，通过下式求取可比实例的比准价格：

可比实例的比准价格＝成交价格×交易日期修正系数×交易情况修正系数×
个别因素修正系数

可比实例 a 的比准价格＝250×103/100×100/90×100/96
＝298（美元/m²）

可比实例 b 的比准价格＝309×104/100×100/100×100/100
＝321（美元/m²）

可比实例 c 的比准价格＝233×104/100×100/90×100/93
＝290（美元/m²）

可比实例 d 的比准价格＝300×104/100×100/100×100/102
＝306（美元/m²）

⑤ 权重值的确定。为保证比准价格的准确性，采取加权平均的方法对各比准价格进行汇总。因考虑 b 地块与估价对象最为接近，故给予 28% 权重，其余地块权重值均为 24%。

⑥ 估价对象比准价格确定

估价对象的比准价格＝（298＋290＋306）×24%＋321×28%＝305（美元/m²）

⑦ 结论。该地块市场比较法测得的比准价格为楼面地价每平方米 305 美元。

该地块市场价格＝单位楼面地价×总建筑面积＝305×37512＝11441.12（万美元）。

扣除已收入的售房定金 132 万美元，该地块的价格为 1012.12 万美元。

2. 估价结果的综合平衡

市场比较法和以地换房法的结果分别为 1012.12 万美元和 955.2 万美元，以地换房法更能反映地块的价值情况，取以地换房法测算结果为估价结果，该地块的估价结果为 955.2 万美元。

【例 9-3】　分析

① 该估价报告采用了一种"以地换房法"，其公式为

熟地价格＝××公司所得××大厦房地产的销售价格－由熟地建成房屋的开发成本－
管理费用－投资利息－销售税费－风险损失

其实从该方法的计算公式和计算过程中可以看出，这种方法就是假设开发法。

对照假设开发法的基本原理和公式，我们发现该估价报告在运用这种方法时少算了"开发利润"。

② 从该估价报告中我们还可以看出，公式中的风险损失其实具有两方面的意义：一是由于工程进度延缓，将导致投资利息的增加；二是由于延期完工，可能导致销售价格降低。因此相应地，应该分别采用增加投资利息和减少销售价格这两种方式来表达"投资风险"，这样就能清楚地表示出"投资风险"是如何影响估价对象的价格的，可以将估价对象房地产的价格形成过程表达得更清晰。

③ 在该估价报告中有这样一段表述："由于××公司已将所得××大厦 34％的房地产协议预售了 9272m²，并且已收取了 132 万美元的定金，故地块 1 价值为：1087.2－132＝955.2（万美元）"这样的计算方式没有正确地反映估价对象房地产的价格形成过程。132 万美元定金对估价对象价格的影响应该是体现在"××公司所得大厦 34％房地产的销售价格"上，由于已经预收了 132 万美元，因此在这种情况下的实际销售价格将减少 132 万美元，因此应该在销售价格中扣减 132 万美元，而不是从最后估价结果中扣除。

如果是在销售价格中扣减 132 万美元，由于折现的关系，该地块的最终价值所减少的量也就不是 132 万美元，而应该小于 132 万美元。

④ 估价结果报告中给出的估价对象土地总价值为人民币 97710700 元，而估价技术报告的估价结论为 1175.81 万美元，折合 9770.98 万元人民币，两个数字不相符，并且也不是取整的结果。

另外，估价结果报告中给出了三个地块的人民币价格，而在估价技术报告中并没有将三个地块的美元价格分别折算成人民币价格。

这些都属于前后没有照应。

⑤ 估价报告中多次出现"（pv 值）"的字样，为英文"present value"的缩写，其实完全可以用中文"现值"表示。

由案例 9-3 以及对它的分析我们可以认识到，清晰地确定估价对象房地产的价格形成过程，准确地把握房地产估价的技术路线，才能正确地理解和运用房地产估价方法，进而得出正确的估价结论。

需说明的是，该报告撰写时间较早，报告格式、用词等与后期出台的规范存在不一致的地方。为保持报告原貌，本书未做更正修改。

第二节　房地产估价程序

为了保质、按时完成每个估价项目，估价机构和估价师应不断地总结和梳理出完成一个估价项目所需要的各项工作及开展这些工作的先后顺序，即需要形成一套科学、严谨、完整

的估价程序。因此，房地产估价程序是指保质、按时完成一个房地产估价项目所需要做的各项工作及先后次序。按照房地产估价程序进行评估可以提高效率，减少失误，确保质量。

一般而言，评估一宗房地产主要包括如下九个基本步骤：明确估价的基本事项，拟订估价作业计划，收集分析相关资料，现场查勘，综合分析和估算，撰写估价报告，审核估价报告，交付估价报告，估价资料归档。

一、明确估价的基本事项

在实际进行房地产评估过程中，会涉及许多方面的问题，需要处理的事项也较多。有些事项直接关系到估价作业的全过程，对估价额也有较大的影响，这些事项被称为估价的基本事项，必须预先明确。一般来说，估价的基本事项包括估价对象、估价目的、估价时点及评估前提四个方面。

1. 明确估价对象

（1）评估实体的确定　即是要明确评估对象是什么、范围如何。估价的是土地，还是建筑物，或是房地合一，包括坐落位置、面积、用途、结构等；如估价的是写字楼，是否包括其中配备的设备；如是酒店，是否包括其中的家具等。

（2）评估对象权利状态的确定　首先要明确所评估的是何种物权，是所有权，还是使用权或抵押权等。首先要弄清估价对象的现实法定权益状况，然后在此基础上根据估价目的来确定是评估估价对象在现实法定权益下的价值，还是在设定权益下的价值。多数估价项目是评估估价对象在现实法定权益下的价值，不得随意设定估价对象的权益状况来估价。但在某些情况下，根据估价目的的要求，应以设定的估价对象的权益状况来估价。例如房屋征收估价，是评估被征收房屋在完全产权下的价值，不考虑被征收房屋租赁、抵押、查封等因素的影响。

2. 明确估价目的

估价目的可具体分为买卖、交换、租赁、入股、抵押、典当、保险、课税、征用、拆迁补偿、投资决策、清产核资、区域规划、分析等。不同的评估目的对于估价方法的选择和估价结果是有一定影响的，因此，必须明确评估目的。

明确了评估目的，也就相应地确定了所要评估的价格类型，如买卖价格、租赁价格、入股价格、抵押价格、征用价格、课税价格等。各种价格在评估时都有相应的注意事项，如抵押价格评估与买卖价格评估就有较大的差异，由于抵押价格评估要考虑抵押贷款清偿的安全性，因此其数额应等于评估对象的预期价格（抵押期限）减去处置税费等；征用价格和课税价格评估一般是按照国家的有关规定进行，如有些国家及地区规定，土地的课税价格用路线价法评估；保险价格的评估仅指建筑物及其家具、设备的价值等。

3. 明确估价时点

房地产价格受多种因素影响，是不断变化的。对于同一宗房地产来说，在不同的时点上，其价格可能有较大的差别。我们通常所说的某宗房地产的价格都是指该房地产在某个特定时点上的时价，我们所要评估的也正是这种时价。非时价的评估不仅是毫无意义的行为，而且也是无法进行的，因此，必须明确估价时点。估价时点一般以年、月、日来表示，其详略程度一般是由房地产市场的稳定程度及评估的价格种类所决定的。

4. 明确评估前提

由于特殊情况的需要，以及评估对象与其他事物之间所存在的关系，在评估上还要明确评估的前提条件，主要包括如下四种。

（1）独立估价　独立估价发生在估价对象为土地与建筑物合一的"房地产"上，根据某种需要或特定条件，有时单独就该房地产的土地部分进行评估，并且不考虑建筑物的存在，这种情形称为独立估价。简单地说，就是将土地当成空地，视为无建筑物存在的情形下进行评估。在地上建筑物预定拆迁的条件下，往往进行建筑物拆迁的独立估价。

（2）部分估价 部分估价是指估价对象房地产是由土地及建筑物构成的综合体，在该土地与建筑物为一整体的既定条件下，仅就其中的土地或建筑物进行价格评估。它与独立估价的区别是，独立估价不考虑地上建筑物存在对地价的影响，而部分估价则考虑地上建筑物存在对地价的实际影响，或土地对建筑物价格的实际影响。由房地产价格的均衡法则、适合法则等可以判定，土地或建筑物的部分估价额将受到既定状态的影响而发生变化。

（3）合并估价或分割估价 以房地产的合并或分割为前提所进行的评估，称为合并或分割估价。例如，以购买邻地并与自有土地合并使用为前提，对邻地进行买卖价格评估即为合并估价；又如，为使土地的一部分分割出售成为可能而评估其剩余部分的价格，即为分割估价。无论是合并估价还是分割估价，其估价结果都将与正常评估存在一定差异，其评估出的价格称为"限定价格"，即在市场受限定的条件下所形成的价格，该价格仅对特定的交易主体具有经济合理性。

（4）变更估价 变更估价是以改变房地产的利用状态为前提所进行的评估，也可称为变更利用状态估价，它主要包括如下几种情形。

① 以房地产改变原来的用途为前提所进行的估价。如学生宿舍将改造为宾馆，政府机关办公楼将改造成供出租的写字楼等。

② 以房地产重新进行装修改造为前提所进行的估价。

③ 以拆除建筑物为前提对土地进行的估价。

对于上述需要确定的种种估价事项，一般都是由委托人提出的，或根据委托人的意向由估价人员整理出来的。

二、拟定估价作业计划

明确了估价的基本事项，就可以基本把握住整个估价任务。为了保证估价工作高效、有秩序地展开，应预先拟定出合理的作业计划。制定房地产价格评估作业计划是为了使估价工作有条不紊、按时、高效完成，计划一经确定，一般要按计划逐段进行估价工作。在规模较大的评估项目中，制定计划对估价作业的成败与质量有着极为重要的作用。制定估价作业计划可大体包括以下几个内容。

1. 确定估价作业的具体因素

对于估价作业来说，仅仅指明某块土地或某幢房屋是无法开展估价工作的。为了更好地完成委托的业务，必须对估价对象的各种影响价格的具体因素进一步确认。

（1）确定估价对象的品质特征及产权状态

① 估价对象的品质特征。主要指估价对象的外在状况。估价对象如果是土地，则需确定其坐落、编号、四至、面积、形状、用途等；如果是房屋或其他建筑物，则需确定其所在地（门牌号码）、类型、结构、占地面积、建筑面积、使用情况等。此类情况可根据业务需要采用填写表格的方式获得。

② 产权状态确定。通过对产权状态的确定，把握估价对象的内在情况。房地产权利是一束权利的集合，除所有权外，还有使用权、抵押权、租赁权等，权利性质不同，其价格也不一样。估价者必须确认是对所有权估价还是对使用权或租赁权估价；是对所有权与使用权合一情况下的估价还是分离情况下的估价；是在租赁行为发生还是没有发生情况下的估价；对使用权估价，使用权年限为多长，已使用了多少年，还余下多少年等。总之，估价者必须在明确了房地产的权利内容、权利的发生与存续时间等产权状态后，方能对其进行估价。

（2）确定估价范围　房地产的内容复杂，影响价格的因素众多，一般在估价对象得到确认以后，还必须确定估价的范围。房地产估价范围包括以下 4 个方面。

① 土地估价。土地估价分为两种情况：一是空地估价；二是地块上有建筑物，但视为空地。在地上建筑物预定拆迁的情况下，往往采用这种方式。

② 建筑物估价。在土地与建筑物筑成为一体的状况下，仅就地上的建筑物进行估价。

③ 合并估价。对土地和地上建筑物共同估价或对其中一部分估价。

（3）确定估价时点　估价时点是对估价对象的房地产决定其估价额的基准日期。由于房地产价格是随时间等因素的变化而不断变动着的，因此，只有估价时点确定以后，估出的价格才有意义，估价时间的详细程度取决于所要评估的房地产价格类型和市场变动程度。一般说来，买卖价格、租赁价格比抵押价格和课税价格所要求的时点详细，通常至少要指明月，甚至要到日。时点越详细，对估价精度的要求就越高，估价也就越困难。估价时点一般定为委托估价的当日或现场调查的当日。当然为求取过去某个特定时期的价格（如有关诉讼案件的房地产价格），也可以将过去的某一特定时间作为估价时点。

2. 初选估价方法和人员

明确了估价作业的具体因素后，应初步选出拟采用适合于该估价对象房地产的估价方法。初选估价方法的目的，是为了使后面的资料收集与整理和实地查勘有的放矢，避免不必要的重复劳动。根据估价对象的目的、时点、日期及初选的估价方法可判断委托任务的轻重、难易和缓急程度，从而确定投入多少人力参加此项评估任务。评估人员的选定和工作安排以及评估人员各自分工负责的工作范围明确以后，有利于参与人员协同动作，相互配合，提高工作效率。

3. 估价作业的工作进度安排

估价作业的时间性和实务性都很强，必须注意时效。整个估价工作的时间可以从接受委托之日起到交付估价报告止。一般委托人对估价完成的日期都有较高的要求，并在签订委托合同时作为重要条款写进合同，能否在约定时间内圆满地完成估价任务，不仅关系到估价方的经济利益，而且对估价方的信誉有着举足轻重的影响。因此，要通过估价作业计划，把估价作业的流程按程序规定好相应的时间进度和时限，使操作的每个步骤既科学有序，又省时省力。

4. 估价作业其他安排

估价作业计划中还可对费用安排、估价作业备忘录的编制等有关事项作出明确规定。制定估价作业计划的方法可以采用网络计划技术，以便选择最优方案，并在计划执行过程中有效地控制与监督。

三、收集分析相关资料

资料的收集与整理是估价者在计划指导下充分占有和利用信息资源的阶段，也是为准确估价寻找依据、为现场查勘进行准备的阶段。房地产估价所需收集的资料主要包括以下几部分内容。

1. 房地产价格的一般影响因素资料

房地产价格的一般影响因素，基本上属于宏观的社会因素，它们并不直接决定某宗房地产的价格，但它们对整体房地产市场的价格走势具有决定意义，对某类房地产的价格变化有时能产生特别大的影响，所有这些，最终也都会体现在个别房地产上。因此，必须广泛收集并深入分析这方面的有关资料。

从总体来看，一般影响因素对房地产价格的作用是错综复杂的，分析它们对估价对象的价格究竟产生何种影响更是一个难度很大、非常复杂的问题。一般来说，没有固定的数学公式可套用，主要依靠估价人员长期积累的丰富经验进行综合分析判定。尤其是在房地产市场起伏较大、变幻莫测时，对于这些因素的分析更要依赖于经验，有时甚至体现为估价师的眼力。但是，当房地产市场走势比较稳定，价格变动比较平稳时，这些一般影响因素对房地产价格的综合作用还是能够体现出规律性的，房地产价格将出现平稳的变动趋势，这时可运用统计规律和预测方法来确定房地产价格的平均增减量、平均增长速度或价格变化模型。对这些数据加以具体分析，即可确定一般因素对评估对象价格变化的作用影响。

在分析过程中，应善于根据具体情况确定对评估对象或某类物业的价格变化有较大影响的关键因素，从而既可简化分析的难度，又可提高分析的精确性。

2. 区域市场资料

由于房地产市场的区域性，区域市场的资料对评估对象价格的影响更大。区域市场资料主要包括一般影响因素在区域市场上的体现，包括该地区的经济、社会、城市建设（基础设施与公益设施的建设）、城市规划的发展变化，也包括该地区的市场特征及交易情况等。

3. 实例资料

实例资料，主要包括市场交易实例资料、开发建造实例资料和房地产运用收益实例资料（如出租房地产的有关资料）。在评估过程中，无论是否直接运用这些资料，都应尽量收集，以供参考。对于搜集到的实例资料，应整理成表格形式，以便于利用。

4. 评估对象的情况

该资料的收集是在实地勘察时完成的，一般是按固定的表格填写。

各类资料的来源渠道主要是：①委托人提供；②实地查勘获得；③询问有关知情人士；④查阅估价机构自己的资料库；⑤到政府有关部门查阅；⑥查阅有关报刊或登录有关网站等。另外，必须指出，运用不同的估价方法，收集资料的侧重点是有较大差异的。

四、实地查勘

由于房地产在实体上具有不可移动性和个别性等特点，在物权和适用上又存在多样化的特征，仅仅根据委托人或有关当事人提供的情况，还做不到具体、准确地把握估价对象。因此，估价人员必须亲临现场，实地查明有关情况。现场查勘的主要内容如下。

1. 对土地的查勘

评估人员对土地的查勘主要是了解地块的坐落位置、土地类别、面积、地形、地貌以及地上和地下建筑物的情况，地块与周边地块的搭界情况等。

2. 对房屋的查勘

对房屋查勘的主要项目如下。

① 鉴定待估房屋的地址、坐落和房屋评估范围。房屋位置的正确性是房屋估价的前提，必须认真核对清楚。对同幢异产的房屋即同一地点内有多幢房屋的情况，要认真核实房屋的评估范围，正确区分产权的独有部分、共有部分或他人所有部分，以免出现误估，发生产权纠纷。

② 确认房屋的结构、装修、设备和面积。房屋契证上一般都有关于房屋的结构、面积的记载，但在实际中由于种种情况，如产权登记时的疏忽或房屋所有者自行改建装修等，都会使房屋的结构、面积与契证记载的情况有差异。因此，现场查勘时，应对房屋的结构和面积等情况进一步核查，防止因契证与实地不符而出现的估价失误。房屋的装修、设备、层高和朝向是房屋估价的基本内容，它的主要项目是墙体、屋顶、天花板、地面、门窗、隔间、层高、卫生设备和暖气设备等。了解房屋装修情况是一件细致烦琐的工作。

③ 确定房屋的建造年份。确定房屋的建造年份是房屋评估不可缺少的组成部分，是评定房屋折旧情况的主要依据，必须予以查明。

④ 评定房屋成新。房屋成新是影响房屋价格的重要因素，评估人员根据房屋的新旧程

度评定标准，采取一听、二看、三查、四问、五测的工作方法鉴定房屋的成新。一听，是听取住房或使用者对房屋使用状况和破损情况的反映；二看，是根据听到的反映，结合所要评定的结构、装修、设备部分，查看房屋的下部、墙体、屋面的变形和不均匀沉降，以及梁、往变形等情况，做出直观上的判断；三查，是对房屋承重结构部位、构件本身的刚度、强度进行测量检查，看其是否有潜在的危险；四问，是就查出的问题询问使用各方，了解其有关的情况；五测，是在条件具体时，用仪器测量房屋的结构变化情况，主要有地基沉降、墙体倾斜、屋架变形、裂缝等。从实际出发测定房屋成新程度，对解决建造年代不明或年代久远但仍有很大使用价值房屋的估价问题，具有重要意义。

3. 勘丈绘图

勘丈绘图是指在房屋全面查勘丈量的基础上，将房屋的形状、位置、层次、结构、内部设施、墙体归属以及附属搭建等，按照一定比例如实反映到房屋平面图上，同时估价人员应认真逐项填写"房地产查勘评定表"，作为估价的依据。

4. 拍照、录像

现场查勘中对重要的评估项目要进行拍照或录像。拍照或录像能直观地反映评估对象的特征，尤其是文字叙述未能达到对标的物理想的描述目的时，通过拍照或录像可以弥补其不足。拍照、录像对那些即将拆迁、有可能发生纠纷房屋的评估很有必要。

5. 对环境条件的确认

环境条件也是影响房地产价格的重要因素，而环境条件往往不是契书等文字材料标明的，另外环境条件的变动性很大，所以估价人员要亲临现场，逐步确认对待估房地产价格有影响的各因素的状态，通过实地调查，取得对待估房地产周边环境的客观认识。环境条件包括商业服务、市政设施、文化教育、交通通信、卫生状况、生态环境、娱乐设施、人文自然景观等。

五、综合分析和估算

1. 资料综合分析

资料综合分析的目的是确定房地产估算的基本数据，基本数据准确与否对估算的最终结果有直接影响。如果资料综合分析不能如实反映房屋建筑的各类技术数据，甚至发生失误，则会影响到价格评估的正确性，致使当事人蒙受不应有的损失，也会影响到估价者的声誉。

资料综合分析的重点是：①检查资料是否为估价所必需的资料，即注意该资料是否与委估房地产的种类、委托估价的目的与条件相符；②房屋产权的归属是决定评估房屋的价格的重要因素，一定要准确。

2. 价格形成分析

房地产价格的形成，一方面是基于它的实体因素，另一方面是基于它的影响因素。房地产价格的实体因素可以通过确认来把握，而影响因素则要通过有经验的评估人员加以分析，以便把握各因素对价格的影响程度。房地产价格的诸多影响因素可以划分为区域因素和个别因素两大方面。

（1）区域分析　所谓区域分析，就是分析待估房地产属于何种地区，该地区有何种特征，该特征对房地产价格形成有何影响等。因为房地产价格会随其所处的地区特性不同而有很大差别，如不把握地区特征就无法获得房地产的适当价格。进行区域分析时，主要应从房地产的用途分类着手，如住宅区、商业区、工业区等。这种分类并非城市规划上的使用分区，而是实际上的使用分区。同时，房地产的价格除受所属地区特性的影响外，类似地区及更广泛的同一供需圈的特性也会对其有重大影响。

因此，区域分析可分为邻近地区和类似地区两部分。邻近地区就是同类地区即待估房地产所属的地区类别，如住宅区、商业区、工业区、文化娱乐区等。估价时首先要判定类别；其次，区域划分的范围不宜过大；最后，类别判定要考虑未来发展。类似地区是指与待估房地产所属地区相类似的其他地区。类似地区也可以用"同一供需圈"的概念解释。在"同一供需圈内"，同类房地产可形成替代关系，因而对价格形成有重大影响。

（2）个别分析　是对待估房地产的个别因素进行的分析，是判定房地产最有效使用方向的工作过程，房地产价格就是以该房地产的最有效使用方向为前提而形成的。个别分析应当正确掌握待估房地产的地块条件、街道条件、临近条件、环境条件、行政条件等方面的因素，再依据邻近地区的特征，判断出最有效使用方向。

3. 估价方法的选择和价格估算

（1）选择估价方法　在计划中初选的估价方法在这个阶段可以得到最后的确认并用于计算。尽管房地产估价方法比较多，但最基本的方法还是成本估价法、市场比较法和收益还原法三种。在进行房地产估价时，原则上应并用三种方法。因为三种方法各有利弊，仅靠一种方法不易达到正常价格。有些房地产不适用于上述三种方法，可根据具体情况加以选择。

（2）价格估算　选定估价方法后，可开始对房地产进行测算，其具体测算方法本书其他章节有专门论述。应该注意的是，房地产评估测算时，如有当地政府规定的测算标准，应认真采用，如"土地分等定级标准"、"房屋新旧程度评定标准"、"房屋耐用年限"、"房屋代议书标准"等。

（3）价格调整　由于资料的限制和房地产价格的复杂性，使三种方法估出的价格难以一致，因此需要进行价格调整。在进行价格调整之前，首先要对资料的运用等加以检验复核，其主要内容是：资料的选择及运用是否得当；各项房地产估价原则的应用是否得当；一般性因素分析及区域分析、个别分析是否适当；单位与总价的关联是否适当。其次，要对两种估价方法估算出的价格进行综合，综合的方法有三种。①简单算术平均。②加权算术平均。即赋予每个价格不同的权重，然后综合出一个价格。通常对于评估该房地产最适用可靠的估价方法所算出的结果赋予较大的权重，反之则赋予较小的权重。③以一种估价方法计算出的结果为主，其他估价方法计算出的结果只供参考。最后，估价人员要根据自己的经验、对影响价格诸因素的分析以及市场行情，对综合测算出的结果再作调整，以最后综合评估决定出估价额。在实际工作中，最后决定的估价额，可能以计算出的价格为主，也可能以估价人员的其他判断为主，而计算结果只作为参考。

4. 最终估价额的决定

在如何决定最终估价结果上，有两种不尽相同的意见：一是以调整得出的最终估算结果为主要依据；二是以估价人员的经验为主，参考估算结果。一般认为第一种意见更为合理，应作为决定最终估价结果的主要方案。但对于比较特殊的估价活动，有时需要估价人员更多地依赖于经验来决定最终估价额。最终估价额的决定是整个估价作业的最关键步骤，一般应由几位资深的估价师共同研究拍板。

六、撰写估价报告

估价人员在确定了最终的估价结果之后，应当撰写估价报告。估价报告可视为估价机构提供给委托人的"产品"，它是在完成估价后给委托人的正式答复，是关于估价对象的客观合理价格或价值的研究报告，也是全面、公正、客观、准确地记述估价过程、反映估价成果的文件。估价报告内容详见第三节。

上述六个基本估价步骤具有明显的阶段性。明确估价的基本事项与拟定估价作业计划，属于估价的准备阶段；实地勘察、搜集与分析相关资料、运用估价方法估算并决定估价权，属于估价的实施阶段；撰写估价报告则属于估价的结束阶段。上述三个阶段、六个步骤反映了估价的主要过程。不同论著在介绍估价程序时往往存在着某些差异，但异点不是发生在上述六个基本步骤上，而是由于阐述问题的详略程度或范围不同所造成的。因此，估价的基本程序是相同的。

七、审核估价报告

为保证估价报告的质量，估价机构应当建立估价报告内部审核制度，由资深估价人员按照合格估价报告的要求，对撰写出的估价报告进行全面审核，并确认估价结果的合理性。

对估价报告进行审核，类似于对生产出的产品在出厂前进行的质量检验，是防范估价风险的最后一道防线。对于经审核认为不合格的估价报告，要作修改或者重新撰写。只有经审核合格的估价报告，才能够出具给委托人。

在估价报告审核中，要做好审核记录。完成审核后，审核人员应在审核记录上签名，并注明审核日期。

八、交付估价报告

估价报告经审核合格后，由负责该估价项目的专职注册房地产估价师签名、盖章，以估价机构的名义出具，并由负责该估价项目的估价人员及时交付给委托人。估价人员在交付估价报告时，可就估价报告中的某些问题作口头说明或解释，至此完成了对委托人的估价服务。

九、估价资料归档

估价报告向委托人出具后，估价人员和估价机构应及时对涉及该估价项目的一切必要的文字、图表、声像等不同形式的资料进行整理，并将它们分类保存起来，即归档。

估价资料归档的目的是建立资料库和备案，以方便今后的估价及管理工作。估价资料归档有助于估价机构和估价人员不断提高估价水平，也有助于解决日后可能发生的估价纠纷，还有助于行政主管部门和行业组织对估价机构进行资质审查和考核。

应归档的估价资料包括：①估价机构与委托人签订的估价委托合同；②估价机构向委托人出具的估价报告（包括附件）；③实地查勘记录；④估价项目来源和接洽情况记录；⑤估价过程中的不同意见和估价报告定稿之前的重大调整或修改意见记录；⑥估价报告审核记录；⑦估价人员和估价机构认为有必要保存的其他估价资料。

估价人员不应将上述估价资料据为已有或者拒不归档。估价机构应建立估价资料管理制度，保证估价资料妥善保管、有序存放、方便查阅，严防毁损、散失和泄密。估价资料的保管期限从估价报告出具之日起计算，一般应在 15 年以上。保管期限届满而估价服务的行为尚未了结的估价资料，应当保管到估价服务的行为了结为止。例如，15 年前出具的为某笔房地产抵押贷款服务的估价报告等估价资料，如果该笔房地产抵押贷款期限为 20 年，则估价资料应当保管 20 年以上。

第三节 房地产估价报告

一、房地产估价报告的内容

1. 估价报告的概念

估价人员在确定了最终的估价结果之后，应当撰写估价报告。估价报告可视为估价机构提供给委托人的"产品"，它是在完成估价后给委托人的正式答复，是关于估价对象的客观合理价格或价值的研究报告，也是全面、公正、客观、准确地记述估价过程、反映估价成果的文件。

估价报告质量的高低，除了取决于估价结果的准确性、估价方法选用的正确性、参数选取的合理性，还取决于估价报告的文字表述水平、文本格式及印刷质量。

前者可以说是估价报告的内在质量，后者可以说是估价报告的外在质量，两者不可偏颇。

2. 估价报告的形式

估价报告的形式分为书面报告和口头报告（如专家证词）。书面报告按照其格式，又可分为叙述式报告和表格式报告。对于成片或成批多宗房地产的同时估价且单宗房地产的价值较低时，估价报告可以采用表格的形式，如旧城区居民房屋拆迁估价或成批房地产处置估价。居民预购商品住宅的抵押估价报告，也可以采用表格的形式。

叙述式报告能使估价人员有机会充分论证和解释其分析、意见和结论，使估价结果更具有说服力。叙述式报告是估价人员履行对委托人责任的最佳方式。所以，叙述式报告是最普遍、最完整的估价报告形式。

无论是书面报告和口头报告，叙述式报告和表格式报告，都只是表现形式的不同，对它们的基本要求是相同的。下面主要以叙述式报告来说明估价报告的有关要求和内容。

3. 对估价报告的总要求

估价报告应全面、公正、客观、准确地记述估价过程和结论，具体来说应做到下列几点。

① 全面性。估价报告应完整地反映估价所涉及的事实、推理过程和结论，正文内容和附件资料应齐全、配套，使估价报告使用者能够合理理解估价结果。

② 公正性和客观性。估价报告应站在中立的立场上对影响估价对象价值的因素进行客观的介绍、分析和评论，做出的结论应有充分的依据。

③ 准确性。估价报告的用语应力求清楚、准确，避免使用模棱两可或易生误解的文字，对未经查实的事项不得轻率写入，对难以确定的事项应予以说明，并描述其对估价结果可能产生的影响。

④ 概括性。估价报告应使用简洁的文字对估价中所涉及的内容进行高度概括，对获得的大量资料应在科学鉴别与分析的基础上进行筛选，选择典型、有代表性、能反映事情本质特征的资料来说明情况和表达观点。

⑤ 估价报告的纸张、封面设计、排版、装订应有较好的质量，尽量做到图文并茂。

4. 估价报告的组成和内容

一份完整的估价报告通常由 8 个部分组成：封面、目录、致委托人函、估价师声明、估价的假设和限制条件、估价结果报告、估价技术报告、附件。

（1）封面　封面的内容一般包括下列几项。

① 标题。这是指估价报告的名称，如"房地产估价报告"。

② 估价项目名称。说明该估价项目的全称，通常是采用估价对象的名称。

③ 委托人。说明该估价项目的委托人的名称或者姓名。其中，委托人为单位的，为单位全称；委托人为个人的，为其姓名。

④ 估价机构。说明受理该估价项目的估价机构的全称。

⑤ 估价作业期。说明该估价项目估价的起止年、月、日，即决定受理估价委托的年、月、日至出具估价报告的年、月、日。

⑥ 估价报告编号。说明该估价报告在估价机构内的编号，以便于归档和今后的统计、查找等。

（2）目录　目录中通常按前后次序列出估价报告的各个组成部分的名称、副标题及其对应的页码，以使委托人或估价报告使用者对估价报告的框架和内容有一个总体了解，并容易找到其感兴趣的内容。

（3）致委托人函　致委托人函是正式地将估价报告呈送给委托人的信件，在不遗漏必要事项的基础上应尽量简洁。其内容一般包括下列几项。

① 致函对象。这是指委托人的名称或者姓名。

② 致函正文。说明估价目的、估价对象、估价时点、估价结果、估价报告应用有效期（是指使用估价报告不得超过的时间界限，从估价报告出具日期起计算）。估价报告应用有效期最长不宜超过一年，可以是半年或三个月。估价报告应用有效期的表达形式为：自本估价报告出具之日起多长时间内有效，或者自本估价报告出具之日起至未来某个年、月、日止。估价报告应用有效期不同于估价责任期。如果估价报告在其有效期内得到使用，则估价责任期应是无限期的；如果估价报告超过了其有效期还未得到使用，则估价责任期就是估价报告有效期。另外，通常说明随此函附交一份（或多份）估价报告。

③ 致函落款。为估价机构的全称，加盖估价机构公章，并由法定代表人或负责该估价项目的估价师签名、盖章。

④ 致函日期。这是指致函时的年、月、日，也即正式出具估价报告的日期——估价报告出具日期。

（4）估价师声明　在估价报告中应包含一份由所有参加该估价项目的估价师签字、盖章的声明。该声明告知委托人和估价报告使用者，估价师是以客观公正的方式进行估价的，同时它对签字的估价师也是一种警示。估价师声明通常包括下列内容。

我保证，在我的知识和能力的最佳范围内：

① 估价报告中对事实的陈述，是真实、完整和准确的。

② 估价报告中的分析、意见和结论，是我公正的专业分析、意见和结论，但要受估价报告中已说明的假设和限制条件的限制和影响。

③ 我与估价报告中的估价对象没有任何（或有已载明的）利益关系，对与该估价对象相关的各方当事人没有任何（或有已载明的）偏见，也没有任何（或有已载明的）个人利害关系。

④ 我是依照中华人民共和国国家标准《房地产估价规范》的规定进行分析，形成意见和结论，撰写本估价报告。

⑤ 我已对（或没有对）估价报告中的估价对象进行了实地查勘（如果不止一人签署该估价报告，应清楚地列出对估价对象进行了实地查勘的估价人员的姓名和没有对估价对象进行实地查勘的估价人员的姓名）。

⑥ 我在该估价项目中没有得到他人的重要专业帮助（如果有例外，应说明提供了重要专业帮助者的姓名、专业背景及其所提供的重要专业帮助的内容）。

⑦ 其他需要声明的事项。

（5）估价的假设和限制条件　估价的假设和限制条件是说明估价的假设前提，未经调查确认或无法调查确认的资料数据，在估价中未考虑的因素和一些特殊处理及其可能的影响，估价报告使用的限制条件等。例如，说明没有进行面积测量，或者说明有关估价对象的资料来源被认为是可靠的。

在估价报告中陈述估价的假设和限制条件，一方面是规避风险、保护估价机构和估价人员，另一方面是告知、保护委托人和估价报告使用者。

（6）估价结果报告　估价结果报告应简明扼要地说明下列内容。

① 委托人（包括名称或者姓名、地址、电话等）。

② 估价机构（包括名称或者姓名、地址、电话等）。

③ 估价人员（列出所有参加该估价项目的估价人员的姓名及其执业资格、从业执业或专业技术职务等，以及在该估价项目中的角色，并由本人签名、盖章）。

④ 估价目的。

⑤ 估价时点。

⑥ 估价对象。

⑦ 评估价值定义（说明估价所采用的价值标准或价值内涵，如公开市场价值）。

⑧ 估价依据（说明估价所依据的法律、法规、政策和标准、规范，委托人提供的有关资料，估价机构和估价人员掌握和搜集的有关资料）。

⑨ 估价原则。

⑩ 估价方法。

⑪ 估价结果。

⑫ 估价作业期。

⑬ 估价报告应用有效期。

⑭ 其他说明。

（7）估价技术报告　估价技术报告一般包括下列内容。

① 详细介绍估价对象的区位、实物和权益状况。

② 详细分析影响估价对象价值的各种因素。

③ 详细说明估价的思路和采用的方法及其理由。

④ 详细说明估价的测算过程、参数选取等。

⑤ 详细说明估价结果及其确定的理由。

（8）附件　把可能会打断叙述部分的一些重要资料放入附件中。附件通常包括估价对象的位置图，四至和周围环境、景观的图片，土地形状图，建筑平面图，建筑物外观和内部状况的图片，估价对象的权属证明，估价中引用的其他专用文件资料，估价机构和估价人员的资格证明、专业经历和业绩等。

5. 估价报告文本的外形尺寸

估价报告文本的外形尺寸应当统一，如统一采用国际标准 A4 型。

二、房地产估价报告常见错误分析

1. 估价报告书结构方面的错误

① 报告书漏项。如缺少估价时点、法人代表签字、估价原则、评估依据、报告有效期、附件等。

② 报告书用语不规范。如将估价时点写成估价时间，"坐落"写成"座落"等，或者用抒情语言写报告。

③ 估价时点设定不正确。如拆迁评估应当设定在拆迁许可证颁布之日，而不是实地查勘之日；对原估价结论有异议的评估，时点应为原报告书时点；期房价值时点是现在。

④ 报告有效期除说明一年外，还要说明从何时计算，或者有效的时间段。

⑤ 有 2 位估价师签字的，没有在"估价师声明"中注明谁进行了实地查勘，谁没查勘。

⑥ 估价对象分析时描述不全（应从区位、权益、实物状况 3 方面说明）。

a. 缺少房地产权益状况描述（如没说明土地使用权性质、土地取得时间、已使用年限、剩余年限、房屋所有权情况等）。

b. 土地实物描述不全面（如没说明坐落、地形、地势、四至环境、土地开发利用状况）。

c. 建筑物实物描述不全面（如没说明分栋建筑面积、规划条件等）。

d. 区位状况描述不具体（如位于一栋建筑物中的某一套待估房地产，区位状况中未说明楼层和朝向）。

e. 租赁情况交代不清（如没说明租金标准、租赁期限）。

⑦ 缺少市场背景分析。市场背景分析时，要分析与估价对象同类房地产的目前和未来市场情况。

⑧ 缺最高最佳使用分析。

⑨ 选用的估价方法不妥（应根据估价对象类型、估价方法适用的对象、收集到的资料来确定。如一般情况下优先选用市场法；有收益的应当优先选用收益法；抵押的优先选用成本法；拆迁的用市场法；单纯的土地评估选用基准地价修正法、假设开发法；在建工程用假设开发法、成本法等。）

2. 各种评估方法中的错误

（1）比较法

① 可比实例选择不当（如地段要相近，用途、交易类型要相同，实例的面积不能过大过小，规模应当在估价对象规模的 0.5～2 倍范围内。装修设备应当相当。权利性质要相同，交易日期与估价时点要接近，不能相隔过长，如超过 1 年）；可比实例数量要 3 个以上。

② 可比实例的币种未说明；或未转换成同一币种。

③ 建立价格可比基础时，汇率选择错误（应按可比实例成交时的汇率）。

④ 非正常交易情况的要进行交易情况修正；修正时要注意拍卖、招标的并不一定比协议价格高。卖方将部分费用转嫁的，要进行修正。

⑤ 日期修正计算错误。

⑥ 区域因素修正时，可比实例应当是原成交日期的状况，估计对象是估价时点的状况。

⑦ 区域（或个别）因素修正时，将修正方向搞反，分子分母颠倒；或漏项，如土地未作年期修正、比较案例与估价对象的土地等级不同，却未做修正。

⑧ 修正系数取值与区域（或个别）因素描述不一致。如在比较情况说明时有差异应予修正，但在实际计算中未修正；或情况说明表中无差异，而计算时却修正了。

⑨ 修正幅度过大，单项修正超过 20%。

⑩ 计算结果有错。比如只考虑了地上部分的价格，未计算出地下车库的价格，遗漏了部分房地产的价值。

⑪ 不同性质的房地产（如居住、工业等），其因素修正时选取的侧重点和权重应不同（《房地产估价理论与方法》P131）。

（2）收益法

① 收益是通过租赁收入计算。如果通过商业收入计算，则费用计算时要扣除商业利润。

② 出租房地产的租赁收入除租金外，还应包括租赁保证金或者押金的利息收入。

③ 求有效毛收入时，除有租约限制的外，都要采用客观收入（不能仅依据估价对象实际收入或某一个案例的收入情况确定）。

④ 如果有已出租（已签租赁合同）情况，要根据租赁合同的约定，分租赁期内（采用约定租金）和租赁期外（采用市场租金）两种情况，按不同的租金标准分别计算。

⑤ 要分析未来收益变化的趋势，不能只看当前收益情况。

⑥ 采用比较法求客观收入时，几个比较实例应与估价对象有可比性。

⑦ 计算潜在毛收入时套用的天数错误、面积错误（应扣减的未扣减）；按使用面积计租的，要按使用面积系数将建筑面积换算成使用面积后再计算租金。

⑧ 计算有效毛收入时未考虑（或只有部分考虑了，漏掉另一部分）空置率（或入住率、出租率）。

⑨ 计算有效毛收入时认为空置率为0或者入住率为100％不合理，即使真有这种情况，至少要说明原因。

⑩ 无形收益不应单独计算，而应当通过选取较低的报酬率来体现。

⑪ 计算费用时，出租的房地产，房产税应按租金×12％计算。

⑫ 计算费用时要根据租约上是否转嫁了部分费用，来决定是否有漏项或者多项。如漏管理费等（直接经营型房地产漏扣商业利润）；计算费用时多项（如不能将折旧费、土地摊提费、抵押贷款还本付息额、改扩建费、所得税等计入）。

⑬ 某些计费基数未说明基数数值的来源。

⑭ 计算管理费时，押金的利息不应计算管理费。没说明当地规定的管理费中是否包括水、电、汽、热等费用。

⑮ 计算保险费时，应按建筑物现值为计算基数，而不是重置价值或年租金收入。

⑯ 报酬率的选取未说明求取方法和来源。

⑰ 报酬率选取不当（应选取一年期定期存款利率或一年期国债利率做无风险报酬率，再加上风险补偿等）。

⑱ 收益年限的确定未说明来源（一般是因为前面缺少权利描述造成的）收益年限确定错误，当建筑物耐用年限和土地剩余年限不一致时，处理方式也不同。

⑲ 计算公式错误，或计算过程错误。

（3）假设开发法 一般用于待开发的土地、在建工程、可装修改造（或可改变用途）的旧房三种情况下的评估。

$$房地产价值＝开发完成后房地产价值－开发成本－管理费用－投资利息－$$
$$销售税费－开发利润－投资者购买待开发房地产应交税费$$

① 估算未来的楼价。一般通过市场法、收益法来评估未来市价。注意一定要是"未来"的情况下的价格，不能简单地将估价对象或比较实例的往年数据直接算术平均得到，必须分析房地产未来价格变化的趋势。

② 在对未来楼价的计算中，要注意用总建筑面积计算，而不是采用可销售面积计算。

③ 开发期的确定要说明理由。如根据类似开发项目用市场法得出，或按某市造价管理站的定额查得。

④ 续建成本和管理费用是采用类似市场比较法的方法来求取，并考虑未来建材、设备、人工费等变化可能对其产生的影响。

⑤ 续建成本应当包括续建建筑安装工程费、专业费用、开发过程中的税费、室外道路管网及绿化等工程费等，不仅仅是建安工程费。

⑥ 注意计算续建费用中的建安工程费时，不能全算，必须扣减已完工部分的价值，即要与实际完工进度相符。

⑦ 投资利润和投资利息只有在静态计算方法时才使用。动态方法时只要扣除续建成本、管理费用、销售税费、买方购买税费4项内容。

⑧ 不能遗漏应扣除项（如开发利润、投资利息、销售费用、投资者购买待开发房地产

应负担的税费，评估毛地时还应扣除拆迁安置费）。

⑨ 利息计算时，销售税费和销售费用不能计息。

⑩ 利息计算时，均匀发生的续建费用等计息在期中，即要将时间段除以2。而待开发房地产计息起点是估价时点。

⑪ 销售税费和销售费用只能以开发完成后的房地产价值为基数计算，不能以续建成本等为基数计算。

⑫ 开发利润估算时，要注意计算基数与利润率的对应。

（4）成本法

旧房：房地产价格＝重新购建价格－折旧

新建房地产（或者新开发土地）：房地产价格＝土地取得成本＋开发成本＋管理费用＋投资利息＋销售税费＋开发利润

① 成本构成不完整，漏项（如缺正常利税、未考虑销售税费）。

② 成本计算时采用的是项目实际发生额，未说明是否符合当地现时社会一般成本（即要区分实际成本和客观成本，采用重置成本，不能用重建成本）；土地成本一般可运用基准地价修正法求取。

③ 开发成本一般包括勘察设计等前期工程费、开发建设过程中的税费、基础设施配套费、建筑安装工程费等，注意不能漏项。

④ 计算各种费用（如管理费和投资利息、利润计算）时，建筑面积取值一般为总建筑面积，而不是可销售面积。

⑤ 计算各种费用（如管理费和投资利息、利润计算）时，如果计算基数为开发成本，那么应当包括土地和建筑物两部分的开发成本，而不仅仅是建筑物的开发成本。

⑥ 成本法计算贷款利息时应用复利，不能用单利。基数为土地取得成本＋开发成本＋管理费用。

⑦ 成本法计算贷款利息时计息期有错（均匀投入的计息在期中，即要将时间段除以2，而待开发房地产计息起点为估价时点）。

⑧ 计算公式有错（计算价格＝重新购建价格－折旧）。

⑨ 要根据市场供求分析来最终确定评估值（体现在经济折旧的确定上）。

⑩ 开发利润计算时，不同的利润率要对应不同的计算基数。

直接成本利润率对应的基数为土地取得成本＋开发成本；

投资利润率对应的基数为土地取得成本＋开发成本＋管理费用；

成本利润率对应的基数为土地取得成本＋开发成本＋管理费用＋投资利息＋销售费用；

销售利润率对应的基数为开发完成后的房地产价值。

⑪ 折旧年限确定错误。

⑫ 未考虑建筑物经济寿命对建筑物价值的影响。

计算折旧时，建筑物的经济寿命从建筑物竣工验收合格之日起计。建筑物经济寿命早于土地使用年限，按建筑物经济寿命计；建筑物经济寿命晚于土地使用年限，按建筑物实际经过年数加上土地使用权剩余年限计算折旧。

3. 其他常见错误

① 确定估价结果的理由不充分。"根据上述计算为×××"属不充分。估价结果需要有理由来支持（估价原则、估价人员周密计算、根据本房地产市场情况、专家意见、估价人员经验等来确定估价结果）。

② 最终结果应说明总价并大写金额，如用外币应说明估价时点的人民币市场汇率中间

价，并注明折合的人民币价格。

③ 房地产抵押评估值时，没有说明市场风险和短期处分对未来房地产价格的影响。

④ 划拨地使用权房地产抵押，没有说明土地使用权出让金由谁负担（一般是房地产权利人）。

⑤ 处理房地产纠纷的估价，没有说明产生纠纷的理由。

⑥ 强制拍卖底价评估时没有考虑短期内强制处分标的物时造成的价格折减。

⑦ 房屋租赁价格评估时没有考虑租约对估价的影响，划拨地上营利性房地产租赁评估没有明确土地收益中的国家部分。

 思考与练习题　▶▶

1. 如何确定房地产估价的技术路线？

2. 试列出房地产估价程序。

3. 房地产估价需要收集哪些资料？

4. 下列房地产估价报告存在多处错误，请指明其中的 13 处。

××大厦房地产估价报告

封面及目录（略）

致委托方函

××股份有限公司：

受贵公司委托，我公司对贵公司位于××市××路××号院内的××大厦（以下简称"估价对象"）的公开市场价值进行了评估。

我公司估价人员根据贵公司确定的为抵押担保提供房地产业增长价格参考的估价目的，遵循估价原则，按照估价程序，运用适宜的估价方法，在实地查勘和认真分析现有资料的基础上，经过测算，并结合估价人员的经验对影响估价对象价值因素的分析，确定估价对象作为抵押贷款担保物，参考公开市场价值为 20350 万元，大写人民币贰亿零叁佰伍拾万元整，单价：（略）。

××房地产评估有限公司（公章）

2010 年 10 月 16 日

估价师声明（略）

估价的假设与限制条件（略）

房地产估价结果报告

一、委托人

××股份有限公司，法定代表人（略），地址（略）

二、估价机构

××房地产评估有限公司，法定代表人（略），地址（略），资质及资质证书号（略）

三、估价对象

××大厦是位于××市××路××号院内的一幢写字楼，建设用地面积 5000m²，建筑结构为钢筋混凝土结构，建筑层数为地上 30 层，地上建筑面积 30000m²；地下两层为车库、人防和设备用房，地下建筑面积 8000m²，共有车位 100 个。大厦土地使用权由××股份有限公司于 2007 年 10 月 10 日以出让方式取得，出让合同规定土地使用年限为 40 年（2007 年 10 月 10 日 2047 年 10 月 9 日）。取得土地使用权后，经过两年时间，大厦建设完成，投入使用。××股份有限公司拥有大厦的土地使用权和房屋所有权（土地使用证和房屋所有权证内容：略），至估价时点，估价对象未设定抵押等他项权利。大厦外观造型设计新颖，地下各层均采用花岗石地面，仿瓷内墙面，配置六部三菱电梯、中央空调系统、电视卫星接收系统、电脑闭路电视系统、保安监视和防盗系统、自控消防系统和多功能程控电话系统，设有快速自动转换发电机组，为大厦提供双电源保证。估价对象实物、权益和区位的其他情况（略）。

四、估价目的

确定估价对象抵押价值。

五、估价时点

2010 年 10 月 10 日。

六、价值定义

本报告中的估价结果为估价对象现状合法利用条件下于估价时点的公开市场价值。

七、估价依据（略）

八、估价原则（略）

九、估价方法

根据估价对象的特点、估价目的、房地产市场状况及对所搜集资料的分析，认为估价对象为收益性房地产，且当地房地产市场活跃，因此，本次评估采用收益法和市场法进行估价，最后综合两种估价方法的计算结果，确定估价对象的最终估价结果。

十、估价结果（略）

十一、估价人员（略）

十二、估价作业日期

2010 年 10 月 10 日～2010 年 10 月 16 日。

十三、估价报告应用的有效期

自估价报告完成之日起一年内有效。

房地产估价技术报告

一、个别因素分析（略）

二、区域因素分析（略）

三、市场背景分析（略）

四、最高最佳使用分析（略）

五、估价方法选用

结合估价对象的特点，经过估价人员反复分析与研究，估价对象为收益性房地产，可以收集到类似房地产的市场成交实例，因此，本次评估采用收益法和市场法进行估价，然后，综合收益法和市场法的估价结果，并结合估价人员的经验，确定最终的估价结论。

六、估价测算过程

（一）收益法估价测算过程

1. 年有效毛收入估算

估价人员经过细致的市场调查与分析得知，该大厦 21～30 层计 10000m² 全部用于出租，除少量单元外均已签订租约。按市场上同类物业（不含写字楼二次装修及家具）的租金情况（详细实例比较与分析略），估价对象的写字楼分割出租，每平方米使用面积的平均租金水平为 80 元/月（能源费及物业管理费另计），出租率为 90%，公共面积波及系数占总建筑面积的比率为 20%；押金为每平方米建筑面积 100 元，押金年收益率为 6%；地下车位的正常租金为 1000 元/(月·个)，出租率 100%，故：

$$年有效毛收入＝80×12×30000×90\%×(1－0.2)+100×30000×6\%+1000×12×100×100\%$$
$$＝2211.60(万元)$$

2. 年运营费用估算

（1）年维修费　根据××市的规定和估价对象的建筑结构，估价对象的维修费确定为房屋重置价格的 2%，估价对象的重置价格为 1500 元/m²（确定依据及过程略），故：

$$年维修费＝1500×38000×2\%＝114.00(万元)$$

（2）年管理费　年管理费按年租金的 3% 计，故：

$$年管理费＝2211.6×3\%＝66.35(万元)$$

（3）年保险费　估价对象的保险费按房屋重置价的 0.3% 计，故：

$$年保险费＝1500×38000×0.3\%＝17.10(万元)$$

（4）年房产税、营业税、城市维护建设税和教育费附加　根据有关规定，房产税为房产租金收入的 12%，营业税、城市维护建设税和教育费附加为租金收入的 5.5%，则：

年房产税和两税一费＝2211.6×(12％＋5.5％)＝387.03(万元)

（5）年土地使用税　根据××市的有关规定，土地使用税不得减免，估价对象的土地使用税为每平方米土地 5 元，故：

年土地使用税＝5×5000＝2.50(万元)

（6）年运营费用合计　年运营费用＝114.00＋66.35＋17.10＋387.03＋2.50＝568.98（万元）

3. 年净收益估算

年净收益＝年有效毛收入－年运营费用＝2211.60－586.98＝1624.62（万元）

4. 确定适当的报酬率

通过市场调查，采用市场提取法，确定本类房地产（含地下车库）的综合报酬率为 7.5％（具体过程略）。

5. 求取收益价格

预测年净收益保持不变，选用有限年期的收益法公式。

自估价时点至土地使用权终止日期 2047 年 10 月 9 日，土地使用权剩余年限为 37 年，短于房屋尚可使用年限，故确定收益年限为 37 年，则：

$V = A/R × [1 - 1/(1+R)^n]$

$\quad = 1624.62/7.5\% × [-1/(1+7.5\%)^{37}] = 20170.26$（万元）

故运用收益法的估价结果为 20170.26 万元。

（二）市场法估价测算过程

1. 可比实例的选取

估价人员通过市场调查，按照用途、结构、地段等级等相同或相似，成交日期与估价时点相近，成交价格为正常价格或可修正为正常价格的要求，选取了 A、B、C 三个可比实例，具体情况如下（房地产状况中的区域因素、个别因素详细情况比较略）。

可比实例基本情况调查表　　　　　　　　　　　　　　单位：元/m²

项目	可比实例 A	可比实例 B	可比实例 C	估价对象
坐落	××路××号	××路××号	××路××号	××路××号
用途	××写字楼	××写字楼	××写字楼	××写字楼
交易情况	协议	拍卖	招标	协议
交易日期	2009 年 12 月 10 日	2010 年 2 月 10 日	2010 年 4 月 10 日	2010 年 10 月 10 日
成交价格	6300	6750	6760	
地上建筑层数	26	28	30	30
个别因素(综合)	一般	一般	一般	一般
付款方式	一次性付款	一次性付款	一次性付款	

2. 比较修正过程

（1）交易情况修正　由于实例 B、C 的交易方式为拍卖、招标，较正常价格偏高，估计分别偏高 2％ 和 1％，故实例 A、B、C 的交易情况修正系数分别为 100/100，100/102，100/101。

（2）交易日期修正　根据估价人员分析知，从 2009 年 12 月以来，该类房地产业的价格自 2009 年 12 月起平均每月上涨 0.5％，故实例 A、B、C 的交易日期修正系数分别为 105/100，104/100，103/100。

（3）区域因素修正　估价人员经过认真调查、分析，并对实例 A、B、C 目前的区域因素状况和估价对象目前的区域因素状况进行了比较，确定区域因素修正系数分别为 100/99，100/101，100/100。

（4）个别因素修正　估价人员经过逐项认真调查、分析，确定实例 A 的个别因素状况比估价对象差 2％，实例 B 的个别因素状况比估价对象好 1％，实例 C 的个别因素状况比估价对象差 1％（具体分析判断过程略），故：

实例 A、B、C 的个别因素修正系数分别为 100/98，100/101，100/99。

3. 求取比准价格

实例A：

$6300 \times (100/100) \times (105/100) \times (100/99) \times (100/98) = 6818(元/m^2)$

$6750 \times (100/102) \times (104/100) \times (100/101) \times (100/101) = 6747(元/m^2)$

$6760 \times (100/101) \times (103/100) \times (100/100) \times (100/99) = 6963(元/m^2)$

由于三个实例与估价对象的类似程度非常接近，故取三者的简单算术平均数作为估价对象的单位比准价格：

单位比准价格＝（6818＋6747＋6963）/3＝6843（5 元/m²）

故运用市场法的估价结果为：

比准价格＝6843×30000＝20529.00（万元）

七、估价结果确定

由于采用收益法和市场法估价的结果非常接近，故取两种估价方法估价结果的简单算术平均数作为估价对象房地产的价格。

估价对象房地产价格＝（20170.26＋20529.00）/2＝20349.63（万元）

取整为 20350 万元（精确到万元）。

单位价格：203500000÷38000＝5355（元/m²）（取整）

估价人员根据估价目的，按照房地产估价的估价原则、方法和程序，并结合估价人员的经验，确定估价对象在估价时点 2010 年 10 月 10 日的抵押价值为 20350 万元，大写人民币贰亿零叁佰伍拾万元整，单价：（略）。

5. 指出并改正下面估价报告片段中的错误。

甲公司欲抵押贷款，委托某估价公司对其拥有的某酒店进行估价。该酒店共 8 层，每层建筑面积 2000m²，其中 1 层有 600m² 为酒店大堂，900m² 出租用于餐厅和咖啡厅，1 层其他面积为酒店配套设施；其余各层为酒店客房、会议室和自用办公室。该酒店共有客房 280 间，每间建筑面积 40m²；会议室 5 间，建筑面积共 500m²；自用办公室 3 间，建筑面积共 300m²。该估价公司了解到该地段同档次酒店 1 层餐饮用途房地产的正常市场价格为建筑面积 20000 元/m²，同档次办公楼的正常市场价格为建筑面积 10000 元/m²；当地同档次酒店每间客房每天的平均房价为 250 元，年平均入住率为 60%；该酒店正常经营平均每月总费用占客房每月总收入的 40%；会议室的租金平均每间 131000 元，平均每间每月出租 20 天；当地酒店类房地产的资本化率为 10%，该酒店剩余使用年限 30 年。下面为该估价公司估价技术报告的部分内容，请指出错误并改正。

1 层餐厅和咖啡厅价格＝20000×900＝18000000（元）＝1800（万元）

酒店客房年总收益＝250×280×365×（1−60%）＝10220000（元）＝1022（万元）

酒店会议室年总收益＝1000×20×12＝240000（元）＝24（万元）

酒店年总费用＝1022×40%＝409（万元）

酒店客房及会议室年净收益＝1022＋24−409＝637（万元）

酒店客房及会议室价格＝637/10%×[1−1/(1+10%)30]＝6005(万元)

酒店办公室价格＝300×10000＝3000000(元)＝300(万元)

该酒店总价格＝1800＋6005＋300＝8105（万元）

参 考 文 献

[1] 戴学珍. 房地产估价教程. 第 2 版. 北京：清华大学出版社，2011.
[2] 中国房地产估价师与房地产经纪人协会. 房地产估价理论与方法. 北京：中国建筑工业出版社，2011.
[3] 中国房地产估价师与房地产经纪人协会. 房地产估价案例与分析. 北京：中国建筑工业出版社，2011.
[4] 柴强. 房地产估价. 第 5 版. 北京：首都经济贸易大学出版社，2007.
[5] 张洪力. 房地产估价. 北京：机械工业出版社，2010.
[6] 赵财富，赵小虹. 房地产估价. 上海：同济大学出版社，2004.

第十章

房地产估价案例

第一节　房地产估价案例

在我国，房地产估价包括房地产估价和土地估价两个体系，两者估价技术路线和估价方法虽然没有本质区别，但报告内容和格式有较大的差异。另外，在房地产估价实践中，由于估价目的不同、估价对象用途不同以及所处的市场环境不同，从而估价技术路线和估价方法的选择就不同，最终形成不同类型的估价报告。在此，选取了估价实践中具有典型性的报告案例以供学习参考。

一、房地产抵押价值评估

房地产抵押价值评估是房地产估价实践中比较常见的一种业务类型。以下选用了××县××镇××路南、××大道东（×××住宅楼 8# 、9# 栋 1~10 层）在建工程抵押价值评估案例，具有较强的综合性，估价方法为成本法和假设开发法。

房地产估价结果报告

一、委托方：×××

二、估价方：×××

三、估价对象

×××系×××开发的位于×××镇新安路南、××大道东（×××）住宅开发项目，共 9 栋高层建筑，分两期开发，一期 1# ~7# 栋已竣工验收，第二期 8# 、9# 栋在建。

1. 估价对象的范围

估价对象系×××开发的位于××镇××路南、××大道东（×××）住宅开发项目 8# 、9# 栋地下层与地上 10 层在建工程，根据预测成果，此次可抵押的 8# 、9# 栋地下层与地上 10 层在建工程建筑面积共为 18944.49m²（其中 8# 栋 1~10 层 8201.30m²，9# 栋 1~10 层 3770.73m²，地下室 6972.46m²）。

2. 区位状况

(1) 位置　估价对象位于××镇××路、××路以南、××大道以东、××路以北、市武警指挥学院以西。南离××路约 350m，离××路约 1600m；东邻市武警指挥学院；北邻原麻纺厂，离××路约 850m；西（小区入口）邻××大道。该地段属于××与××市芙蓉区的交界地段，基础设施与公共配套设施在不断完善，区段发展前景较好。

(2) 交通　临南北干道××大道，离 808、114 路公交站牌约 400m，公交便捷度较高。

(3) 环境景观　估价对象所处区域没有空气、水污染，噪声污染，无周期性洪水灾害，自然环境较好；小区规划设计成围合式的布局形态，绿化率为 39.6%，建筑错落式排列，通过建筑的围合形成一种院落式空间。大型中央水景花园、中央花园水系以龙的形态贯穿全局，绿化率环境良好，景观条件较优。

(4) 内部配套设施与基础设施　小区内部有地下停车场、小型超市、菜市场、娱乐健身设施（篮球场、羽毛球场、幼儿娱乐设施），小区给水、排水、通电、天然气、通信网路已接入××市政基础设施网路，均可正常使用，正常使用保证度在95％以上。

（5）外部配套设施 周边区域内学校、医院、银行、超市、休闲场所齐全。××路直通火车站、汽车东站和××机场，地铁2A线将在此设站，生活、交通都较便利。

3. 权益状况

（1）房屋所有权 估价对象为房地产开发项目，现属在建工程，尚未竣工验收，未达到办理房屋所有权证的条件。项目建设用地规划许可证编号：×××××号。建设工程规划许可证编号：××××××号（8#栋）、××××××号（9#栋）、××××××号（地下室）。建筑工程施工许可证编号：×××××××。

（2）房屋共有权 在建工程属×××单独开发，无共有权人。

（3）土地使用权 项目土地国有土地使用证号为××××××号，土地使用权人为×××，登记的土地使用权面积8053.20m²，规划用途为住宅用地，使用权类型为出让，终止日期2079年9月7日，国有土地使用权尚未分摊到栋与户。

（4）他项权利登记状况 根据调查，估价对象宗地四至无纠纷，在估价时点未设定他项权利。

4. 实物状况

（1）土地状况 估价对象场地平整，地质条件良好。土地开发程度为红线内外"六通一平"（给水、排水、通电、电讯宽带、通路、通天然气与场地平整）。

（2）在建工程状况 8#、9#栋基础工程、地下主体工程、地上1～10层柱梁工程和楼地面工程已完工，至估价时点之日第十一层柱梁工程正在扎筋浇混凝土。

根据设计图纸可知，估价对象为高层电梯住房，房屋户型以二房、三房中小户型为主，板式及蝶式布局，绝大部分南北朝向，空间通透光亮，方正实用，设计精巧。

×××第8#、9#栋房屋预测户室面积以××县房屋产权测绘队测绘数据为准，在此略。

四、估价目的

为确定房地产抵押贷款额度提供参考依据而评估在建工程抵押价值。

五、估价时点

2011年5月30日。

六、价值定义

房地产抵押价值为抵押房地产在估价时点的市场价值，等于假定未设立法定优先受偿权利下的市场价值减去房地产估价师知悉的法定优先受偿款。本报告所称抵押房地产，包括拟抵押房地产和已抵押房地产。

法定优先受偿款是指假定在估价时点实现抵押权时，法律规定优先于本次抵押贷款受偿的款额，包括发包人拖欠承包人的建筑工程价款、已抵押担保的债权数额以及其他法定优先受偿款。

七、估价依据（略）

八、估价原则（略）

本估价报告在遵循独立、客观、公正、合法、谨慎的基本原则下，结合估价目的对估价对象进行估价，具体依据如下估价原则。

① 合法原则。

② 最高最佳使用原则。

③ 替代原则。

④ 估价时点原则。

⑤ 谨慎原则。

九、估价方法

估价对象为在建工程，尚未竣工交付使用，设计用途为住宅，属在建房地产，不宜采用市场比较法及收益法进行评估。估价对象的土地使用权证和工程建设资料齐全，适宜采用假设开发法及成本法进行评估，故确定假设开发法和成本法作为本次评估的基本方法。

十、估价结果

本估价机构根据估价目的，遵循估价原则，按照估价程序，采用科学合理的估价方法，在认真分析现有资料的基础上，经过科学测算，并结合估价经验与对影响房地产价格因素的分析，确定估价对象在估价时点 2011 年 5 月 30 日的抵押价值如下。

① 在建工程市场价值评估总值：大写人民币肆仟壹佰陆拾捌万捌仟圆整（¥41688000.00）

在建工程市场价值评估平均单价：2200.55 元/m²

② 法定优先受偿款

a. 优先于本次抵押的他项权 建筑工程款大写人民币玖佰陆拾玖万肆仟圆整（¥9694000.0）

（因工程款随工程进度在不断变化，我们根据委托方提供的资料与证明确定在估价时点未付工程款 9694000.0 元）

b. 拟拍卖变现相关税与费（取整）：大写人民币玖佰玖拾肆万贰仟圆整（¥9942000.00）

③ 在建工程在估价时点拟拍卖变现价值评估总额：大写人民币贰仟贰佰零伍万圆整（¥22050000.00）

十一、估价人员（略）

十二、估价作业日期

2011 年 5 月 30 日至 2011 年 6 月 5 日

十三、估价报告应用的有效期

本估价报告应用的有效期自估价报告完成之日起，原则上为一年，但市场状况变化很大时，该估价报告应用的有效期不超过半年。

变现能力分析

1. 通用性：根据该区域的经济发展状况、基础设施和公共配套设施现状、房地产发展现状、常住人口与流动人口数量、城市规划走向等综合判断委估房产作为住宅在建工程通用性差。

2. 独立使用性：×××项目 8#、9# 栋在建工程属于×××项目的第二期，第二期开发项目统一规划、统一报建、统一开发建设，项目专有部分房屋与地下停车场可独立使用不受限制，但公共配套设施、基础设施、公共绿化为整体项目公共利用，不能分割使用。

3. 可分割转让性：该在建工程完成的开发投资已经超过投资总额的 25% 以上，建成建筑面积已超过总建筑面积 1/3，可通过正常程序转让变现，转让程序较复杂，存在一定的操作风险。

4. 估价对象权属状况、登记状况及出让金缴纳情况。

序号	调查项目	调查详情
1	权属状况	评估对象报建手续合法完整，产权清晰，四至无纠纷
2	登记状况	未设定他项权利
3	出让金缴纳情况	全额缴纳了地价款、土地出让金与相关税费
4	抵押物剩余使用时间	69 年
5	其他事项	无

5. 在建工程变现成本费用预计

序号	税费名称	税率或标准	计算基数	税费总额/元
1	契税（转让）	4.00%	拍卖成交价	1667520.0
2	营业税	5.475%	拍卖成交价	2282418.0
3	印花税	0.10%	拍卖成交价	41688.0
4	交易手续费	0.00%	拍卖成交价	0.0
5	土地增值税	1.00%	拍卖成交价	416880.0
6	所得税	1.00%	拍卖成交价	416880.0
7	产权转移费（元/m²）	6	房屋建筑面积	113667.0
8	土地证书工本费（元/本）	200	国有土地使用证	200.0
9	拟拍卖变现相关费用（含诉讼、拍卖、管理、执行等费用）	12.00%	拍卖成交价	5002560.0
合计				9942000.0

6. 变现价值确定

变现价值确定数值区域	与市场价值对比比例
2205.0 万元～2500.0 万元	52.9%～60.0%

7. 预计成交概率及可实现变现时间

预计变现能力等级	预计可实现变现时间	建筑物装修价值	评估抵押价值中所含装饰装修价值
二级变现能力	8～12 个月	0 元	0 元

8. 评估师对该抵押物评估、办理及变现过程风险提示

① 评估对象不存在房地拆分抵押情况。

② 优先受偿款提示：评估对象未设定抵押权，但存在未付的工程款，抵押权人应严格监控贷款的使用走向，严格要求抵押贷款使用在项目建设的成本支出中，降低风险。

③ 在建工程可能存在工程质量或自然灾害造成的风险（如建筑质量不能达到国家有关标准而无法竣工验收或自然灾害的造成建筑物灭失或严重损坏）。

④ 在建工程抵押权与商品房预售冲突的风险。

⑤ 在建工程抵押办理保险过程中的风险。

9. 估价报告使用提示

① 本报告评估价格是在公开市场条件下，按照估价规范和相关法律法规，遵循独立、客观、公正、合法、谨慎的原则测算得出的公开市场价格，同时列出了我们知悉的法定优先受偿款，不能替代变现时的成交价格。

② 房地产价格受区域经济发展、人口、收入水平、基础设施和公共服务设施完善程度、城市规划走向、相关政策法规等多因素的影响，房地产价格随众因素变化而波动。房地产在抵押担保过程中，抵押权人应该关注房地产价格波动。我们建议在抵押担保时间内，每隔一年对抵押房地产进行一次评估，控制抵押房地产的变现风险。

③ 抵押权人应合理使用评估报告，特别关注房地产估价报告出具之日至抵押登记之日的时间段内，抵押房地产是否会出现房地产法定优先受偿权利的情况，同时谨慎考虑抵押房地产快速变现及相关费用的影响。

④ 估价对象为在建工程，设计用途为住宅，建筑物续建或自然灾害可能造成一定的风险。如工程质量不达标，续建过程出现重大的工程质量问题或工程事故会对估价对象价值造成影响。我们建议抵押权人在抵押登记前对在建工程的建筑质量进行检测，对续建过程的建筑质量进行监督，给抵押物购买保险，降低风险。

⑤ 抵押权人在抵押担保期间，如果发现了估价报告中估价师未知悉的法定优先受偿权利或受偿款，应及时评估其数额，相应增加抵押物。

⑥ 本次评估结果反映了公开市场环境中估价对象的正常价格水平，但如果需要进行快速变现，那么其实际价值不可能全部实现。事实上，未来市场变化风险和短期强制处分等因素对抵押价值均产生一定的影响；而处分抵押物一般是以拍卖或变卖方式进行的，二者之间不可避免地会存在一定的差距。抵押权人为防范风险，达到抵押物到期快速变现的目的，应在评估价格的基础上乘以一个变现系数（一般设定为0.4～0.7），由此确定抵押贷款额度，降低风险。

⑦ 我公司估价师对评估对象所能涉及的优先受偿权利及优先受偿款进行了深度调查，但不能排除委托人提供失真或虚假的证据资料而对估价价值造成的影响，抵押权人在办理抵押事务时需对估价对象所能涉及的优先受偿权利及优先受偿款进行核查，并对所设计的信贷风险予以关注。

房地产估价技术报告

一、个别因素分析（同估价结果报告）

二、区域因素分析（同估价结果报告）

三、市场背景分析（略）

四、最高最佳使用分析（略）

五、估价方法选用（同估价结果报告）

六、估价测算过程

（一）假设开发法

假设开发法概念：又称开发法、预期开发法、剩余法，是预测估价对象未来开发完成后的价值，然后减去预测的开发成本、税费等来求取估价对象价值的方法。其本质是以房地产的预期开发后的价值为导向求取估价对象的价值，其公式为：

在建工程价值＝续建完成后的房地产价值－续建成本－管理费用－投资利息－销售费用－销售税费－续建投资利润－买方购买在建工程应负担的税费

本报告中设定在建工程的价值为 V，在测算过程中未考虑资金的时间价值。

开发商与施工单位签订的施工合同开工日期为 2009 年 12 月 12 日，合同竣工日期为 2011 年 4 月 8 日，在估价时点之日，在建工程勘察设计和前期工程已完工；基础设施建设已完工；公共配套设施建设已完成80％；房屋建筑安装工程中的基础工程、地下车库、地上 1～10 层柱梁工程和楼地面工程已完工，至估价时点之日第十一层柱梁工程正在扎筋浇混凝土。待完成的工程项目为墙体工程、屋面工程、装饰工程、门窗、水电、电梯、10 层以上主体工程等，依此确定续建到竣工验收还需 13 个月。

此次评估设定所有投资均在期中一次性实现，销售收入在 2011 年 6 月全部实现，不考虑预售。

1. 估价对象续建完成后房地产价值的求取

市场比较法：将估价对象与在估价时点近期有过交易的类似房地产进行比较，对这些类似房地产的已知价格作适当的修正，以此估算估价对象的客观合理价值的方法。市场比较法计算公式如下：

$$估价对象价值＝可比实例成交价格×交易情况修正系数×$$
$$市场状况调整系数×房地产状况调整系数$$

（1）住宅用途房地产可比实例见表 10-1，因素条件说明见表 10-2。

表 10-1　可比实例

序号	估价对象/可比实例	估价对象	可比实例 A	可比实例 B	可比实例 C
1	项目名称	×××8#、9#住宅	楚天世纪城	东业·苹果社区	明天一城
2	用途	高层电梯住宅	高层电梯住宅	高层电梯住宅	高层电梯住宅
3	结构	钢混	钢混	钢混	钢混
4	位置	××镇××路南、××大道东	××路以南，××大道以东	××市××大道与××路交汇处西南角	××大道南 东六线东
5	所在层次	1～32 层	1～32 层	1～18 层	1～18 层
6	成交均价/(元/平方米)	待估	3400	3500	3100
7	交易日期	估价时点	2010 年 4 月	2010 年 4 月	2010 年 4 月
8	交易情况	正常交易	正常交易	正常交易	正常交易

表 10-2　因素条件说明

序号	项目名称	估价对象	可比实例 A	可比实例 B	可比实例 C
1	用途	高层电梯住宅	高层电梯住宅	高层电梯住宅	高层电梯住宅
2	交易情况	正常	正常	正常	正常
3	交易日期	估价时点	2010 年 4 月	2010 年 4 月	2010 年 4 月
4	成交均价/(元/平方米)	待估	3400	3500	3100
5	商业繁华度	商业繁华度一般，离综合超市、商业网点、商业街约 1.5km	商业繁华度一般，离综合超市、商业网点、商业街约 1.5km	商业繁华度一般，离综合超市、商业网点、商业街约 1.5km	商业繁华度一般，离综合超市、商业网点、商业街约 1.5km

序号	项目名称	估价对象	可比实例 A	可比实例 B	可比实例 C
6	交通便捷度(主要指道路等级、临路状况、公交路线)	400m 范围内主干道多于 2 条、离 808 路、114 路公交站约 400m	400m 范围内主干道多于 2 条、离 808 路、01 路公交站约 300m	400m 范围内主干道多于 2 条、离 808 路、01 路公交站约 300m	400m 范围内主干道多于 2 条,离 808 路、01 路公交站约 300m
7	公共配套设施完善度(主要指学校、医院、邮电局、娱乐设施、银行等公共配套设施的完善度)	周围学校、医院、邮电局、娱乐设施、银行等公共配套设施的完善度一般	周围学校、医院、邮电局、娱乐设施、银行等公共配套设施的完善度一般	周围学校、医院、邮电局、娱乐设施、银行等公共配套设施的完善度一般	周围学校、医院、邮电局、娱乐设施、银行等公共配套设施的完善度一般
8	基础设施(主要指通上水、通下水、通电、通路、通信、通暖、通气状况)	通上水、通下水、通电、通路、通信、通天然气	通上水、通下水、通电、通路、通信、通天然气	通上水、通下水、通电、通路、通信、通天然气	通上水、通下水、通电、通路、通信、通天然气
9	离商服中心距离	约 1.5km	约 1.5km	约 1.5km	约 1.5km
10	环境景观(主要指小区内绿化面积、建筑小品数量、离公园距离)	优	优	优	优
11	楼层	1～32 层	1～32 层	1～18 层	1～18 层
12	完损程度	全新	全新	全新	全新
13	外部装饰装修	较优	较优	较优	较优
14	工程质量	优	优	优	优
15	设施设备(主要指小区配套设施设备及成新度)	优	优	优	优
16	朝向、通风采光	坐北朝南,通风采光优	坐北朝南,通风采光优	坐北朝南,通风采光优	坐北朝南,通风采光优
17	空间布局	良好	良好	良好	良好

(2) **交易情况修正**　可比实例的成交价格均为正常价格,交易情况修正系数为 100/100。

(3) **市场状况调整**　2010 年 4 月至估价时点,××镇小高层或高层电梯住宅用途房地产价格平稳,没有明显的波动,市场状况调整系数为 100/100。

(4) **房地产状况调整**

① 权益状况调整。估价对象土地使用权类型为出让,房屋在建,房屋剩余经济使用年限为 67～68 年,可比实例建筑时间为 2010 年,房屋剩余经济使用年限为 67～68 年。由此确定权益状况调整系数为 1。

② 区位状况与实物状况调整。见表 10-3 和表 10-4。

表 10-3　区位状况调整

区域因素	权数	估价对象	可比实例 A	可比实例 B	可比实例 C
商业繁华度	0.2	100	100	100	100
交通便捷度	0.2	100	105	105	105
公共配套设施完备度	0.2	100	100	100	100
基础设施完善度	0.2	100	100	100	100
离商服中心距离	0.1	100	100	100	100
环境景观	0.1	100	100	100	100
综合	1	100	101	101	101

表 10-4　实物状况调整

个别因素	权数	估价对象	可比实例 A	可比实例 B	可比实例 C
完损程度	0.2	100	100	100	100
外部装饰装修	0.2	100	100	100	100
工程质量	0.2	100	100	100	100
设施设备	0.1	100	100	100	100
楼层	0.1	100	100	100	100
朝向、通风采光	0.1	100	100	100	100
空间布局	0.1	100	100	100	100
综合	1	100	100	100	100

（5）比准单价的测算　比准单价测算见表 10-5。

表 10-5　比准单价测算

序号	项目名称	可比实例 A	可比实例 B	可比实例 C
1	成交单价/(元/m²)	3400	3500	3100
2	交易情况修正	100/100	100/100	100/100
3	交易日期修正	100/100	100/100	100/100
4	权益状况修正	100/100	100/100	100/100
5	区位状况修正	100/101	100/101	100/101
6	实物状况修正	100/100	100/100	100/100
7	修正后单价/(元/m²)	3366	3465	3069

（6）根据上表综合测算得出可比实例的比准单价为：

比准价格＝可比实例成交价格×交易情况修正系数×市场状况调整系数×房地产状况调整系数

比准价格 V_A＝3366（元/m²）

比准价格 V_B＝3465（元/m²）

比准价格 V_C＝3069（元/m²）

（7）将上述三个比准价格的简单算术平均数作为市场法的测算结果，则

估价对象单价(取整)＝(3366＋3465＋3069)/3＝3300(元/m²)

（8）地下车库开发完成后的单价测算　该区段住宅小区地下车位单价为 5.5 万～6 万/标台，根据规划与实际建设状况，地下车库共有车位 246 标台，根据谨慎原则，此次评估确定为 5 万元/标台。

（9）续建完成后的房地产价值＝地上房屋价值＋地下车库价值

＝3300 元/m²×38927.54m²＋246 标台×5 万元/标台

＝140760882（元）

2. 续建成本

续建成本是指在建工程在现有状况下续建完工达到竣工验收交付使用所发生的直接费用，主要是房屋建筑与安装工程费用、室外附属工程费用、项目配套设施工程费用、园林绿化工程费用、其他相关费用、报建费用等。依据××县目前人工、材料、建筑设计标准及正常管理水平，建造一幢各项设备相同或相当的建筑物所需的成本价格，根据同区域、同类型房屋的社会平均建造成本确定为 1840.6 元/m²。建筑物建造成本价格见表 10-6。

表 10-6 建筑物建造成本价格

序号	工程名称	项目地址	项目类型	结构	土建、安装竣工决算单价/(元/m²)	室外附属工程竣工决算单价/(元/m²)	园林绿化工程竣工决算单价/(元/m²)	配套设施工程竣工决算单价/(元/m²)	其他费用/(元/m²)	报建费用/(元/m²)	费用合计/(元/m²)
1	尚城住宅小区	××县××镇	高层住宅项目	钢混框剪	1616.0	34.0	21.0	19.0	30.4	130.0	1850.4
2	松雅湖畔住宅小区	××县××镇	高层住宅	钢混框剪	1603.0	42.0	22.0	26.0	30.5	130.0	1853.5
3	尚都花园城住宅小区	××县××镇	高层住宅	钢混框剪	1587.0	36.0	24.0	21.0	30.0	130.0	1828.0
4	楚天鑫苑住宅小区	××县××镇	高层住宅	钢混框剪	1574.0	34.0	19.0	18.0	29.6	130.0	1804.6
5	香槟小镇	××县××镇	高层住宅	钢混框剪	1622.0	37.0	26.0	21.0	30.7	130.0	1866.7
社会平均成本					1600.4	36.6	22.4	21.0	30.2	130.0	1840.6

委估在建工程勘察设计和前期工程已完工；土建、安装工程中的土方工程、基础工程、地下层、地上1～10层柱梁工程和楼地面工程、室外附属工程已完工，至估价时点之日第十一层柱梁工程正在扎筋装模浇混凝土；建筑主体待完成的工程项目为地上11～31层柱、梁、板主体工程与房屋整体的墙体工程、屋面工程、门窗、水电、有线、电信安装、电梯、公共部位装饰工程等；其他待完成的项目为园林绿化工程、配套设施工程、其他零星工程等、报建费用。

根据房产管理部门鉴定确认的预测建筑面积共为 45900.00m²（其中 8#栋 26243.78m²，9#栋 12683.76m²，地下室 6972.46m²）；此次可抵押的 8#、9#栋地下层与地上 10 层在建工程建筑面积共为 18944.49m²（其中 8#栋 1～10 层 8201.30m²，9#栋 1～10 层 3770.73m²，地下室 6972.46m²）。房屋建筑土建安装工程比率见表 10-7。

表 10-7 房屋建筑土建安装工程比率

成本比率 ＼ 项目名称	土石方工程	基础与地下室工程	柱、梁、板工程	墙体工程	门窗工程	屋面工程	安装工程	装饰工程	其他工程	合计
占土建安装成本的比率	4.00%	20.00%	35.00%	16.00%	2.50%	1.50%	7.50%	12.00%	1.50%	100.00%
已完工程度	100%	100%	32.258%	0%	0%	0%	0%	0%	0%	

续建成本＝房屋工程项目建造总成本－已建成项目成本

＝房屋工程项目建造总成本－土方工程、基础工程、地下层、地上 1～10 层柱梁工程和楼地面工程、室外附属工程建造成本

＝1840.6×45900.00－[1600.4×45900.00×（4.0%＋20%＋35%×32.258%）＋36.6×45900.00]

＝84483540.0－（73458360.0×35.2903%＋1679940.0）

＝84483540.0－27603616.0

＝56879924.0（元）

3. 管理费用

管理费用指开发商组织和管理房地产开发经营活动所必需的费用，包括房地产开发商的人员工资及福利费、办公费等。根据××市、××县房地产开发管理费用的社会平均水平，估价对象管理费取续建成本的 3%

管理费用＝续建成本×3%＝56879924.0×3%＝1706398.0（元）

4. 投资利息

投资利息按现行中国人民银行公布的 1～3 年期贷款利率 5.675% 计算，续建费用和管理费用为均匀投入，在建工程与购买在建工程的税费为一次性投入。则：

$$投资利息＝（在建工程价值＋购买在建工程的税费）×[(1+5.675\%)^{1.08}-1]+$$
$$（续建成本＋管理费用）×[(1+5.675\%)^{0.54}-1]$$
$$＝(V+4\%V)×[(1+5.675\%)^{1.08}-1]+(56879924.0+1706398.0)×[(1+5.675\%)^{0.54}-1]$$
$$＝0.06388V+1772569.0$$

注：4% 为买方购买在建工程的税费，主要是契税。

5. 销售费用

销售费用指销售完工房地产时所必需的费用，包括广告宣传费、销售代理费等。根据我们调查，××市和××完工的房地产销售费用一般占销售额的 2.3%（广告宣传费为 1%、销售代理费为 1.3%），由此得出：

销售费用＝续建完成后房地产价值×2.3%
＝140760882.0×2.3%
＝3237500.00（元）

6. 销售税费

销售税费指销售完工后的房地产时房地产开发商应缴纳的税费，主要指营业税及附加（5.475%）、土地增值税（1%）、印花税（0.1%），共 6.575%。

销售税费＝续建完成后房地产价值×6.575%
＝140760882.0×6.575%
＝9255028.0（元）

7. 续建投资利润

根据调查，××市与××县同类型房地产开发项目的社会平均成本利润率为 20%～35%，根据该开发项目的地段位置、实际建设状况、房地产的发展前景等综合判断确定其在建工程续建成本利润率为 20%。

续建投资利润＝（购买在建工程成本＋购买在建工程应负担的税费＋续建成本＋管理费用＋
销售费用＋投资利息）×20%
$$＝[V+0.04V+56879924.0+1706398.0+3237500.0+(0.06388V+1772569.0)]×20\%$$
$$＝0.22V+12719278.0$$

8. 买方购买在建工程应负担的税费

买方购买在建工程的税费主要是契税（4%）。

9. 在建工程价值

V ＝续建完成后的房地产价值－续建成本－管理费用－销售费用－投资利息－
销售税费续建投资利润－买方购买在建工程应负担的税费
$$＝140760882.0-56879924.0-1706398.0-3237500.0-(0.06388V+1772569.0)-$$
$$9255028-(0.22V+12719278.0)-0.04V$$
$$＝41688000.0（元）＝4168.8（万元）$$

折算单价＝41688000.0 元/18944.49m²＝2200.55（元/m²）

（二）成本法

根据商品房的价格构成确定其价格，委估在建工程的价格构成为：①土地取得成本；②开发成本；③管理费用；④投资利息；⑤销售费用；⑥销售税费；⑦开发利润。

1. 土地取得成本

评估对象《国有土地使用证》，使用权面积为 8053.20m²，地类用途为住宅用地，使用权类型为出让，终止日期为 2079 年 9 月 7 日。规划要点：容积率为 4.48，建筑密度为 15.23％，绿化率为 39.60％，建筑总高度小于 100m。

该宗地为××县政府通过挂牌出让给开发企业，土地出让合同签订于 2009 年 9 月 7 日，成交价款为 880 万元，交地标准为红线外"六通"（给水、排水、通电、通路、通信、通气）与场地平整。

（1）估价时点的土地出让价格　根据××县国土局数据统计显示，2009～2010 年××县××镇住宅用地的土地价格年上涨系数为 15％。

估价时点的土地出让价格＝2009 年 9 月 7 日土地挂牌成交价×升值系数

$$=8800000\times(1+15\%)^{0.58}$$
$$=9543050（元）$$

（2）土地取得税费　根据××县土地出让缴纳税费标准，以出让方式取得土地的交易税费为土地交易服务费（2％）与契税（4％）。

土地取得税费＝土地取得成本×（2％＋4％）

$$=9543050\times6\%$$
$$\approx572600（元）$$

土地取得成本＝9543050＋572600

$$=10115600（元）（合 1256.1 元/m^2，83.74 万元/亩）$$

楼面地价＝1256.1÷4.48≈280.38（元/m²）

价格合理性检测：根据我们对××县××镇 2009 年 1 月至 2010 年 2 月的挂牌或拍卖成交的楼面地价统计，2009 年 1 月至 2010 年 2 月××同类型高层住宅房地产的楼面地价基本在 350～600 元/m² 之间，2010 年 3～4 月，××部分地段楼面地价已达 800～1200 元/m²。我们根据谨慎原则，测算出估价对象的楼面地价 280.38 元/m²，价格谨慎合理。

2. 开发成本

开发成本是指在取得的房地产开发用地上进行基础设施和房屋建设所必需的直接费用、税金，主要包括：工程勘察设计和前期工程、房屋土建与建筑安装工程、室外附属工程、园林绿化工程、配套设施工程、其他零星工程费、开发过程中的税费。

委估在建工程勘察设计和前期工程已完工；土建、安装工程中的土方工程、基础工程、地下层、地上 1～10 层柱梁工程和楼地面工程、室外附属工程已完工，至估价时点之日第 11 层柱梁工程正在扎筋装模浇混凝土。

（1）工程勘察设计和前期工程费用　根据××县政府颁布的房地产开发项目的收费标准，确定该开发项目的工程勘察设计和前期工程费用为 885800 元。工程勘察设计和前期工程费明细见表 10-8。

表 10-8　工程勘察设计和前期工程费明细

序号	项目名称	金额/元	序号	项目名称	金额/元
1	项目咨询费(项目可研、造价咨询)	80000	6	施工图审查费	58000
2	勘查费	120000	7	招标代理费	26000
3	规划、设计费	468000	8	其他费用(3%)	26700
4	测绘与放线费	19000	合计		885800
5	前期资料费	89000			

（2）根据假设开发法中的测算成果确定在建工程在估价时点时的建造成本为：

在建工程在估价时点时的建造成本＝1600.4×45900.00×（4.0％＋20％＋35％×32.258％）＋

$$36.6\times45900.00=27603600（元）$$

（3）开发成本＝工程勘察设计和前期工程费用＋在建工程在估价时点时的建造成本

$$=885800+27603600=28489400（元）$$

3. 管理费用

管理费用指开发商组织和管理房地产开发经营活动所必需的费用，包括房地产开发商的人员工资及福利费、办公费等。根据××市、××县房地产开发管理费用的社会平均水平，估价对象管理费取开发成本的 3%。

管理费用＝开发成本×3%

＝28489400×3%＝854700（万元）

4. 投资利息

指开发商从购入土地从事开发而发生的利息，根据该项目的规模，按照施工合同确定其开发周期为 1.08 年，开工至估价时点已施工 5 个月，投资利息按现行中国人民银行公布的 1～3 年期贷款利率 5.675% 计算，土地取得成本及税费为一次性投入，开发费用和管理费用为均匀投入。则：

投资利息＝10115600×$[(1+0.05675)^{0.58}-1]+(2848.94+85.47)×[(1+0.05675)^{0.208}-1]$

＝667900（元）

5. 销售费用

销售费用指销售在建工程时所必需的费用，包括广告宣传费、销售人员的工资与福利费等。根据我们调查，××市在建工程销售费用一般占销售额的 0.5%，由此得出：

销售费用＝（土地取得成本＋开发成本＋管理费用＋投资利息）×0.5%

＝（1011.56＋2848.94＋85.47＋66.79）×0.5%

＝200600（元）

6. 销售税费

销售税费指转让在建工程时房地产开发商应缴纳的税费，主要指营业税及附加（5.475%）、印花税（0.1%），共 5.575%。

销售税费＝（土地取得成本＋开发成本＋管理费用＋投资利息）×5.575%

＝（1011.56＋2848.94＋85.47＋66.79）×5.575%

＝2237000（元）

7. 开发利润

根据调查，××市与××县同类型房地产开发项目的社会平均投资利润率为 20%～35%，但在建工程的社会平均成本利润率比开发完成后的房地产社会平均成本利润率低 10%～15%，根据该在建工程的状况，此次评估确定成本利润率为 10%。

在建工程开发利润＝（土地取得成本＋开发成本＋管理费用＋投资利息＋销售费用）×10%

＝（1011.56＋2848.94＋85.47＋66.79＋20.06）×10%

＝4032800（元）

8. 在建工程价值

在建工程价值＝土地取得成本＋开发成本＋管理费用＋投资利息＋销售费用＋销售税费＋开发利润

＝10115600＋28489400＋854700＋667900＋200600＋2237000＋4032800

＝4659.82（万元）

（三）估价对象评估价值的确定

本次评估采用了假设开发法和成本法求取估价对象的价值，假设开发法测算的在建工程价值为 4168.8 万元，成本法测算的在建工程价值为 4659.82 万元，根据抵押评估的谨慎原则，此次评估最终以假设开发法测算的在建工程价值作为估价对象的评估价值。

在建工程评估价值为 4168.8 万元。

七、估价结果

本估价机构根据估价目的，遵循估价原则，按照估价程序，采用科学合理的估价方法，在认真分析现有资料的基础上，经过科学测算，并结合估价经验与对影响房地产价格因素的分析，确定估价对象在估价时点 2011 年 5 月 30 日的抵押价值为：

（1）在建工程市场价值评估总值：大写人民币肆仟壹佰陆拾捌万捌仟圆整（￥41688000.00）

在建工程市场价值评估平均单价：2200.55 元/m²

（2）法定优先受偿款

① 优先于本次抵押的他项权：建筑工程款大写人民币玖佰陆拾玖万肆仟圆整（￥9694000.0）

（因工程款随工程进度在不断变化，我们根据委托方提供的资料与证明确定在估价时点未付工程款9694000.0 元）

② 拟拍卖变现相关税与费（取整）：大写人民币玖佰玖拾肆万贰仟圆整（￥9942000.00）

（3）在建工程在估价时点拟拍卖变现价值评估总额：大写人民币贰仟贰佰零伍万圆整（￥22050000.00）

在建工程市场价值评估结果明细见表 10-9。

表 10-9 在建工程市场价值评估结果明细

序号	项目名称	建筑面积/m²	市场价值平均单价/(元/m²)	市场价值评估总价/元
1	8# 栋 1～10 层	8201.3	2200.55	18047000.0
2	9# 栋 1～10 层	3770.73	2200.55	8298000.0
3	地下室	6972.46	2200.55	15343000.0
合计		18944.49		41688000.0

二、国有土地上房屋征收评估

自 2011 年 1 月 21 日国务院公布《国有土地上房屋征收与补偿条例》（国务院 590 号令）、2011 年 6 月 3 日住房和城乡建设部发布《国有土地上房屋征收评估办法》（建房〔2011〕77 号）后，房屋征收评估发生很多变化，各地也在适应和尝试新模式。以下选用了××市××区××路 007 号房屋征收补偿分户评估案例，估价方法为市场法和收益法。

××市××区××路 007 号房屋征收补偿分户评估结果报告

（一）估价委托人（略）

（二）估价机构（略）

（三）估价项目概况

1. 估价对象范围

估价对象为××市××区××路 007 号第 001 栋 104# 房地产，建筑面积为 73.90m²，所有权人为×××。

2. 估价对象区位状况

估价对象区位状况分析见表 10-10。

表 10-10 估价对象区位状况分析

项目		详细情况
位置状况	坐落	××市××区××路 007 号第 001 栋 104# 房
	方位	估价对象位于××旁，东临××路，南临××路，西邻××，北近××路
	距离	距××市级商服中心五一广场约 3km 距火车站约 4.5km 西距湘江中路 400m
	朝向	南北朝向
	楼层/总层数	第 1 层/6 层
交通状况	道路状况	××路是城市主干道，为双向六车道；××是城市次干道，为双向两车道
	交通管制	无
	出入可利用交通工具	106、111、11、116、142、143、368、406、501、503、807 等公交路线经过；可到五一广场、司门口、南门口、芙蓉广场、东塘、侯家塘、溁湾镇、高叶塘、汽车西站、汽车南站等方向

续表

项目		详细情况
交通状况	距公交站点距离	距"开福寺"公交站点约100m
	停车方便程度	无专门停车场可供停车,停车不便
环境状况	自然环境	无明显的大气污染、水文污染
		周边没有影响视觉环境的杂乱因素
		卫生环境一般
	人文环境	治安环境较好,人文环境优
	景观	无
外部配套设施	基础设施	区域内"五通",即通上水、通下水、通路、通电、通信
	公共服务设施	购物场所:新一佳超市、新河家具广场、岁宝百货、毛家桥水果市场
		银行:中国银行、工商银行、交通银行
		教育:××小学、××小学、××幼儿园、××中学等
		医院:××医院、××妇幼保健所
		其他:移动、电信、联通营业厅、沿江风光带、开福寺古寺

3. 估价对象权益状况

房屋权益状况见表10-11。

表10-11　房屋权益状况

所有权证号码	90001013
坐落	××市××区××路007号第001栋104#房
房屋所有权人	×××
产权面积	73.90m²(其中分摊面积5.90m²)
结构	混合
登记用途	住宅
产别	私有房产

估价委托人未提供估价对象房屋用地权属证明资料。根据相关法规政策规定,本次评估不考虑土地使用权取得的不同方式所造成的影响。评估结论为估价对象房地合一的价格。

4. 估价对象实物状况

建筑物状况见表10-12,土地状况见表10-13。

表10-12　建筑物状况

名称	××市××区××路007号第001栋104#
规模	6层住宅楼
建筑面积	73.90m²(其中分摊面积5.90m²)
层次/总层数	第1层/6层
高度	建筑物总高度约18m
层高	2.8m
建筑结构	混合
建成时间	1981年
用途	住宅

续表

使用维护状况	正常使用,维护保养一般	
完损状况	有一定折旧	
物业管理	无	
空间布局	三室一厅一厨一阳台	
装饰装修	外墙刷涂料,入户防盗门。本次评估因房屋产权继承人未予配合(当地社区对该事实在现场勘察表中签名盖章予以证明),估价人员未能进入室内察看	
设施设备	供水供电	市政供水、供电
	电话	电话入户
	有线	有线入户

表 10-13 土地状况

面积形状	土地总面积,形状较规则
土地四至	东临××路,南临××路,西临××,北近××路
地形地势	地势平坦
土壤地基	土地未受污染,酸碱度适中,地基承载力较大
基础设施、平整程度	宗地已达到"五通一平"

（四）估价目的

为房屋征收部门与被征收人确定被征收房屋价值的补偿提供依据，评估被征收房屋的价值。

（五）估价时点

2012 年 3 月 15 日

根据《国有土地上房屋征收评估办法》第十条："被征收房屋价值评估时点为房屋征收决定公告之日。"根据征收决定公告（××征告字［2012］第××号）日期为 2012 年 3 月 15 日，故本次估价时点为 2012 年 3 月 15 日。

（六）价值定义

评估价值标准采用公开市场价值，指被征收房屋及其占用范围内的土地使用权在正常交易情况下，由熟悉情况的交易双方以公平交易的方式在评估时点自愿进行交易的金额，但不考虑被征收房屋租赁、抵押、查封等因素的影响。

（七）估价依据（略）

（八）估价原则（略）

（九）估价方法

根据估价人员所掌握的资料，经实地察看和调查分析，估价对象为住宅房地产，所在区域较为成熟，其市场化程度较高，近期同类用途的房地产交易案例容易搜集，符合市场比较法运用的条件。根据《房地产估价规范》5.1.4："有条件选用市场比较法进行估价的，应以市场比较法为主要的估价方法。"《国有土地上房屋征收评估办法》第十三条："被征收房屋的类似房地产有交易的，应当选用市场法评估"。因此，本估价对象可以选用市场比较法进行估价。估价对象住宅是收益性房地产，同一区域内，类似房地产出租现象比较普遍，在未来一定时期内的房地产客观收益可以通过一定方法求得，因此可以运用收益法进行估价。因此，本次住宅房地产估价最终选用市场比较法和收益法，以市场比较法和收益法所得结果的加权平均数确定估价对象在估价时点的客观价值或价值。

（十）估价结果

综上所述，我公司专业估价人员根据估价目的，遵循估价原则，按照估价程序，采用科学合理的估价方法，并在综合分析影响房地产价格因素的基础上，经过测算，确定该房地产在估价时点 2012 年 3 月 15 日的房地产市场价格（不包含被征收房屋室内装饰装修价值，机器设备、物资等搬迁费用，以及停产停业损失等补偿）为￥456998 元（大写：人民币肆拾伍万陆仟玖佰玖拾捌元整），单价取整为 6184 元/m²，详情如下。

房屋坐落	房屋所有权人	房屋用途	建筑结构	建筑时间	产权登记面积/m²	评估单价/(元/m²)	评估总价/元
××市××区××路 007 号第 001 栋 104# 房	×××	住宅	混合一等	1981 年	73.90	6184	456998

注：以上评估结论未包括因征收房屋造成的搬迁、临时安置的补偿和停产停业损失的补偿费用，也未包括被征收房屋室内装饰装修价值的补偿费用。

（十一）估价人员（略）

（十二）估价作业日期

2011 年 08 月 22 日～2012 年 3 月 15 日

（十三）估价报告应用的有效期

与××市开福区人民政府房屋征收决定公告（××征告字［2012］第××号）实施期限及延期的期限一致。

××市××区××路 007 号房屋征收补偿分户评估技术报告

（一）实物状况描述与分析（同结果报告）

（二）权益状况描述与分析（同结果报告）

（三）区位状况描述与分析（同结果报告）

（四）市场背景描述与分析（略）

（五）最高最佳使用分析

此次评估目的是"为房屋征收部门与被征收人确定被征收房屋价值的补偿提供依据，评估被征收房屋的价值"。根据《国有土地上房屋征收评估办法》第九条：委托征收估价的，房屋征收部门应当向受托的房地产价格评估机构提供征收范围内的房屋情况，包括已经登记的房屋情况和未经登记建筑的认定、处理结果情况。调查结果应当在房屋征收范围内向被征收人公布。对于已经登记的房屋，其性质、用途和建筑面积，一般以房屋权属证书和房屋登记簿的记载为准；房屋权属证书与房屋登记簿的记载不一致的，除有证据证明房屋登记簿确有错误外，以房屋登记簿为准。对于未经登记的建筑，应当按照市、县级人民政府的认定、处理结果进行评估。根据估价委托人提供的《房屋所有权证》等权属资料及有关数据，本次评估按法定用途进行评估。

（六）估价方法适用性分析（同结果报告）

（七）估价测算过程

1. 市场比较法计算过程

市场比较法是通过类似房地产的成交价值来求取估价对象价值的方法。具体来说，是选取一定数量、符合一定条件、发生过交易的类似房地产，然后将它们与估价对象进行比较，对它们的成交价值进行适当的处理来求取估价对象价值的方法。计算公式如下：

比准价格＝可比实例成交价格×交易情况修正系数×市场状况调整系数×房地产状况调整系数

$$=可比实例成交价格×\frac{100}{（\quad）}×\frac{（\quad）}{100}×\frac{100}{（\quad）}$$

$$=可比实例成交价格×\frac{正常成交价格}{实际成交价格}×\frac{估价时点价格}{成交日期价格}×\frac{估价对象状况价格}{实例状况价格}$$

（1）比较实例的选择　估价人员通过对估价对象同一供求圈内类似房地产交易市场的调查和分析，搜集与估价对象相类似的房地产交易案例，通过比较和筛选，选取了四宗交易实例作为可比实例，详细资料如表 10-14 所列。

（2）修正过程

① 交易情况修正。由于房地产具有不可移动性及房地产市场为不完全市场，房地产成交价格易受交易

中一些特殊因素的影响，从而使其偏离正常的市场价格。因此必须对偏离正常市场价格的可比实例进行交易情况修正。

以上所选取的四个可比实例中，可比实例均为买方负担卖方税费的成交价格，故需进行交易情况修正，确定修正系数均为 100/98.12、100/98.12、100/98.12、100/98.12。

表 10-14　比较因素条件说明

项目		A	B	C	D	估价对象
坐落		群芳园 11 栋 504# 房	北桥新村粮库宿舍 01 栋 102#	富湘园 6 栋 706# 房	幸福桥 202 号栋 304# 房	×× 路 007 号第 001 栋 104# 房
交易情况		买方负担卖方税费	买方负担卖方税费	买方负担卖方税费	买方负担卖方税费	买方负担卖方税费
交易日期		2011.5	2011.8	2011.7	2011.7	2012.3.15
房地产状况	区位状况 / 繁华程度	华夏商圈，较繁华	华夏商圈，较繁华	华夏商圈，较繁华	华夏商圈，较繁华	华夏商圈，较繁华
	交通条件	距开福寺路东站 100m，有 4 条公交线路经过，交通条件较好	距华夏站 100m，有 4 条公交线路经过，交通条件较好	距开福寺路东站 500m，有 4 条公交线路经过，交通条件较好	距开福寺路东站 500m，有 4 条公交线路经过，交通条件较好	距开福寺站 30m，有 8 条公交线路经过，交通条件较好
	公共服务设施	教育、医疗、商业配套齐全	教育、医疗、商业配套齐全	教育、医疗、商业配套齐全	教育、医疗、商业配套齐全	教育、医疗、商业配套齐全
	环境质量、景观	西距开福寺 80m，无污染源，自然环境较好	南距开福寺 600m，无污染源，自然环境较好	北距开福寺 500m，无污染源，自然环境较好	北距开福寺 500m，无污染源，自然环境较好	紧邻开福寺，人文环境优，无污染源，自然环境较好
	基础设施	六通	六通	六通	六通	六通
	所在层次/总楼层	5/7	1/6	7/7	3/6	1/6
	朝向	南北	南北	南北	南北	南北
	权益状况 / 权属状况	私产	私产	私产	私产	私产
	规划限制	无	无	无	无	无
	实物状况 / 建筑年代	1994	1990	2003	1993	1981
	建筑规模	74.84m²	62.17m²	71.44m²	67.28m²	73.90m²
	层高	2.8m	2.8m	2.8m	2.8m	2.8m
	房屋结构	混合	混合	混合	混合	混合
	装饰装修	简单	中档	高档	中档	不计装修
	通风采光	良好	良好	良好	良好	良好
	空间布局	两室一厅	两室一厅	两室两厅	两室两厅	三室一厅
	维护保养	良好	良好	良好	良好	良好
	物业管理	封闭式小区、有门卫	有围墙、无门卫	封闭式小区、有门卫	有围墙、无门卫	有围墙、无门卫
	小区院落及绿化	小区内绿化约占 15%	小区内绿化约占 15%	小区内绿化约占 35%	小区内绿化约占 10%	无绿化
	其他因素	无	无	无	无	无
成交价格/(元/m²)		6013	6402	6859	6429	

②市场状况调整。在可比实例的成交日期至估价时点期间，随着时间的推移，如果房地产价格发生了变化，须对可比实例在其成交日期时的价格调整到估价时点时的价格，即进行市场状况调整。根据××市

房产信息中心统计数据，2011 年 3 月～2012 年 2 月，××市商品住宅成交价格指数（城房指数）如下。

时间	2011 年 3 月	2011 年 4 月	2011 年 5 月	2011 年 6 月	2011 年 7 月	2011 年 8 月	2011 年 9 月	2011 年 10 月	2011 年 11 月	2011 年 12 月	2012 年 1 月	2012 年 2 月
指数	222.39	232.7	235.02	240.85	233.18	242.14	239.02	247.79	252.12	252.60	244.58	243.41

由此确定可比实例 A、B、C、D 市场状况修正系数分别为：

可比实例 A 市场状况修正系数＝243.41/235.02×100＝103.57

可比实例 B 市场状况修正系数＝243.41/242.14×100＝100.52

可比实例 C 市场状况修正系数＝243.41/233.18×100＝104.39

可比实例 D 市场状况修正系数＝243.41/233.18×100＝104.39

③ 房地产状况调整。可比实例房地产与估价对象房地产本身之间有差异，还应对可比实例成交价格进行房地产状况调整。房地产状况可分为区位状况调整、权益状况调整和实物状况调整三大方面，具体须根据比较实例与估价对象房地产状况之间的差异程度进行调整。

a. 区位状况调整。区位状况是对房地产价格有影响的房地产区位因素的状况。进行区位状况调整，是将可比实例房地产在其区位状况下的价格，调整为在估价对象房地产区位状况下的价格。纳入本次估价的区位状况因素如下。

ⅰ. 繁华程度：分为位于市级商圈、位于区域级商圈、位于街道级商圈、位于社区级商圈四等，每相差一等修正 2%。

ⅱ. 交通条件：临路状况分为临主干道、临次干道、临支路、不临街四等，每相差一等修正 1%；距公交车站点距离分为距公交站点≤50m、50～100m、100～200m、200～300m、＞300m 五等，每相差一等修正 1%。

ⅲ. 环境质量及景观：环境质量分为无任何污染、有轻微污染（噪声、人文环境污染等）、污染较严重三等，每相差一等修正 2%；景观分为有景观、无景观两等，每相差一等修正 1%。

ⅳ. 公共服务设施：分为具备超市、医院、银行、农贸市场等配套服务设施（齐全）、较齐全、一般、较不齐全四等，每相差一等修正 2%。

ⅴ. 基础设施：分为六通、五通、四通、三通四等，每相差一等修正 2%。

ⅵ. 朝向：分为南北朝向，南向、东西向，朝东，朝西，朝北五等，每相差一等修正 2%。

ⅶ. 住宅楼层次修正：

总层数 ＼ 层次	一层	二层	三层	四层	五层	六层	七层	八层
三 层	1.00	1.01	1.01					
四 层	1.00	1.01	1.02	1.005				
五 层	1.00	1.01	1.02	1.01	1.00			
六 层	1.00	1.01	1.02	1.01	1.005	0.99		
七 层	1.00	1.01	1.02	1.01	1.005	1.00	0.985	
八 层	1.00	1.01	1.02	1.01	1.005	1.00	0.99	0.98

b. 权益状况调整。权益状况是对房地产价格有影响的房地产权益因素的状况。进行权益状况调整，是将可比实例房地产在其权益状况下的价格，调整为在估价对象房地产权益状况下的价格。纳入本次估价的权益状况因素为规划限制、权属状况两类，由于可比实例与估价对象的权益状况相同，本次估价无须调整，确定修正系数均为 100/100。

c. 实物状况调整。实物状况是对房地产价格有影响的房地产实物因素的状况。进行实物状况调整，是将可比实例房地产在其实物状况下的价格，调整为在估价对象房地产区位状况下的价格。纳入本次估价的实物状况因素如下。

 ⅰ.建筑年代（成新度）：以砖混一等为例，按 77 元/成新（5 年）确定修正金额或转换为修正系数。

 ⅱ.层高：设定标准层高为 3.0m，层高修正系数为 3%/0.2m，修正系数的基数为房屋建筑物现值。

 ⅲ.装饰装修：根据《××市国有土地上房屋征收装饰装修补偿参照标准》住宅装修补偿标准分别为 550 元/m²、420 元/m²、320 元/m²、210 元/m²、110 元/m²、0 元/m²，由此确定修正金额，或将修正金额转换为修正系数。

 ⅳ.日照、通风、采光：主要从房屋朝向、日照间距系数、房屋进深儿方面考虑，一般以 0.5% 一档修正。

 ⅴ.物业管理：建议主要考虑小区有门卫和无门卫等因素，修正幅度 0.5%/档。

 ⅵ.小区院落及绿化：主要考虑院落大小、绿化率高低等因素。

（3）估价对象比准价格的确定 比较因素修正系数见表 10-15。

表 10-15 比较因素修正系数

	估价对象		A	B	C	D
	单 价		6013	6402	6859	6429
	交易情况		100/98.12	100/98.12	100/98.12	100/98.12
	交易日期		103.57/100	100.52/100	104.39/100	104.39/100
房地产状况	区位状况	繁华程度	100/100	100/100	100/100	100/100
		交通条件	100/100	100/100	100/99	100/99
		公共服务设施	100/100	100/100	100/100	100/100
		环境质量及景观	100/100	100/99	100/99	100/99
		基础设施	100/100	100/100	100/100	100/100
		所在层次/总楼层	100/100.5	100/100	100/98.5	100/102
		朝向	100/100	100/100	100/100	100/100
	权益状况	权属状况	100/100	100/100	100/100	100/100
		规划限制	100/100	100/100	100/100	100/100
	实物状况	建筑年代	100/103.44	100/102.21	100/104.95	100/102.96
		建筑规模	100/100	100/100	100/100	100/100
		层高	100/100	100/100	100/100	100/100
		房屋结构	100/100	100/100	100/100	100/100
		装饰装修	100/101.86	100/103.39	100/106.52	100/103.39
		通风采光	100/100	100/100	100/100	100/100
		空间布局	100/100	100/100	100/100	100/100
		维护保养	100/100	100/100	100/100	100/100
		物业管理	100/100.5	100/100	100/100.5	100/100
		小区院落及绿化	100/100.5	100/100.5	100/102	100/100.5
		其他因素	100/100	100/100	100/100	100/100
	比准价格/（元/m²）		5931	6235	6593	6392

 取以上四个比准价格的简单平均值作为估价对象的评估单价，即：

  房地产单价＝（5931＋6235＋6593＋6392）÷4

    ＝6288（元/m²）

2. 收益法评估过程

收益法是通过预测估价对象的未来收益，然后利用报酬率或资本化率、收益乘数将其转换为价值，以求取估价对象客观合理价值或价值的方法。

报酬资本化法是收益法中常用的方法，即利用报酬率将估价对象未来各期的净收益折算到估价时点后相加来求取估价对象价值的方法。在未来净收益不变、报酬率不变、收益期限为有限年的情况下，其计算公式为

$$V = \frac{A}{Y-g} \times \left[1 - \left(\frac{1+g}{1+Y} \right)^n \right]$$

式中，A 为净收益；Y 为报酬率；g 为净收益年增长率；n 为房地产收益年限。

与估价对象类似的房地产用于出租的较多，本次评估假设估价对象于估价时点达到了类似房地产出租的设备及设施、装修水平，在收集市场背景资料及影响价格的一般因素资料、类似房地产的客观租金、空置率、客观成本费用等资料后，在测算估价对象未来各年潜在总收益的基础上，并考虑估价对象在使用过程中的正常空置等损失，实际所能获得的年总收益，扣除其租赁过程中为取得收入需花费的管理费用、维修费用、税金和保险费后，得出估价对象未来各年的净收益。按一定的报酬率，求出该房地产的价值。

（1）年有效毛收入的确定

① 客观租赁价格的确定。估价对象地处××市××区××路 007 号，根据房地产估价的最高最佳使用原则及替代原则，参照同地段类似房地产租金水平，考虑估价对象的具体情况，确定该房地产在未来一年的客观租金价格为 17.94 元/（m² · 月）。

② 空置率和租金损失的确定。估价人员通过对周边出租行情进行调查，区域内出租案例较多，大部分房屋租期为一年，租赁期满后的 5～10 日后可以重新出租，考虑估价对象所在区域的发展趋势及目前××市的实际出租状况，本次估价取平均空置时间为 10 天，则：

空置率＝10/365≈2.74%

住宅房地产通常在各租赁期前收取当期租金，一般没有租金损失。

③ 押金利息收入的确定。根据评估人员对××市租赁市场的调查了解，承租方在租赁房屋时需向租赁方交付一定的押金，一般为一个季度的租金。根据中国人民银行的存款利率，活期存款利率为 0.5%，有

押金利息收入＝17.94×3×（1－2.74%）×0.5%＝0.26［元/（m² · 年）］

④ 确定有效毛收入

有效毛收入＝年客观租金收入＋押金利息收入

＝17.94×12×（1－2.74%）＋0.26＝209.41＋0.26＝209.67［元/（m² · 年）］

（2）年运营费用支出的测算　根据房地产相关法规，对出租房屋应征收相应的管理费用、维修及维护费、保险费、房产税等。根据对市场的调查及资料分析如下。

① 管理费：根据该物业租赁管理实际情况，按有效租金的 1% 计算。

② 修缮费：该类物业维修及维护费是为正常使用需支付的费用，按建筑物重置价格的 3% 计算，根据××市建设安装工程一般定额和取费标准，参考类似建筑工程的造价，确定该工程（混合结构）的重置价格为 764 元/m²。

③ 税费支出：根据相关法律法规，出租用房应缴纳的税费包括房产税、营业税、城市维护建设税及教育费附加，根据××省财政厅、××省地税局关于调整个人房屋租赁税收综合征收率的通知（×财税〔2009〕73 号），对个人出租住房，不分地区与用途，月租金收入 1000 元以下（含 1000 元），按 4% 的综合征收率；月租金收入 1000 元以上，按 6% 的税率征收。估价对象类似房地产月租金收入均在 1000 元以上，故确定本次估价对象综合税率为 6%。

④ 保险费：考虑该物业经营风险、市场风险等，按建筑物重置价考虑折旧后按 2‰ 计算。

年运营费用支出＝年管理费用＋年维修及维护费＋年税费＋年保险费

（3）房地产年净收益的确定　扣除管理费用、税费、房屋和设备维修费等费用后，计算年净收益：

年净收益＝年有效毛收入－年运营费用支出

（4）租赁价格变化趋势分析　根据估价人员的调查，该区域由于繁华度和人口密度的逐步增加，住宅租赁价格也一直在逐步提升，估价人员选取了 6 个已出租的案例，对其近几年的租赁价格进行比较，考虑

到年费用随着租赁价格增长同时增长，且增幅基本一致，最终确定未来房地产年净收益上涨率为 6%。

（5）报酬率的确定　报酬率也称回报率、收益率，是一种折现率，是与利率、内部收益率同性质的比率，报酬率为投资回报与所投入资本的比率，即报酬率＝投资回报/所投入的资本。从全社会来看，投资遵循收益与风险相匹配原则，报酬率与投资风险正相关，风险大的投资，其报酬率也高，反之则低。

报酬率的求取方法有累加法、市场提取法、投资报酬率排序插入法，根据估价对象房地产的实际状况，本次评估选择市场法求取报酬率。通过估价人员现场调查，选取区域内 3 个租赁案例，通过租金与售价测算估价对象报酬率（租金年递增率取 6%）。比较案例及其报酬率见表 10-16。

表 10-16　比较案例及其报酬率

案例	年租金	空置率	实际租金	客观租金	总支出	净收益	报酬率
开福寺旁	194.16	3.0%	188.57	200.59	38.17	162.42	7.74%
群芳园	181.44	3.0%	176.00	187.23	37.25	149.98	7.81%
蔡锷北路荷花池菜市场楼上住宅 4F	232.2	3.0%	225.23	239.61	40.92	198.70	8.25%
平均值	219.56						8.10%

根据市场提取法的报酬率为 8.10%。

（6）收益年限的确定　估价对象为住宅，系混合结构，混合结构的耐用年限为 50 年，估价对象建于 1981 年，确定剩余经济耐用年限为 20 年；估价委托人未提供估价对象土地权属证明资料，估价人员无法确定土地的终止日期。根据《土地管理法》、《物权法》，在使用与维护状况正常下以及在可预见的未来城市规划许可下，最终按估价对象住宅用途土地法定最高使用年限 70 年确定为未来有效收益年期。

（7）收益价格的确定　假定上述报酬率在使用年期内保持不变，参照收益法公式，计算得估价对象的评估价值见表 10-17。

表 10-17　收益价格测算

1. 年有效毛收入/元	209.67	保险费	0.63
客观单位租金/[元/(m²·月)]	17.94	年税费	12.58
空置率	2.74%	3. 年净收益	171.45
年有效租金收入/(元/m²)	209.41	4. 净收益年增长率	6.00%
押金或租赁保证金利息收入/(元/m²)	0.26	5. 报酬率及收益年限	
2. 年运营费用	38.23	报酬率	8.10%
建筑物重置价格/(元/m²)	764	收益年限	70.00
管理费	2.10	6. 房地产价值	
维修费	22.92	房地产单价/(元/m²)	6096

3. 房地产价格的确定

通过以上两种方法从不同角度对估价对象价值进行的测算，得出估价对象的两个计算结果，市场比较法评估单价为 6272 元/m²，收益法评估单价为 6096 元/m²，两种估价方法评出的结果相差不大，本次评估最终取两种方法的简单算术平均值作为估价对象的房地产价值。则

估价对象房地产单价＝（6272＋6096）÷2＝6184（元/m²）

估价对象房地产总价＝6184×73.90＝456998（元）

（八）估价结果确定

综上所述，我公司专业估价人员根据估价目的，遵循估价原则，按照估价程序，采用科学合理的估价方法，并在综合分析影响房地产价格因素的基础上，经过测算，确定该房地产在估价时点 2012 年 3 月 15 日的房地产市场价格（不包含被征收房屋室内装饰装修价值，机器设备、物资等搬迁费用，以及停产停业损失等补偿）为 ¥456998 元（大写：人民币肆拾伍万陆仟玖佰玖拾捌元整），单价取整为 6184 元/m²，详

情见下表。

房屋坐落	房屋所有权人	房屋用途	建筑结构	建筑时间	产权登记面积/m²	评估单价/(元/m²)	评估总价/元
××市××区××路007号第001栋104#房	×××	住宅	混合一等	1981年	73.90	6184	456998

第二节　土地估价案例

一、建设用地使用权出让价格评估

建设用地使用权出让作为房地产市场的一级市场，不管是作为出让方的政府还是作为受让方的投资者，在出让前都需要了解出让土地的政策市场价格，从而为出让方确定出让底价，也为投资者确定报价、应价或出价等提供参考依据。以下选用了××市××区新塘冲32号一宗国有土地使用权挂牌出让价格评估案例，估价方法为基准地价修正法和剩余法。根据《城镇土地估价规程》的报告规范格式，土地估价报告与房地产估价报告格式内容不太一样，虽然也分为土地估价报告和土地估价技术报告两部分，但相对而言报告要更复杂些，因此在这里只节选了土地估价技术报告部分。

土地估价技术报告

第一部分　总　述

一、估价项目名称

××市××区新塘冲32号一宗国有土地使用权挂牌出让价格评估

二、委托估价方

××公司

三、受托估价方（略）

四、估价目的

根据委托方提供的《××城乡规划局规划设计条件书》、《××市挂牌土地地籍测绘成果》、《国有土地使用证》等资料，宗地现为××公司拥有使用权的一宗国有工业用地，现拟将其转为住宅用途挂牌出让。本次评估是受××公司的委托，为其了解挂牌出让价格提供参考依据。

五、估价依据

①《中华人民共和国土地管理法》。

②《中华人民共和国城市房地产管理法》。

③《中华人民共和国城镇国有土地使用权出让暂行条例》。

④ 中华人民共和国国家标准《城镇土地估价规程》（GB/T 18508—2001）。

⑤《××市市区基准地价成果更新技术报告》。

⑥ 委托方提供的相关资料。

⑦ 评估人员现场勘查、调查、收集的相关资料。

六、估价基准日

2012年3月31日

七、估价日期

2012年3月31日至2012年4月13日

八、地价定义

此次评估的估价基准日为2012年03月31日，该日期为实地查看之日。

根据委托方提供的《国有土地使用证》，待估宗地其地类（用途）为工业用地。根据委托方提供的《××市城乡规划局规划设计条件书》可知，待估宗地规划用地使用性质为二级居住用地（R2），本次评估设定待估宗地的用途为住宅用地。

　　根据委托方提供的《国有土地使用证》，待估宗地使用权面积为 4673.90m²。根据委托方提供的《××市城乡规划局规划设计条件书》可知，待估宗地净用地面积为 4674.25m²。而根据 2012 年 3 月 20 日的《××市挂牌土地地籍测绘成果》记载，待估宗地面积为 4673.90m²，合计 7.011 亩，宗地内无规划道路，故本次评估设定待估宗地面积为 4673.90m²。

　　根据委托方提供的《××市城乡规划局规划设计条件书》可知，待估宗地规划容积率为 4.0，规划建筑密度为 26%，规划绿地率为 40%。

　　根据现场踏勘，宗地实际土地开发程度为六通（即宗地红线外通路、供电、供水、排水、通信及通燃气），地上房屋未拆除。拟挂牌出让的土地开发程度为六通（即宗地红线外通路、供电、供水、排水、通信及通燃气），宗地红线内场地平整，故设定待估宗地的土地开发程度为"六通一平"（即宗地红线外通路、供电、供水、排水、通信及通燃气，宗地红线内场地平整）。

　　该宗地规划用地使用性质为二级居住用地（R2），住宅用地的土地法定最高出让年限为 70 年，本次评估设定待估宗地土地使用权年限为 70 年。

　　根据地价评估的技术规程和此项目评估目的，此次评估宗地的评估价格是指估价对象在 2012 年 3 月 31 日，设定用途为住宅用地，设定容积率为 4.0，设定土地剩余使用年限为 70 年，设定的开发程度为"六通一平"（即宗地红线外通路、供电、供水、排水、通信及通燃气，宗地红线内场地平整）的出让土地使用权价格。

表 10-18　估价结果

估价机构：××公司　　　　　　　　　　　估价报告编号：×××土估字（2012）第××号
估价基准日：2012.3.31　　　　　　　　　估价基准日的土地使用权性质：国有出让

估价期日的土地使用者	土地使用证编号	宗地位置	估价期日的规划用途	估价设定的用途	容积率	估价期日的实际开发程度	估价设定的开发程度	土地使用年期/年	土地面积/m²	出让地单价/(元/m²)	出让地总价/万元
××公司	/	××市××区新塘冲32号	二级居住用地（R2）	住宅用地	4.0	六通（即宗地红线外通路、供电、供水、排水、通信及通燃气），地上房屋未拆除	宗地红线外"六通"（通路、通电、供水、排水、通信及通燃气）及宗地红线内场地平整	70	4673.90	土地单价:4748 楼面地价:1187	2219.17

　　一、上述土地估价结果的限定条件

　　1. 土地权利限制

　　根据委托方提供的《××市城乡规划局规划设计条件书》，宗地现拟重新挂牌出让，土地所有权为国有，规划用地使用性质为二级居住用地（R2），使用权类型为出让地，出让年限为住宅用地最高出让年限 70 年，设定未设置抵押、担保等他项权利。

　　2. 基础设施条件

　　地面平整状况：平整。供电状况：与市政供电网相联。周围道路状况：近新塘冲巷，接××路。排水状况：市政排水，排水畅通。

　　供水状况：市政供水。供热状况：无。电讯状况：与市政电讯网相连，线路畅通。供气状况：接市政燃气管道。

　　3. 规划限制条件

　　根据委托方提供的《××市城乡规划局规划设计条件书》，待估宗地使用性质为二级居住用地（R2），规划容积率≤4.0，建筑密度≤26%，建筑控高≤80m，绿地率≥40%。

　　4. 影响土地价格的其他限定条件

　　无。

　　二、其他需要说明的事项

　　1. 评估结果仅为委托方了解挂牌出让土地价格提供参考依据。

　　2. 评估结果有效期自报告提交之日起半年内有效。

　　3. 本次评估的土地面积以委托方提供的 2012 年 3 月 20 日《××市挂牌土地地籍测绘成果》记载的土地面积为依据。

××公司
二〇一二年四月十三日

　　九、估价结果

　　××公司委托评估的位于××市××区新塘冲 32 号的一宗国有出让土地，此次评估的土地面积为

4673.90m²，在估价基准日 2012 年 3 月 31 日，设定用途为住宅用地，设定容积率为 4.0，设定土地剩余使用年限为 70 年，设定开发程度为"六通一平"（即宗地红线外通路、供电、供水、排水、通信及通燃气，宗地红线内场地平整）的出让土地使用权价格。

　　土地面积：4673.90m²

　　土地单价：4748 元/m²

　　楼面地价：1187 元/m²

　　土地总价：2219.17 万元

　　大　　写：人民币贰仟贰佰壹拾玖万壹仟柒佰元整

　　估价结果见表 10-18。

　　十、需要特殊说明的事项（略）

　　十一、土地估价师签字（略）

　　十二、土地估价机构（略）

第二部分　估价对象描述及地价影响因素分析

　　一、估价对象描述

　　1. 土地登记状况

　　2003 年 10 月 12 日经××市人民政府同意将待估宗地红线范围内 4674.25m² 国有土地使用权出让给××公司使用伍拾年。2009 年 6 月 24 日××公司办理了《国有土地使用证》，证号为××××××，宗地编号××××××，地类（用途）为工业用地，使用权类型为出让地，终止日期为 2053 年 10 月 12 日。现政府拟将该宗地重新挂牌出让，根据委托方提供的《××市城乡规划局规划设计条件书》，待估宗地用地使用性质为二级居住用地（R2）。

　　土地位置：××市××区新塘冲 32 号。

　　宗地四至：北面邻××公司；东面邻××；南面邻××；西面邻××。

　　土地级别：××市土地共分六级，宗地位于第三级。

　　宗地面积：根据 2012 年 3 月 20 日的《××市挂牌土地地籍测绘成果》记载，待估宗地面积为 4673.90m²。

　　地类（用途）：根据委托方提供的《××市城乡规划局规划设计条件书》，待估宗地为二级居住用地（R2），本次评估设定土地用途为住宅用地。

　　土地使用年期：设定宗地土地使用年期为住宅用地最高出让年限 70 年。

　　土地权属性质：土地所有权为国有。

　　2. 土地权利状况

　　根据委托方提供的 2009 年 6 月 24 日颁发的《国有土地使用证》（证号为××××××），土地所有权为国有，土地使用权人为××公司，坐落为××市××区新塘冲 32 号，地号××××××，地类（用途）为工业用地，使用权面积为 4673.90m²，使用权类型为出让地，终止日期为 2053 年 10 月 12 日，截止估价时点已使用 8.47 年，土地剩余使用年限为 41.53 年。根据委托方提供的资料可知，宗地未设置抵押、担保等他项权利。

　　根据委托方提供的《××市城乡规划局规划设计条件书》，宗地现拟重新挂牌出让，土地所有权为国有，规划用地使用性质为二级居住用地（R2），计划出让土地使用权面积为 4673.90m²，使用权类型为出让地，出让年限为住宅用地最高出让年限 70 年，设定未设置抵押、担保等他项权利。

　　3. 土地利用状况

　　经评估人员实地查勘和调查，该宗地在估价基准日的实际土地开发程度为六通（即宗地红线外通路、供电、供水、排水、通信及通燃气），地上有未拆除工业厂房。

　　根据委托方提供的《××市城乡规划局规划设计条件书》，待估宗地使用性质为二级居住用地（R2），规划容积率≤4.0，建筑密度≤26%，建筑控高≤80m，绿地率≥40%。

　　二、地价影响因素分析

　　（一）一般因素（略）

　　（二）区域因素（略）

（三）个别因素（略）

1. 宗地位置

评估宗地位于××市××区新塘冲 32 号。北面邻××公司；东面邻××；南面邻××；西面邻××。根据《××市市区基准地价成果更新技术报告》，查得待估宗地属××市市区三级用地。

2. 宗地面积

根据 2012 年 3 月 20 日的《××市挂牌土地地籍测绘成果》记载，待估宗地面积为 4673.90m²，合计 7.011 亩，宗地内无规划道路，故本次评估设定待估宗地面积为 4673.90m²。

3. 宗地形状及临街状况

宗地形状为不规则多边形（详见宗地图），且并不临街，四周均为住宅。

4. 宗地用途及规划利用条件

根据委托方提供的《××市城乡规划局规划设计条件书》，待估宗地使用性质为二级居住用地（R2），规划容积率≤4.0，建筑密度≤26%，建筑控高≤80m，绿地率≥40%。作为住宅用地符合最有效利用原则。

5. 宗地基础设施条件

根据现场踏勘，宗地实际土地开发程度为六通（即宗地红线外通路、供电、供水、排水、通信及通燃气），地上房屋未拆除。拟挂牌出让的土地开发程度为六通（即宗地红线外通路、供电、供水、排水、通信及通燃气），宗地红线内场地平整，故设定待估宗地的土地开发程度为"六通一平"（即宗地红线外通路、供电、供水、排水、通信及通燃气，宗地红线内场地平整）。

6. 宗地地质条件

待估宗地地势平坦，地质条件好，地基承载力＞30t/m²，自然灾害＞100 年一遇。

第三部分　土地估价

一、估价原则

本次估价过程中，遵循的主要原则如下。

① 替代原则

② 协调原则

③ 土地优先原则

④ 最有效使用原则

⑤ 预期收益原则

⑥ 变动原则

⑦ 报酬递增与递减原则

⑧ 多种评估方法相结合原则

二、估价方法与估价过程

（一）估价方法

根据《城镇土地估价规程》，通行的地价评估方法有市场比较法、收益还原法、剩余法、成本逼近法、基准地价系数修正法等。宗地处于××市规划区内，属于基准地价覆盖范围，可选用基准地价系数修正法进行评估。另外，由于待估宗地为待开发用地，且在同一供需圈内类似房地产开发项目较多，其建筑物的建造以及相关的专业费、销售费、利润、利息、税费等资料易于收集，适宜采用剩余法进行评估。因此，本次估价采用基准地价系数修正法和剩余法进行评估。

（二）估价过程

1. 基准地价系数修正法测算宗地价格

（1）基准地价成果介绍及内涵　根据《××市人民政府关于印发〈××市国有土地有偿使用规定〉的通知》文件中附"正常容积率下商业用途、住宅用途及工业用途的基准地价表"于 2006 年 6 月公布并于 7 月 1 日开始实施。基准地价的依据是《××市市区基准地价成果更新技术报告》，基准地价的内涵为基准日于 2005 年 7 月 1 日，土地开发程度为红线外"五通"（即通路、供电、供水、排水、通信），红线内场地平整条件下不同级别、不同用途类型法定最高出让年期的平均地价。××市市区住宅用地基准地价内涵见表 10-19，××市市区基准地价见表 10-20。

表 10-19　××市市区住宅用地基准地价内涵

级别	土地权利	使用年期	容积率	开发程度	估价期日
1	出让	70	2.7	五通一平	2005.7.1
2	出让	70	2.4	五通一平	2005.7.1
3	出让	70	2.1	五通一平	2005.7.1
4	出让	70	1.8	五通一平	2005.7.1
5	出让	70	1.4	五通一平	2005.7.1
6	出让	70	1.0	五通一平	2005.7.1

表 10-20　××市市区基准地价　　　　　　　　　　　　单位：元/m²

土地级别	商业	正常容积率	住宅	正常容积率	工业
1	5470	3.0	4150	2.7	2180
2	3740	2.6	3020	2.4	1780
3	2010	2.2	1610	2.1	1210
4	1320	1.8	1120	1.7	920
5	890	1.3	800	1.2	710
6	630	1.0	590	1.0	510

根据《城镇土地估价规程》与《××市市区基准地价成果更新技术报告》，其住宅用地基准地价系数修正法估价对象地价的计算公式为

$$P_{住} = (P_o + K_f)(1 + \sum K_i)K_n K_v K_t K_p K_s$$

式中，P_o 为级别基准地价；K_f 为开发程度修正系数；$\sum K_i$ 为宗地区域因素修正系数表中各因素修正值之和；K_n 为年期修正系数；K_v 为容积率修正系数；K_t 为估价期日修正系数；K_p 为宗地位置偏离度修正系数；K_s 为宗地形状与面积修正数。

（2）土地级别及基准地价的确定　待估宗地位于××市××区新塘冲 32 号，根据《××市市区基准地价成果更新技术报告》，确定待估宗地所处土地级别为三级住宅用地，住宅基准地价为 1610 元/m²。

（3）确定影响地价的区域因素修正系数 $\sum K_i$　根据《××市市区基准地价成果更新技术报告》的《三级住宅用地宗地地价影响因素指标说明表》（表 10-21）及《三级住宅用地宗地地价修正系数表》（表 10-22），按照估价对象的区域因素条件，建立估价对象地价《区域因素指标说明表》。宗地修正系数表见表 10-23。

表 10-21　三级住宅用地宗地地价影响因素指标说明表

因素	因子	优	较优	一般	较劣	劣
繁华程度	距市级商服中心的距离/m	<2580	2850～3440	3440～4010	4010～4660	>4660
	距区级商服中心的距离/m	<740	740～1180	1180～1570	1570～1940	>1940
	距小区级商服中心的距离/m	<700	700～1030	1030～1360	1360～1790	>1790
	距街区级商服中心的距离/m	<340	340～500	500～680	680～870	>870
道路通达度	临街道路状况	混合型主干道	生活型主干道	交通型主干道	交通次主干道	支路
公交便捷度	距公交站点距离/m	<170	170～250	250～340	340～470	>470

因素	因子	优	较优	一般	较劣	劣
对外交通便捷度	距客运码头距离/m	<3060	3060~4340	4340~5100	5100~5920	>5920
	距客运长途汽车站距离/m	<4450	4450~5010	5010~6200	6200~6890	>6890
	距客运火车站距离/m	<2440	2440~3710	3710~4510	4510~5410	>5410
基础设施完备度	水电气综合保证率	100%	90%~100%	80%~90%	60%~80%	<60%
公用设施完备度	距中学距离/m	<330	330~500	500~680	680~940	>940
	距小学距离/m	<210	210~330	330~440	440~580	>580
	距医院距离/m	<710	710~1070	1070~1420	1420~1760	>1760
	距文体设施距离/m	<2150	2150~2530	2530~2880	2880~3300	>3300
	距农贸市场距离/m	<240	240~350	350~470	470~640	>640
环境质量优劣度	距污染源距离/m	>850	650~850	490~650	330~490	<330
自然条件优劣度	地形状况	地势平坦	地势较平坦，对建筑物无影响	地势较平坦，对建筑物影响较小	地势不平坦，需考虑坡度影响	地势不平坦，需经平整
	地质状况/(吨/m²)	>30	25~30	20~25	15~20	<15
	自然灾害	>100年一遇	50~100年一遇	30~50年一遇	15~30年一遇	<15年一遇
人口状况	人口密度	人口稠密区	人口较稠密区	一般	人口较稀疏区	人口稀疏区
城市规划	道路规划	主干道	次干道	快速路	支路	街坊间支路
	用地规划为最佳	最佳用途	较适用途	一般用途	不太适合用途	不适合用途

表 10-22　三级住宅用地宗地地价修正系数表

因数	权重	因子	权重	优	较优	一般	较劣	劣
繁华程度	0.131	距市级商服中心的距离	0.058	0.021	0.0105	0	−0.005	−0.0101
		距区级商服中心的距离	0.047	0.017	0.0085	0	−0.0041	−0.0082
		距小区级商服中心的距离	0.026	0.0094	0.0047	0	−0.0023	−0.0045
		距街区级商服中心的距离	0	0	0	0	0	0
道路通达度	0.086	临街道路状况	0.086	0.0311	0.0156	0	−0.0075	−0.015
公交便捷度	0.12	距公交站点距离	0.12	0.0434	0.0217	0	−0.0105	−0.021
对外交通便利度	0.039	距客运码头距离	0.006	0.0022	0.0011	0	−0.0005	−0.001
		距客运长途汽车站距离	0.014	0.0051	0.0025	0	−0.0012	−0.0024
		距客运火车站距离	0.019	0.0069	0.0034	0	−0.0017	−0.0033
基本设施完备度	0.152	水电气综合保证率	0.152	0.055	0.0275	0	−0.0132	−0.0264

续表

因数	权重	因子	权重	优	较优	一般	较劣	劣
公用设施完备度	0.153	距中学距离	0.027	0.0098	0.0049	0	−0.0023	−0.0047
		距小学距离	0.024	0.0087	0.0043	0	−0.0021	−0.0042
		距医院距离	0.031	0.0112	0.0056	0	−0.0027	−0.0054
		距文体设施距离	0.031	0.0112	0.0056	0	−0.0027	−0.0054
		距农贸市场距离	0.04	0.0145	0.0072	0	−0.0035	−0.007
环境质量优劣度	0.119	距污染源距离	0.119	0.0431	0.0215	0	−0.0104	−0.0207
自然条件优劣度	0.099	地形状况	0.02	0.0072	0.0036	0	−0.0017	−0.0035
		地质状况	0.069	0.025	0.0125	0	−0.006	−0.012
		自然灾害	0.01	0.0036	0.0018	0	−0.0009	−0.0017
人口状况	0.046	人口密度	0.046	0.0167	0.0083	0	−0.004	−0.008
城市规划	0.055	道路规划	0.025	0.0091	0.0045	0	−0.0022	−0.0044
		用地规划	0.030	0.0109	0.0054	0	−0.0026	−0.0050

表 10-23 宗地修正系数表

因素	因子	取值标准	优劣度	修正系数
繁华程度	距市级商服中心的距离/m	＞4660	劣	−0.0101
	距区级商服中心的距离/m	2000	较劣	−0.0041
	距小区级商服中心的距离/m	＜700	优	0.0094
	距街区级商服中心的距离/m	＜340	优	0
道路通达度	临街道路状况	支路	劣	−0.015
公交便捷度	距公交站点距离/m	＜170	优	0.0434
对外交通便捷度	距客运码头距离/m	＞5920	劣	−0.001
	距客运长途汽车站距离/m	＞6890	劣	−0.0024
	距客运火车站距离/m	＞6890	劣	−0.0033
基础设施完备度	水电气综合保证率	100%	优	0.055
公用设施完备度	距中学距离/m	780	较劣	−0.0023
	距小学距离/m	280	较优	0.0043
	距医院距离/m	740	较优	0.0056
	距文体设施距离/m	＜2150	优	0.0112
	距农贸市场距离/m	＜240	优	0.0145
环境质量优劣度	距污染源距离/m	＞850	优	0.0431
自然条件优劣度	地形状况	地势平坦	优	0.0072
	地质状况（吨/m²）	＞30t/m²	优	0.025
	自然灾害	＞100 年一遇	优	0.0036
人口状况	人口密度	稠密区	优	0.0167
城市规划	道路规划	支路	较劣	−0.0022
	用地规划	最佳用途	优	0.0109
$\sum K_i$		—	—	0.2095

(4) 确定使用年期修正系数 K_n 由于××市市区住宅用地基准地价为 70 年期土地使用权价格，估价对象为拟挂牌出让用地，根据本次评估的估价目的，土地剩余使用年限为住宅用地法定最高使用年限 70 年（截至估价时点），土地还原利率由无风险利率、风险调整值及通货膨胀率三者构成，根据《××市市区基准地价成果更新技术报告》中还原利率的确定，住宅取 7.5%，则：

$$K_n = \left[1 - \frac{1}{(1+R)^m}\right] \div \left[1 - \frac{1}{(1+R)^n}\right]$$

式中，K_n 为出让年期修正系数；m 为实际出让年期（待估宗地可使用年期）；n 为法定最高出让年期；R 为土地还原利率。

由于 $m = n = 70$，则 $K_n = 1.0$。

(5) 确定容积率修正系数 K_v 在运用基准地价系数修正法评估的过程中，因估价对象容积率通常会与基准地价对应容积率存在差异，所以需要进行容积率修正。容积率修正是指土地利用强度对地价影响的修正，根据《××市市区基准地价成果更新技术报告》及委托方提供的资料，待估宗地容积率为 4.0，根据表 10-24 可得估价对象容积率修正系数 $K_v = 1.33568$。

表 10-24   三级住宅用地容积率系数修正表

容积率	0.1	0.2	0.3	0.4	0.5	0.6	0.7	0.8	0.9	1
比值	0.3966	0.4301	0.4633	0.4962	0.5288	0.5611	0.5931	0.6248	0.656	0.6869
容积率	1.1	1.2	1.3	1.4	1.5	1.6	1.7	1.8	1.9	2
比值	0.7174	0.7475	0.7772	0.8065	0.8354	0.8639	0.892	0.9196	0.9468	0.9736
容积率	2.1	2.2	2.3	2.4	2.5	2.6	2.7	2.8	2.9	3
比值	1	1.0207	1.0412	1.0612	1.08096	1.10032	1.11936	1.138	1.1564	1.1744
容积率	3.1	3.2	3.3	3.4	3.5	3.6	3.7	3.8	3.9	4
比值	1.19208	1.2094	1.22632	1.24296	1.25928	1.2752	1.2908	1.30616	1.32104	1.33568
容积率	4.1	4.2	4.3	4.4	4.5	4.6	4.7	4.8	4.9	5
比值	1.34992	1.3638	1.37744	1.39064	1.4036	1.41616	1.4284	1.44032	1.45192	1.46312
容积率	5.1	5.2	5.3	5.4	5.5	5.6	5.7	5.8	5.9	6
比值	1.47408	1.4846	1.49488	1.5048	1.5144	1.52376	1.53264	1.54128	1.5496	1.55752
容积率	6.1	6.2	6.3	6.4	6.5	6.6	6.7	6.8	6.9	7
比值	1.5652	1.5725	1.57952	1.58616	1.59256	1.59856	1.60424	1.6096	1.61472	1.61944
容积率	7.1	7.2	7.3	7.4	7.5	7.6	7.7	7.8	7.9	8
比值	1.62384	1.6279	1.63176	1.6352	1.63832	1.6412	1.64368	1.64584	1.64768	1.64928

(6) 确定估价基准日修正系数 K_t（由月地价上涨率平均得来）   ××市市区土地基准地价成果更新的评估基准日为 2005 年 7 月 1 日，而本次宗地评估基准日为 2012 年 3 月 31 日，截止估价时点已有 6.75 年，须作期日修正。根据《中国城市地价动态监测》查询××市地价增长率后经平均测算可得，本次评估确定 2005～2012 年的年上涨率为 8.79%。

$$K_t = (1+R)^t$$

式中，R 为年上涨率；t 为年上涨时间。

本次估价对象确定估价期日修正系数取 $K_t = (1 + 8.79)^{6.75} = 1.766$。

(7) 确定宗地位置偏离修正系数 K_p

$$P = R/(R+r)$$

式中，P 为宗地位置偏离度修正指标值；R 为宗地几何中心到相邻最高级别的最短直线距离；r 为宗地几何中心到相邻最低级别的最短直线距离。

估价对象位于基准地价三级区域内，靠近四级区域，经测算 $P=0.6$，故待估宗地位置偏离度修正系数为 $K_p=1.0$。住宅用地宗地位置偏离度修正系数见表 10-25。

表 10-25 住宅用地宗地位置偏离度修正系数表

指标标准	<0.2	0.2~0.4	0.4~0.6	0.6~0.8	≥0.8
修正系数	1.1	1.05	1	0.95	0.9

（8）确定宗地形状与面积修正系数 K_s。 宗地面积的大小和宗地形状的规则与否将直接影响宗地的利用情况，是影响地价的一个重要因素。根据委托方提供的资料，此次估价对象总面积为 4673.90m²，形状不规则。根据《住宅用地宗地形状与面积修正系数表》（表 10-26）、《宗地形状修正取值》（表 10-27），$K_s=1.0$。

表 10-26 住宅用地宗地形状与面积修正系数表

指标标准/m²	≥7500	(7500,5500]	(5500,35000]	(3500,1500]	<1500
修正系数	1.06	1.03	1	0.98	0.95

表 10-27 宗地形状修正取值

正方形、矩形为 1
长底边临街的梯形、平行四边形、正三角形为 1.5
短边临街的梯形为 2
逆三角形为 3

（9）确定宗地开发程度修正系数 K_f 估价对象的土地开发程度为"六通一平"（宗地红线外通路、供水、排水、供电、通信和通气及宗地红线内场地平整），与基准地价内涵"五通一平"不一致，故开发程度需修正，根据《土地开发配套程度费用分配表》（表 10-28）和《开发费用范围表》（表 10-29），通气单位成本为 21 元/m²，故 $K_f=21$。

表 10-28 土地开发配套程度费用分配表　　　　　　　　单位：%

开发程度	道路	给水	排水	电力	通信	土地平整	通气
所占比率	20~24	13~17	12~16	18~22	6~10	19~23	6~8

表 10-29 开发费用范围表

级别	一	二	三	四	五	六
开发费用	[300,280]	[280,260]	[260,240]	[240,220]	[220,200]	[200,180]

（10）宗地地价计算 根据上述基准地价测算宗地地价公式：

单位面积地价 $=(P_o+K_f)(1+\sum K_i)K_nK_vK_tK_pK_s$

$=(1610+21)\times(1+0.2095)\times1.00\times1.33568\times1.766\times1.0\times1.0$

$\approx4653(元/m²)$

2. 采用剩余法测算宗地价格

剩余法测算的思路为：首先，根据土地的使用性质、面积大小、地表状况、规划限制、容积率等因素，结合项目周边房地产的发展情况，确定估价对象的最佳开发方式，然后通过市场比较法求出销售单价，从而得出开发总销售收入，最后扣减开发建设成本、管理费、销售费用、利息、税金及利润等项目，得到估价对象最终的价格。

（1）确定估价对象开发经营方案 根据委托方提供的《××市城乡规划局规划设计条件书》，待估宗地使用性质为二级居住用地（R2），规划容积率≤4.0，建筑密度≤26%，建筑控高≤80m，绿地率≥40%，住宅配置机动停车位0.5个/100m²。土地面积为4673.90m²，则预计可售住宅面积为住宅18695.60m²，地下停车位93个。

房地产开发一般分为三个阶段，前期主要包括报建、土地的开发（拆迁、场地平整、临时水电等）、勘察、设计、项目招标等；中期主要包括建筑安装工程建设（含设备安装）；后期主要包括室外附属工程建设（含室外供水、排水、供电、煤气、绿化、道路、围墙等）。

故根据××市同类房地产项目的开发周期、估价对象项目的规模及开发项目的实际情况确定开发周期为2年。

（2）确定项目开发完成后房地产价值　根据待估宗地周边房地产市场行情，确定住宅单价为6000元/m²，车库80000元/个，故可得项目开发完成后价值为119651840元（表10-30）。

表10-30　项目开发完成后价值

项目	可售面积	平均单价	可实现的销售收入
住宅	18695.60m²	6000元/m²	112173600元
车库	93个	80000元/个	7478240元
合计			119651840元

（3）取得待开发土地应承担的税费　契税税率为4%，手续费率0.5%，假设待估宗地价格为V，则取得待开发土地应承担的税费为0.045V。

（4）开发成本测算

① 建安工程费。建筑安装工程费包括建筑商品房及附属工程所发生的土建工程费用、安装工程费用、装饰装修工程费用等。根据××市目前同档次建筑造价水平，确定住宅钢混结构建安工程费为1420元/m²，地下停车库钢混结构建安工程费为1800元/m²，附属工程按每平方米建筑面积300元分摊计算，则

建安工程费=1420×18695.60+1800×93×20+300×18695.60=34680338（元）

② 勘察设计和前期工程费。勘察设计和前期工程费是指市场调查、可行性研究、项目策划、工程勘察、环境影响评价、规划及建筑设计、建筑工程招投标、施工的通水、通电、通路、场地平整及临时用房等开发项目前期工作的必要支出，通常合计为建安成本的5%，故

前期工程费=34680338×5%=1734017（元）

③ 基础设施建设费。基础设施建设费包括城市规划要求配套的道路、给排水、电力、电信、燃气、热力、有线电视等设施的建设费用，按每平方米建筑面积280元配套，则

基础设施建设费=280×18695.60=5234768（元）

④ 公共配套设施建设费。公共设施建设费包括城市规划要求配套的教育、医疗卫生、文化体育、社区服务、市政公用等非营利性设施的建设费用，根据项目具体情况拟配套300m²砖混结构的物业管理用房、医疗室等公共用房，则

公共配套设施建设费=300×960=288000（元）

⑤ 其他工程费。其他工程费包括工程监理费、竣工验收费等，合计按建安工程2%计征，则

其他工程费=34680338×2%=693607（元）

⑥ 开发期税费。开发期税费主要包括城市基础设施配套费、工程质量监督管理费、工程定额测定费、白蚁预防费等（表10-31），所有行政事业性收费标准按照《××市建设项目行政事业性收费标准》执行。住宅开发所应缴纳期间税费为244.26元/m²，故合计为

开发期税费=244.26×18695.60=4566587（元）

⑦ 总开发成本

总开发成本=①+②+③+④+⑤+⑥
=34680338+1734017+5234768+288000+693607+4566587
=47197317（元）

表 10-31　开发期间税费明细表

名　称	分　项	计算标准/(元/m²)
政府性基金项目	劳保基金	32
	新型墙体材料发展基金	4.6
	价格调节基金	5
	防洪保安资金	1.2
	散装水泥发展基金	2
必收的行政事业性收费项目	城市基础设施配套费	180
	人防工程质量监督管理费	2.2
	人防工程定额测定费	1.1
	用地管理费	6
	人防易地建设费	10
	工程承包合同鉴证费	0.16
合　计		244.26

（5）管理费用　管理费用是指房地产开发商为组织和管理房地产开发经营活动所必要的费用，包括开发商的人员工资及福利费、办公费、差旅费等，一般为开发成本的 3%～5%，本次取 4%，故

管理费＝47197317×4%＝1887893（元）

（6）销售费用　销售费用是指预售未来开发完成的商品房或者销售已经开发完成的商品房的必要支出，包括广告费、销售资料制作费、销售人员费用或者销售代理费等。根据本项目实际情况，确定销售费用为销售总价的 3%，则

销售费用＝119651840×3%＝3589555（元）

（7）投资利息　以上所投地价、开发成本、管理费用应计算投资利息，结合开发项目的投资规模，确定开发周期为 2 年，利率按评估基准日中国人民银行公布的一至三年期贷款利率 6.56% 计算，假设土地成本为两年初投入，勘察设计和前期工程费、基础设施建设费在前半年投入，其他开发成本和管理费用半年后投入 40%，一年后投入 60%，按复利计息，则

投资利息＝$V×[(1+6.56\%)^2-1]+(1734017+5234768)×[(1+6.56\%)^{1.75}-1]+$
$(34680338+288000+693607+4566587+1887893+3589555)×$
$\{[40\%×(1+6.56\%)^{1.25}-1]+[60\%×(1+6.56\%)^{0.5}-1]\}$
$=3216052+0.1355V$

（8）销售税费　销售税费是指预售未来开发完成的商品房或销售已经开发完成的房地产应当由卖方缴纳的税费，主要包括营业税、城市维护建设税、教育费附加、印花税和交易手续费等，一般按销售收入的 6.1% 收取。则

销售税费＝119651840×6.1%＝7298762（元）

（9）开发利润　根据项目周边房地产发展状况，确定销售利润率为项目开发完成后销售收入的 25%，则

开发利润＝119651840×25%＝29912960（元）

（10）计算宗地总地价　总地价＝预计开发完成后房地产总价－取得待开发土地的税费－开发成本－管理费－销售费用－投资利息－销售税费－开发利润
$=119651840-0.045V-47197317-1887893-3589555-$
$(3216052+0.1355V)-7298762-29912960$
$=22489814$（元）

宗地单位地价＝总地价÷土地面积
$=22489814÷4673.90=4812$（元/m²）

（三）估价结果

1. 地价确定的方法

根据以上结果可知，两种方法测算出来的价格有差异，确定采用加权平均值法测算。结合当前土地市场现状及估价人员的经验，确定剩余法权重为 0.6，基准地价修正法权重为 0.4，则

估价对象单价＝4812×0.6＋4653×0.4＝4748（元/m²）

楼面地价＝4748÷4＝1187（元/m²）

出让地总价＝4748×4673.90＝2219.17（万元）

2. 估价结果

××公司委托评估的位于××市××区新塘冲 32 号的一宗国有出让土地，此次评估的土地面积为 4673.90m²，在估价基准日 2012 年 3 月 31 日，设定用途为住宅用地，设定容积率为 4.0，设定土地剩余使用年限为 70 年，设定开发程度为"六通一平"（即宗地红线外通路、供电、供水、排水、通信及通燃气，宗地红线内场地平整）的出让土地使用权价格。

土地面积：4673.90m²

土地单价：4748 元/m²

楼面地价：1187 元/m²

土地总价：2219.17 万元

大　　写：人民币贰仟贰佰壹拾玖万壹仟柒佰元整

第四部分　附　　件

1. 估价机构执业资质证书复印件

2. 估价机构营业执照复印件

3. 估价人员执业资格证书复印件

4. 委托方营业执照复印件

5. 《国有土地使用证》

6. 《××市城乡规划局规划设计条件书》

7. 《××市挂牌土地地籍测绘成果》

8. ××市人民政府土地出让红线图

9. 项目位置示意图

10. 项目本身及周边环境照片

二、国有土地使用权转让价值评估

企业间因为经济活动的需要，会涉及国有土地使用权的转让，转让双方为给投资决策提供价格参考通常会委托评估国有土地使用权的市场价值。以下选用了××市××镇×××路特发科技园 A816-0011 号一宗工业用地土地使用权市场价值评估案例，估价方法为市场法和基准地价修正法。

土地估价技术报告
第一部分　总　　述

一、项目名称

××市××镇×××路特发科技园 A816-0011 号一宗工业用地土地使用权市场价值评估。

二、委托方

名称：××市××信息股份有限公司

三、受托估价方（略）

四、估价目的

为委托方核定市值提供参考依据而评估土地使用权市场价值。

五、估价依据（略）

六、估价基准日

2009 年 3 月 20 日

七、估价日期

2009 年 3 月 20 日至 2009 年 7 月 6 日

八、地价定义

根据土地估价技术规程和项目的具体要求，本次估价对象位于××市××镇×××路特发科技园，根据估价人员现场勘查及委托方提供的资料，根据《××市国有土地使用权出让合同书》，估价对象证载用途为工业，实际用途为工业，估价设定用途为工业，估价对象为出让用地，土地面积约为 59110.8m²，批准使用期限为 50 年，至估价基准日剩余使用年限为 42.4 年，估价对象实际土地开发程度为宗地红线外"五通"（通路、通电、通信、给水、排水）及红线内场地平整，估价设定土地开发程度为宗地红线外"五通"（通路、通电、通信、给水、排水）及红线内场地平整。估价对象用地内已建有单层工业厂房等建筑物，正在进行正常的生产经营，根据委托方要求，本次评估不考虑其地上已有建筑物对估价对象评估价值的影响。根据《××市国有土地使用权出让合同书》记载，本块土地性质为非商品房用途，不得进行房地产开发经营。

根据深 4 线收协字［2008］第 001 号《收地补偿协议书》的记载，因轨道交通 4 号线建设及道路、绿化、市政设施等用地的需要，××市轨道交通 4 号线拆迁办公室收回××市特发集团有限公司××工业园部分土地使用权，其中包括收回 A816-0011 号宗地部分土地使用权，共计 20886.98m²。本次评估应委托方要求，评估范围为 A816-0011 号宗地的全部面积，即 59110.8m²。故此次估价对象的评估价格为在估价基准日 2009 年 3 月 20 日，于上述估价设定的开发程度、用途、剩余使用年限及现状利用条件下土地使用权的公允市场价格。

九、估价结果

经估价人员现场查勘和当地市场分析，按照地价评估的基本原则和估价程序，选择了适当的方法，评估得到待估宗地在估价设定用途、使用年限、开发程度及现状利用条件下，于估价基准日 2009 年 3 月 20 日的土地使用权价值如下。

地面单价：712 元／m²

土地面积：59110.80m²

总地价：人民币 42086890 元

大写金额：人民币肆仟贰佰零捌万陆仟捌佰玖拾元整

预计应补地价：人民币 7681603 元

大写金额：人民币柒佰陆拾捌万壹仟陆佰零叁元整

评估净值：人民币 34405287 元

大写金额：人民币叁仟肆佰肆拾万零伍仟贰佰捌拾柒元整

十、需要特殊说明的事项（略）

十一、土地估价师（略）

十二、土地估价机构（略）

第二部分　估价对象描述及影响因素分析

一、估价对象描述

1. 土地登记状况

（1）宗地位置：北临×××路、东临××路。

（2）宗地用途：估价对象土地出让合同记载土地用途为工业，实际用途亦为工业，本次估价设定用途为工业。

（3）宗地四至：估价对象位于××镇×××路特发科技园，东至通成厂，南至××村，西至小山坡，北至×××路。

（4）土地总面积：59110.8m²。

（5）土地使用权出让合同书编号：××××××××。

2. 土地权利状况

（1）土地所有权：国家所有。

（2）土地使用权：××经济特区发展（集团）公司以出让方式取得待估宗地国有土地使用权，剩余使用年期为 42.40 年。

（3）土地他项权利：据了解，至估价基准日 2009 年 3 月 20 日，待估宗地无他项权利存在。

3. 土地利用状况

根据实地勘察了解，至估价基准日，估价对象均为宗地外"五通"及宗地内场地平整，且已建有若干建筑物及构筑物。

二、影响因素说明

（一）一般因素（略）

（二）区域因素（略）

（三）个别因素

影响工业用地价格水平的个别因素主要包括宗地条件、临路状况、宗地个别开发程度及使用年期等。据现场调查及有关设定，估价对象有下列个别特征。

1. 宗地条件

影响宗地条件的因素有宗地面积、宗地形状、地质条件、地形等，经现场调查，估价对象具体情况如下。

（1）宗地面积。估价对象宗地总面积为 59110.8m²，作为中型工业生产用地，其规模适中。

（2）宗地形状。估价对象形状大致规则，利于生产用房设计及布局。

（3）地质条件。估价对象地质状况一般。

（4）地形。据估价人员现场查勘，估价对象地形平坦。

总体来看，估价对象宗地个别条件较优，利于土地价值的正常体现。

2. 最合理和最有效利用

根据估价对象的权属及其个别和周边的情况，根据合法原则，本次估价确定估价对象为工业用地最合理和最有效利用。

3. 宗地临路状况

估价对象东至通成厂，南至龙胜村，西至小山坡，北至×××路。

4. 容积率

根据委托方提供的国有土地使用权出让合同书，估价对象规划总建筑面积为 32619m²，容积率为 0.6，远低于 1.0。

5. 土地个别开发条件

在估价基准日 2009 年 3 月 20 日，本次估价对象范围内已建有单层工业生产厂房等建筑物，地面铺设有水泥道路，四周建有围墙，目前处于正常生产经营状态。

6. 土地使用年期

根据《国有土地使用证》，估价对象作为出让工业用地，剩余使用年限为 42.4 年。

第三部分 土 地 估 价

一、估价原则

土地估价应遵循的基本原则有合法原则、预期收益原则、替代原则、最有效利用原则、供需原则、报酬递增递减原则、贡献原则和变动原则。

二、估价方法与估价过程

（一）估价方法的选择与介绍

根据《城镇土地估价规程》（GB/T 18508—2001）（以下简称《规程》），现行的估价方法有市场比较法、收益还原法、剩余法、基准地价系数修正法、成本逼近法等。估价方法的选择应按照地价评估的技术规程，根据当地地产市场发育情况并结合委估宗地的具体特点及估价目的等，选择适当的估价方法。

待估宗地为通过××市国土资源和房屋管理局出让取得，市场上相应类型土地使用权均有交易案例，可采用市场比较法；另由于待估宗地位于《××市规划与国土资源局关于发布××市 2006 年度公告基准地价的通告》覆盖范围内，因此适宜选用基准地价系数修正法进行估价。综上分析，本次估价待估宗地的土地使用权价格主要选用市场比较法和基准地价系数修正法进行评估。分别用以上两种方法估算出估价对象的价值以后，通过分析估价对象的具体情况及相关市场的实际情况，综合得出估价对象出让条件下的市场价值。

（二）估价过程

宗地经济指标与规划条件见表 10-32。

表 10-32 宗地经济指标与规划条件

项目	A816-0011 宗地
土地用途	工业用地
用地面积/m²	59110.80
规划建筑容积率	≤0.6
规划覆盖率	≤48%
建筑面积/m²	32619
其中	厂房 28620m²、仓库 1905m²、办公 2094m²

注：以上数据来源于深地合字（2001）4093 号《土地使用权出让合同书》。

1. 市场比较法

市场比较法是根据市场中的替代原理，将待估土地与具有替代性的且在估价期日近期市场上交易的类似地产进行比较，并对类似地产的成效价格作适当修正，以此估算待估土地客观合理价格的方法。其计算公式为：

估价对象价格＝可比实例价格×交易日期修正系数×交易情况修正系数×区域因素修正系数×个别因素修正系数

（1）比较实例选择 近一年来××土地多以理想价位成交（表 10-33），说明宝安房地产的价值和潜力已经获得市场广泛的认同。

表 10-33 ××区近期土地挂牌成交一览表

宗地号	成交日期	交易方式	用途	位置	土地面积/m²	容积率	地面地价/(元/m²)	楼面地价/(元/m²)
A907-0144	2008 年 10 月 17 日	政府出让	工业	观澜高新园区	6101.88	1.40	543.95	388.65
A828-0041	2008 年 10 月 17 日	政府出让	工业	××街道清湖社区	20058.71	1.80	620.25	344.64
A112-0300	2008 年 11 月 6 日	政府出让	工业	西乡街道	4573.00	1.20	547.87	457.19
A603-0358	2008 年 11 月 6 日	政府出让	工业	公明南光快速东侧、模具基地西侧	104305.00	2.50	595.64	238.26
A621-0036	2009 年 3 月 17 日	政府出让	工业	光明高新区东片区东明大道西北侧	40370.00	≤2.5	637.11	254.84

针对估价对象的用途、交易类型、区域特征和交通、基础设施等具体条件，选择 A621-0036、A828-0041、A112-0300 共三个市场交易实例进行比较参照。

（2）比较因素选择 根据估价对象的宗地条件，影响估价对象价格的主要因素如下。

① 交易时间：确定地价指数。

② 交易情况：是否为正常、公开、公平、自愿的交易。

③ 区域因素：主要有交通条件（距区域主干道距离、距区域中心距离、公交便捷度）、基础设施状况、工业聚集度、环境优劣度等。

④ 个别因素：主要指宗地面积、宗地形状、容积率、临路状况、宗地进深、规划限制等。

（3）编制比较因素条件说明表 根据待估地块与比较实例的比较因素，编制比较因素条件说明表，条件详述见表 10-34。

表 10-34 比较因素条件说明表

比较项目			待估宗地	实例 A	实例 B	实例 C
位置			××镇×××路特发科技园	光明高新区东片区东明大道西北侧	××街道清湖社区	西乡街道
土地用途			工业用地	工业用地	工业用地	工业用地
交易日期			2009 年 6 月	2009 年 3 月 17 日	2008 年 10 月 17 日	2008 年 11 月 6 日
交易情况			正常	正常	正常	正常
交易价格/(元/m²)			待估	637	620	548
土地剩余使用年限			42.40	50.00	49.61	49.66
区域因素	交通	道路通达度	邻次干道	邻次干道	邻次干道	邻主干道
		距区域中心的距离	约 3km	约 2.5km	约 3km	约 5km
		距公交车站的距离	约 250m	约 350m	约 540m	约 350m
	基础设施状况		红线外"五通",红线内场地平整	红线外"五通",红线内场地平整	红线外"五通",红线内场地平整	红线外"五通",红线内场地平整
	工业聚集度		较高	较高	一般	一般
	环境优劣度		污染轻	污染轻	污染轻	污染轻
个别因素	宗地面积/m²		59110.80	40370.00	20058.71	4573.00
	宗地形状		规则	不规则	较规则	三角形
	容积率		0.6	≤2.5	1.8	1.2
	临路状况		二面临路	二面临路	三面临路	一面临路
	规划限制		无限制	有限制	有限制	有限制

（4）编制比较因素条件指数表　根据待估地块与比较实例各种因素具体情况，编制比较因素条件指数表。比较因素指数确定如下。

① 估价对象与三个比较实例的土地用途均以工业为主，因规划限制一致，故对于上述这些影响地价的因素均不作修正。交易情况因素均为土地市场交易正常市场价，故评估时也不作修正。

② 地价指数。由于本次评估所选交易案例均为近期发生的交易案例，该区域地价涨幅较小，本次评估中交易日期不作修正。

③ 使用年期修正系数。根据《关于地价测算工作的通知》，使用年期修正系数详见表 10-37。

④ 区域因素修正系数

a. 道路通达度：将临道路类型分为主干道、次干道、支路及巷道，以估价对象临路类型为 100，每增加或减少一个级别，指数增加或减少 2。

b. 距区域中心距离：以估价对象为 100，每增加或减少 1km，指数相应减少或增加 2。

c. 距公交车站距离：分为 <150m、151～300m、301～500m、501～700m、>700m 五个等级，以估价对象为 100，每上升或下降一个等级，指数上升或下降 1。

d. 基础设施状况：以估价对象"五通一平"（通上水、下水、通电、通路、通信、场地平整）为 100，基础设施条件每增加或减少"一通"或"一平"，指数增加或减少 3。

e. 工业聚集度：分为低、较低、较高、高四个等级，考虑到工业聚集度对工业地价影响较大，以估价对象为 100，每上升或下降一个等级，指数上升或下降 2。

f. 环境优劣度：分为无污染、轻度污染、有一定污染、污染较重、污染严重五个等级，以估价对象为 100，每上升或下降一个等级，指数上升或下降 1。

⑤ 个别因素修正系数

a. 宗地面积：因宗地面积大小对估价对象的影响很难确定，故在此指数均为 100。

b. 宗地形状：分为不规则、较规则、规则三个等级，以估价对象为 100，每上升或下降一个等级，指数上升或下降 1。

　　c. 容积率修正：根据《关于地价测算工作的通知》进行容积率修正。

　　d. 临路状况：分为不临路、一面临路、两面临路、三面临路、四面临路五个等级，以估价对象为 100，每上升或下降一个等级，指数上升或下降 2。

　　e. 目前规划限制，分为无限制、有一定限制、有较大限制，以估价对象为 100，每上升或下降一个等级，指数上升或下降 2。

　　根据以上比较因素指数的说明，编制比较因素条件指数表，详见表 10-35。

表 10-35　比较因素条件指数表

比较项目		待估宗地	实例 A	实例 B	实例 C
土地用途		100	100	100	100
交易日期		100	100	100	100
交易情况		100	100	100	100
土地剩余使用年限		81	86	86	86
区域因素	交通 道路通达度	100	100	100	100
	交通 距区域中心的距离	100	100	100	98
	交通 距公交车站的距离	100	99	98	99
	基础设施状况	100	100	100	98
	工业聚集度	100	100	97	98
	环境优劣度	100	99	100	98
个别因素	宗地面积/m²	100	99	98	95
	宗地形状	100	100	100	100
	容积率	120	90	97	120
	临路状况	100	100	100	99
	规划限制	100	95	95	95

　　（5）编制比较因素修正系数表（表 10-36）确定地价评估值

表 10-36　比较因素修正系数表

比较项目		待估宗地地价修正		
		实例 A	实例 B	实例 C
单位地价/(元/m²)		637	620	548
土地用途		100%	100%	100%
交易日期		100%	100%	100%
交易情况		100%	100%	100%
土地剩余使用年限		94%	95%	95%
区域因素	交通 道路通达度	100%	100%	100%
	交通 距区域中心的距离	101%	102%	101%
	交通 距公交车站的距离	100%	100%	102%
	基础设施状况	100%	103%	103%
	工业聚集度	101%	100%	102%
	环境优劣度	101%	100%	102%

续表

比较项目		待估宗地地价修正		
		实例A	实例B	实例C
个别因素	宗地面积/m²	101%	102%	105%
	宗地形状	100%	100%	100%
	容积率	133%	124%	100%
	临路状况	100%	100%	101%
	规划限制	105%	105%	105%
总修正系数		136%	132%	116%
修正后单位地面地价比准价格/(元/m²)		869	820	635
比重		0.3	0.3	0.4
估价对象评估地面地价/(元/m²)		761		
估价对象评估总值/元		44954502		

2. 基准地价系数修正法

基准地价系数修正法是利用城镇基准地价和基准地价修正系数表等评估成果，按照替代原则，就估价对象的区域条件和个别条件等与其所处区域的平均条件相比较，并对照修正系数表选取相应的修正系数进行修正，进而求取估价对象在估价基准日价格的方法。计算公式为

总地价＝基准地价×建筑（土地）面积×$K_1 K_2 K_3 K_4$

式中，K_1 为用地类型修正系数；K_2 为容积率修正系数；K_3 为土地年期修正系数；K_4 为估价期日修正系数。

（1）建筑面积（土地面积）　按照估价的合法原则及最高最佳使用原则，根据估价对象的经济指标及规划条件，确定委估宗地的用地面积为 59110.8m²，计入容积率的总建筑面积为 32619m²，其中：厂房 28620m²、仓库 1905m²、办公 2094m²。

（2）基准地价　估价对象土地用途为工业用地，适用的基准地价类型为工业。经查询××市房地产估价中心网上地价系统（××市 2006 年度公告基准地价的通告），确定估价对象工业用地楼面地价为 355 元/m²。

（3）修正系数　按照××市国土资源和房产管理局文件《关于地价测算工作的通知》，估价对象的各修正系数如下。

① 用地类型修正系数 K_1：工业厂房 1.0，仓库 1.0，办公 1.3。

② 容积率修正系数 K_2：根据《关于地价测算工作的通知》，容积率小于 1.0，按 1.5 倍进行修正，即修正系数为 1.5。

③ 年期修正系数 K_3：宗地使用年限为 50 年，剩余使用年限为 42.4 年，则年期修正系数为 0.898。

④ 估价期日修正系数 K_4：根据基准地价的基准日期至估价时点期间的土地市场的变化情况跟趋势，综合判断取修正系数为 1.06。

（4）地价测算　基准地价修正系数见表 10-37。

表 10-37　基准地价修正系数表

用途	建筑面积/m²	基准地价/(元/m²)	用地类型修正系数 K_1	容积率修正系数 K_2	土地年期修正系数 K_3	估价期日修正系数 K_4	总地价（取整元）
厂房	28620	355	1	1.5	0.898	1.06	14506794
仓库	1905	355	1	1.5	0.898	1.06	965599
办公	2094	355	1.3	1.5	0.898	1.06	1379818

总地价＝16852211（元）

楼面地价＝总地价/建筑面积＝517 元/m²（取整）。

因该宗地的容积率为 0.6 < 1.0，根据×国房［2006］282 号文中的相关说明：建筑容积率大于 1 的用地按建筑面积计价，建筑容积率小于 1 的用地（含种养用地）按土地面积计价。故：

地面地价＝楼面地价＝517 元/m²（取整）

总地价＝517×59110.80＝30560284（元）

三、地价的确定

1. 地价确定的方法

市场比较法与基准地价修正法计算出的宗地地价结果有一定差距，市场比较法是根据近来该区域土地成交价格来确定估价对象的市场价值，较好地反映了市场交易情况，而基准地价修正法结果是在区域平均价格的基础上修正得到的，其结果对地块本身特性及市场变化反应的敏感程度和及时性相对较弱，未能及时反映市场变化情况。但其计算基础是政府公示的地价，有一定的权威性及参考价值。因此，我们采用市场比较法、基准地价修正法评估计算出的宗地地价的权值分别取 0.8、0.2，以加权平均值为最终评估结果，则：

评估方法	土地总价	权重/％
基准地价系数修正法	30560284	20％
市场比较法	44954502	80％
评估结果/元	42075659	—

2. 估价结果

地面地价＝42075659÷59110.80

＝712 元/m²（取整）

楼面地价＝42075659÷32619

＝1290 元/m²（取整）

宗地使用权总地价＝地面单价×土地面积

＝712×59110.80

＝42086890 元

3. 应补地价

估价对象土地性质为非商品房用途，不得进行房地产开发经营，转让时应补交地价。根据××市有关规定，应补地价测算公式为：

应补地价＝（市场公告地价－已缴地价）×年期修正系数

① 市场地价。市场地价采用基准地价进行修正法求取。

计算依据为××市规划国土资源和房地产管理局发布的《××市 2006 年度公告基准地价》和《关于地价测算工作的通知》。

技术指标：估价对象所属宗地为工业用地，建筑面积为 32619m²，所属宗地面积为 59110.8m²，容积为 0.6，法定土地使用年限为 50 年，已使用 7.6 年，剩余 42.4 年。

基准地价：根据××市 2006 年度公告基准地价的通告，估价对象所属宗地位置的工业用地基准地价（楼面地价）为 355 元/m²。

修正系数：用地类型修正系数为工业厂房 1.0，仓库 1.0，办公 1.3；容积率修正系数为 1.2；年期修正系数为 0.898。

市场公告地价＝基准地价×用地类型修正×容积率修正×建筑面积

详细测算见表 10-38。

② 已交地价。根据《土地使用权出让合同书》（编号），确认估价对象已交地价款为人民币 5609184 元。

表 10-38 市场公告地价测算表

项目	比例	数量	基准地价	用地类型 修正系数	容积率修 正系数	总地价
A816-0011						
用地面积		59110.80				
容积率		0.60				
总建筑面积		32619.00				
厂房	87.74%	28620.00	355	1.0000	1.2000	12192120
仓库	5.84%	1905.00	355	1.0000	1.2000	811530
办公	6.42%	2094.00	355	1.3000	1.2000	1159657
合计	100.00%	32619.00				14163307

③ 应补地价。

应补地价＝（市场公告地价－已缴地价）×年期修正系数

$$＝(14163307-5609184)×0.898＝7681603(元)$$

4. 评估净值

评估净值是指总地价扣除应补地价后的余值，则

评估净值＝总地价－应补地价＝42086890－7681603＝34405287（元）

5. 估价结果

经估价人员现场查勘和当地市场分析，按照地价评估的基本原则和估价程序，选择了适当的方法，评估得到待估宗地在估价设定用途、使用年限、开发程度及现状利用条件下，于估价基准日 2009 年 3 月 20 日的土地使用权价值如下。

地面单价：712 元/m²

土地面积：59110.80m²

总地价：人民币 42086890 元

大写金额：人民币肆仟贰佰零捌万陆仟捌佰玖拾元整

预计应补地价：人民币 7681603 元

大写金额：人民币柒佰陆拾捌万壹仟陆佰零叁元整

评估净值：人民币 34405287 元

大写金额：人民币叁仟肆佰肆拾万零伍仟贰佰捌拾柒元整

思考与练习题

1. 简述在建工程估价的技术路线。

2. 居住房地产如何选择估价方法？

3. 抵押房地产估价有什么特点？

4. 土地估价技术报告的基本内容包括哪些？

参 考 文 献

[1] 中国房地产估价师与房地产经纪人学会. 房地产估价案例与分析. 北京：中国建筑工业出版社，2011.

[2] 章鸿雁，刘永胜. 房地产估价实务与案例. 重庆：重庆大学出版社，2007.

[3] 王学发，戴烽. 实用评估及房地产估价业经验案例. 北京：人民出版社，2006.